长沙职业技术学院

学术论坛

Changsha Vocational and Technical College

Academic Forum

◎ 主编 张红专

VOLUME TWO

湖南师范大学出版社

图书在版编目（CIP）数据

长沙职业技术学院学术论坛·第2辑 / 张红专主编. — 长沙：湖南师范大学出版社，2017.2

ISBN 978-7-5648-2777-9

Ⅰ.①长… Ⅱ.①张… Ⅲ.①社会科学—文集 ②自然科学—文集 Ⅳ.①Z427

中国版本图书馆CIP数据核字（2017）第011238号

长沙职业技术学院学术论坛·第2辑

张红专　主编

策划组稿：李　阳
责任编辑：何雅静　李红霞　古夕虹
责任校对：蒋旭东
出版发行：湖南师范大学出版社
社　　址：长沙市岳麓山
邮　　编：410081
电　　话：0731—88873071　88873070
传　　真：0731—88872636
网　　址：http://www.press.hunnu.edu.cn
经　　销：新华书店
印　　装：长沙印通印刷有限公司
开　　本：787mm×1092mm　1/16
印　　张：8.75
字　　数：280千字
版　　次：2017年2月第1版
印　　次：2017年2月第1次印刷
书　　号：ISBN 978-7-5648-2777-9
定　　价：30.00元

长职“十三五”有我

陈　芳　罗慧玲

序

2016，
共产党诞生95周年，
红军长征胜利80周年，
祖国跨入了小康社会，
长职迈进了“十三五”。

这是一个腾飞的时代，
这是一段全新的征程，
这是一次赶超的机会，
这是一场出彩的挑战。

“十三五”，长职发展会更好

回顾“十二五”，
教育部评估获取“优秀”，
技能竞赛全省第九，
技能抽测名列前茅。

职教内涵推进会上，
中德诺浩签约桌前，
一路风雨一路彩虹，
一路汗水一路收获。

省级示范专业群有实力，
特教国培基地享盛誉；
全国兄弟院校齐握手，
雷锋式职业人教育结联盟。

长职教师，
发愤图强勇担当，

齐心合力建名校。

看吧，长职发展将更好。

“十三五”，长职实力会更强

忘不了——

特教与学前分院在北京赛场，

包揽了特等奖和所有一等奖。

这时，我们可以自豪地说，

长职是最强的！

忘不了——

经贸与信息分院在国赛现场，

取得了湖南最好成绩。

这时，我们可以自豪地说，

长职是最强的！

忘不了——

机械与汽车分院戴姆勒奔驰班，

就业典型呈一届更比一届强。

这时，我们可以自豪地说，

长职是最强的！

忘不了——

建筑工程分院校企共建雷锋班，

高素质人才得到行业的称赞。

这时，我们可以自豪地说，

长职是最强的！

忘不了——

没有田径场，学生拿到了大运会铜牌，

没有羽毛球馆，教师夺取了冠军。

这时，我们可以自豪地说，

长职是最强的！

“十三五”，长职校园会更美

曾经的骄傲，
是长职发展的基础。
追求卓越，
是我们吹响的号角。

规划、征地、拆迁，
开工、建设、验收，
新校区千呼万唤始出来，
风姿绰约光彩照人。

我们终于可以——
在美丽校园中传承美好，
在百年校史上续写辉煌，
在“长职故事”讲述动人篇章。

青春身影和鲜花同时绽放，
坚定信念和青草一起生长，
沸腾热血像湖水一样荡漾。
看吧，长职校园将更美。

结语

“十三五”,长职一定会——
发展更好
实力更强
校园更美
师生更爽!

我是长职教师，
我为长职骄傲，
我和长职共成长，
长职“十三五”，
有他，有你，更有我!

长沙职业技术学院
学术论坛
第 2 辑

目 录

职教视点

教研教改

人才培养

工程技术

经济管理

文化广角

主 办
长沙职业技术学院
地 址
湖南省长沙市岳麓区雷锋镇正兴路157号
网 址
http://www.cszyedu.cn
电 话（传真）
0731-88105152
邮 编
410217
电子邮箱
cszyxbbjb@126.com

Changsha Vocational and Technical College Academic Forum
(VOLUME TWO)

Sponsored by
Changsha Vocational and Technical College

Published on
February 28,2017

Main Contents

学校治理体系和治理能力现代化策略研究

□ 张红专　佘跃柱　李　鹏

摘　要 <<< 加快推进治理体系和治理能力现代化建设是新形势下高职院校治理的重要任务。本文从学院的具体实际出发，提出了"坚持依法治校和文化引领，推进学校治理体系和治理能力现代化"的观点，并着重从"以校区整合为契机，形成治理文化"、"以章程建设为抓手，完善治理体系"、"以机构改革为突破，提高治理能力"和"以产教融合为目标，打造治理特色"四个方面进行了具体论述。实践证明，在高职院校治理体系和治理能力建设中必须自觉坚持文化引领、坚持依法治校、坚持改革创新、坚持互利共赢，这是推进高职院校治理体系和治理能力现代化的必要条件和重要保障。

关键词 <<< 依法治校；文化引领；高职院校治理；现代化

建设什么样的高职院校，怎样建设高职院校，是学校办学方向、办学规律的根本要求，更是学校推进治理能力现代化的客观要求。现代高职院校必须对接产业、服务产业、引领产业；基本宗旨是服务发展、促进就业；基本特征是产教融合、校企合作；根本任务是培养高素质劳动者和技术技能人才。通过几年努力，学校找到了一条适合长沙职院发展的道路。

"十二五"以来，学院坚持依法治校，切实加强章程建设，完善了体现职业院校办学特点的依法办学制度、内部管理制度和运行机制；坚持文化育人，凝练核心文化，发挥了文化育人的治理功能；坚持改革创新，理顺院系两级管理体系，学校治理能力明显改善。干部职工对学校的发展有了信心，行动有了自觉，工作有了干劲，文化有了认同，人心得到凝聚；学校的办学规模逐年扩大，办学条件大大改善，办学质量、学校影响力和品牌效益不断提高。

一、以校区整合为契机，形成治理文化

长沙职业技术学院于2003年由原浏阳师范升格为高职学院，2005年至2009年先后合并了4所职业中专、技工学校，2009年学院主校区从浏阳搬迁至高新区雷锋镇，2012年在雷锋校区的基础上扩建新校区，目前，学院办学仍为一校三地，2016年底将逐步整合到雷锋镇。面对多校合并、多地办学，办学理念、治理方式、校园文化、行为习惯、价值追求各不相同的问题，为促进校区融合，提升治理能力，靠文化来引领，以"文"化人，抓住治理能力的核心要素——文化建设，才能真正融合。

一是凝练学院核心文化。重新确立学院的"一训三风"和学院精神，重新设计学院标识系统。将学院核心文化全面涵盖办学理念、人才培养、教育教学、师生发展、精神追求等方面，成为长职人共同的价值追求。重新设计了校徽、校旗等标识，形成了统一美观的校园文

作者简介 <<< 张红专，男，长沙职业技术学院院长，教授，湖南省职业院校教育教学评估与咨询委员会专家，湖南长沙，410217；
佘跃柱，男，长沙职业技术学院院长助理，副教授，湖南长沙，410217；
李鹏，男，长沙职业技术学院党政办公室主任，讲师，硕士，湖南长沙，410217。

化标志。学院结合办学实际，提出了办学定位、专业定位、办学思想、建设目标，使学院建设发展有了明确的方向和奋斗目标。在学院治理过程中，还提出了“持续改进、不断超越，用心做事、实干兴校，和谐融合、共同发展”等理念，极大地促进了学院建设发展并增强了教职工认同感。

二是打造特色育人文化。学院依托地处雷锋故乡的独特优势，提出了“做雷锋式职业人”的创新型职业教育理念，提炼出“雷锋式职业人”的八大品质，即“感恩、责任、敬业、主动、勤奋、高效、协作、忠诚”。成立了“雷锋职业精神研究基地”，开展了“雷锋精神职业化的研究”，创建了高职院校“雷锋式职业人”教育联盟，实施了“雷锋式职业人”培养培训工程，将“雷锋的职业精神”与当代职业人的“工匠精神”有效融合，培育师生职业精神、职业品质，提升了师生职业精神素养、职业能力。

三是创新网络宣传文化。2014年学院组建新媒体工作室，开通学院官方微信平台并推出“长职故事”专刊，将“长职故事”推送到师生手机上，唱响主旋律，弘扬正能量。讲好长职发展、学生成长、教师提升、专业建设、技能竞赛、招生就业、帮扶救助、文体活动、党的建设、重要节日等方面的故事，使师生得到激励，增强了归属感、幸福感。学院官微曾先后取得全国职业院校微信平台排行榜第13名、单篇第4名、省内高校排名第3名的优异成绩。目前，学院官微高达12,000多人关注，成为学院的一张宣传名片和一个新媒体宣传品牌。

二、以章程建设为抓手，完善治理体系

良法是善治的前提，推进依法治校，前提是具备科学完备的法律制度体系。章程作为学院内部的“基本法”，推进依法治校更需推进依章治校。据此学院以章程建设为抓手，不断形成完善的学院制度体系，初步形成依法治校、自主办学、民主管理、社会参与的现代高职学院治理结构和运行机制。

一是制定了《长沙职业技术学院章程》，并已报教育厅核准实施。章程共10章、85条，1.2万余字。重点突出“学校”、“系部”、“教师”和“学生”四个主体，突出师生员工的主体地位，能充分发挥师生员工的重要作用，更好地激发人的积极性、主动性和创造性，也是依法治校的基本要求。在法律制度范围内，让师生员工通过合理途径和形式为学院建设发展提出意见和建议，让广大师生员工共享学校改革发展成果。通过学习章程，提高师生员工的法律意识，让依法办事的法治精神成为每个人的信仰，让师生员工认识到国家法律法规和学院规章制度既是维护自身合法权益的法律武器，也是师生员工必须遵守的行为规范。学院章程的设立体现了学院的办学特色和发展目标，是学院依法治校的重要体现。

二是完善了内部治理体系。依法治校需要深化内部治理体系改革，又需要以治理体系做保障，以良法促善治。学院坚持完善“党委领导、院长负责、教授治学、民主管理”的内部管理体制，着力构建党委会、院长办公会、学术委员会、教职工代表大会、学生代表大会五位一体的内部治理体系；完善党委会议和校长办公会议议事规则和决策程序，坚持民主集中制原则和“三重一大”决策制度，确保党委和行政班子协调高效运转；健全以学术委员会为核心的学术管理体系，统筹行使学术事务的决策、审议、评定和咨询等职权；支持学院教代会依法行使民主权利、参与学院民主管理与监督；支持学生代表大会依照其章程开展工作，参与学院民主管理、民主监督。

三是强化了管理制度标准修订和落实工作。学院逐步形成了以章程为核心的学院制度体系，使各项工作基本做到了有法可依、有章可循。依据相关法律法规对教学、科研、人事、学生、后勤、财务、资产、安全等方面的管理制度、标准予以修订，并完善了学院管理制度，共400余项，建立相应的工作规程，形成了和谐、稳定、高效的高职治理体系。同时，加强对管理制度、标准的宣传和学习。建立学院依法治教领导小组，明确落实管理制度、标准的奖惩机制，完善了依法治教的考核体系和标准，将依法治教的内容纳入部门年度绩效考核指标体系。

三、以机构改革为突破，提高治理能力

机构改革成果是高校管理水平和高校管理效益的集中反映，学院在治理体系和治理能力现代化建设进程中，以机构改革为突破口，着力做好了如下三方面工作：

一是适应校院二级管理需要，成立了二级分院。按照“专业基础相通、技术领域相近、职业岗位相关和教学资源共享”的专业群建构原则，以原有六个专业系为依托，整合设立了特殊教育与学前教育分院、机械与汽车工程分院、建筑与艺术设计分院和经贸与信息技术服务分院四个二级分院，从而形成了学校—二级分院—专业系—教研室的四级纵向治理体系，有效地实现了治理重心的下移。

二是适应精细治理的需要，优化了职能部门。学院按照职能细分、对口治理的原则，对组织人事处、教务处等部门进行了职能细分，并设立与职能向对应的相关部门。如将原来的组织人事处和宣统处等部门改组、细分为人事处（教师发展中心）、组织宣传统战处两个部门，强化了人事处为教师发展服务的职能；将原来的教务处细分改组为教务处、实习实训中心和现代教育技术中心三个部门，强化了对实习实训工作和现代教育信息技术工作的管理；将原来的督导室改组为督导与教学质量诊改中心，突出了对教学质量的诊断与改进工作。学院通过对重要职能部门治理结构的职能细分和对口治理，有效地提高了学院相关工作的治理效能。

三是适应职能转变的需要，下放了行政权力。学校按照校院二级管理职责分工，优化权力运行流程，建立权力清单动态管理机制，明确二级分院的教学管理、学生管理、教师管理、考核管理、人事管理、财务管理、资产管理等权限，调动部门工作积极性，提高工作效能。同时，强化内部流程控制和内部审计工作，防止权力滥用。

通过内部机构改革，转变职能、简政放权，学院优化了学院内部和外部治理结构，完善了学院的综合治理体系，有效地提高了学院的综合治理能力。

四、以产教融合为目标，打造治理特色

产教融合既是高职院校治理体系和治理能力现代化的重要内容，也是高职院校治理体系和治理能力现代化的重要特色。为突出学院的治理特色，学院充分发挥坐落在长沙市高新经济技术开发区的区位优势，以产教融合为目标，着力做了如下几方面工作：

一是牵头成立长沙产业园区职业教育集团。该集团由学院任理事长单位，共有来自长沙各产业园区的100多家知名企业和10多家长沙市相关政府部门、研究院所和行业协会以及20多所兄弟院校加盟，是一个合作创新型产教研联合体。学院依托该集团，有效地整合了政府、行业、企业、科研院所和兄弟院校的职业教育资源，有效地加强了学院与各成员单位的联系和合作，有效地提高了人才培养的质量。

二是参与成立了长沙市产教合作联盟。学院充分发挥学院的专业优势，牵头成立汽车行业产教合作分盟，不断加强学院各专业与产业协会的交流，特别是依托产教合作联盟，共同修订专业人才培养方案，共同开发课程体系，共同建设实习实训基地，共同开展师生顶岗实习等工作，有效地提高了学院专业人才培养与产业发展的契合度。

三是成立了校企合作的专业建设委员会。学院依托产业园区职业教育集团和长沙市产业合作联盟的资源优势，聘请企业专家担任专业建设委员会副主任委员和委员，定期对学院的专业建设、课程建设、实训基地建设、师资建设和人才培养质量等进行诊断、把关；同时学院还实施了双专业带头人制，每个专业分别由一个校内骨干教师和一个企业一线专家担任专业带头人，共同开展专业建设工作，从而有效地提高了学院专业建设的水平，提升了学生的就业竞争力和岗位胜任力。

总之，学院通过加强治理文化建设、完善治理体系、提高治理能力、打造治理特色，有效地提升了治理效能，加快了治理体系与治理能力现代化进程。目前学院正蓄势待发，为建设一流高职院校而不懈努力。在学院治理体系和治理能力现代化建设进程中，我们认为，要实现学院治理体系和治理能力的现代化，必须自觉做到如下“四个坚持”：

一是必须坚持文化引领。这是学院治理的价值准则。只有有了共同的价值观念，共同的文化认同，学院的治理才会有明确的发展方向。

二是必须坚持依法治校。这是学院治理的基本保障。学院所有的治理制度和治理行为，只有在国家、省、市的相关法律法规框架下运行，学院的治理才会获得社会支持和发展保障。

三是必须坚持改革创新。这是学院治理的发展动力。学校的治理既是一个继承传统的过程，更是一个创新发展的过程。只有根据新形势的发展需要，不断改革，不断创新，学院的治理效能才能持续提高。

四是必须坚持互利共赢。这是学院治理的根本目标。学院的治理只有确保各利益相关主体的互利共赢，才能有效激发政府、院校、行业、企业、家长和学生等各治理参与主体的主动性和积极性，学院的建设和发展才会有不竭的动力源泉，才会形成强大的发展合力，学院才能真正实现和谐持续发展。

参考文献：

[1]教育部关于印发《高等职业教育创新发展行动计划(2015—2018年)》的通知[Z].教职成〔2015〕9号.

[2]白维.完善职业院校治理结构 提升治理能力[J].中国职业技术教育,2014(21).

[3]雷世平,姜群英.高职院校治理能力提升路径研究[J].职教通讯,2015(22).

[4]杨进,刘立新,李进.治理理论视域下职业教育校企合作治理结构的构建[J].中国职业技术教育,2015(36).

[5]赵晓妮.高职院校内部治理结构的内涵、实践迷思及变革趋向[J].教育与职业,2016(12).

Strategy Research on the Modernization of College Management System and Management Ability

Zhang Hongzhuan   She Yuezhu   Li Peng

Abstract: It is an important task to promote the modernization of college management system and management ability in the present situation. From the actual situation in our college, this article puts forward the viewpoint of "promoting the modernization of college management system and management ability by law and cultural guidance" and also generates a specific discussion from the following four aspects: to form management culture by taking the opportunity of campus integration; to improve management system by regulation construction; to improve college management ability by institutional reforms; to form college management characteristics by industry-education integration. Practice shows that we must consciously follow cultural guidance, manage the college by regulations, adhere to reforms and innovations and finally achieve mutual benefits and reach a win-win situation, which is an essential prerequisite and important guarantee to promote the modernization of college management system and management ability.

Key words: manage colleges by law; cultural guidance; college management; modernization

高职院校实施导师制的意义、问题及其对策

□ 黄开亮

摘 要 <<< 高职教育进入内涵建设时期，导师制因有利于对应用型人才的个性化教学，有利于师生建立良性的沟通机制而受到重视，但也遇到配套制度缺乏、师生比例过低、认同度不高等困境，这就需要明确导师的职责、加强制度建设、完善指导模式和评价体系来促进导师制的发展。

关键词 <<< 高职；导师制；问题及对策

近年来，我国高职教育的发展非常迅速，这也给高职院校提出了更高的要求。对于我国高职院校而言，探索并改变教育模式，提升高职人才的教育水平是自身发展目标，但很多高职院校仍然使用比较传统的教育管理模式，这一教育模式并不利于学生的个人特点的发挥。因为每一个个体都是具有个体差异的，如果使用单一的方式进行教育，教育的效果并不理想。导师制度是一种新型的教育制度，将这一制度运用到高职院校的教育中，对改变其比较传统的教育管理模式非常有利，也有助于高职院校培养出更加优秀的人才。使用导师制，就可以使得每一个学生的潜能都能被最大限度地发掘。实行导师制，那么每一个专业都会具有自己的导师、班主任以及辅导员，可以加强对同学们的管理，是一个比较完整的教育体制。而专业的导师制以同学们为教育的主体，可以根据同学们学习的不同阶段所需来对同学们进行引导，通过言传身教或是潜移默化改变同学们的学习习惯，并且可以使同学们在学习方面得到导师的指导，有助于高职院校改善学风，促进同学们更加健康地成长。

一、实施高职导师制的现实意义

（一）导师制有利于弥补高素质技能型人才培养的盲区

高职教育是一种应用型教育，是为了向企业提供技能型的人才，所以高职院校的毕业生应该具有一定的生产管理能力和服务能力，也应该具有较好的职业道德以及职业能力，并且要具备人文知识和专业知识素养，是一种高素质的技能型人才。故高职教育应该避免低效率的教育方式，主要培养学生们的职业能力。除此之外，更加重要的应该是学生的学习能力和适应能力，因为在企业中，同学们不仅仅要具有一定的职业能力，还应该能够应对企业的变化，能够自主解决问题，能够积极与他人合作，才能够成为一名合格的工作人员。而传统的教育方式除了学习之外，很难锻炼同学们其他的能力，那么同学们在就职以后就比较难以适应企业。而实行导师制，教师们可以组织一些技术项目或是创设出真实的环境，让同学们参与进来，有利于培养同学们的适应能力，对于弥补高素质技能人才培养的盲区非常有利[1]。

（二）导师制有利于对应用型人才的个性化教学

在高职院校中对应用型人才的培养，并不是要使用单一的方式把同学们都培养成为单一特点的人，这样“批量生产”的并非是人才，而是工作工具。每一个专业都对应着不同的工作岗位，而每一个岗位所对应的技术也是在不断变化的，所以在培养人才的过程中，应该结合每一个人的个性，不压制个性发展，使

作者简介 <<< 黄开亮，男，黄冈师范学院，副教授，湖北黄冈，438000。

得培养具有个性化教学的支持。个性化教学的主要意义有以下三点：

其一，指导制定课程方案。职业教育是非常注重对同学们技能的培养的。虽然目标是要让同学们全面发展，但是却并没有真正在高职院校的教育中实现。这主要是由于高职院校中没有制定出合适的课程方案来对学生们进行指导，并且课程方案不富有个性化特点，使得同学们在学习的过程中非常功利，以通过考试为目的进行学习，使得教育趋于单一化。而导师制的融入可以对同学们进行适当的引导，在学生的学习和生活中鼓励学生多参与一些有意义的课程方案，并且不压制同学们的个性，促进同学们的多方面发展，使得同学们的潜能被最大限度地激发。

其二，应对学分制的弊病。目前在高职院校中，往往采用的是学分制教育。这一教育制度可以保证选修制的完整，同学们可以自由地选择课程和教师，也可以更加自由地安排自己的学习时间。而引入导师制可以在同学们的学习生活中加入导师的引导，对同学们的品行进行引导，并且帮助同学们安排学习计划，使得同学们对自己的学习安排不再盲目，提高学习效率，增强学习自主化和个性化。

其三，应对学生个性化指导的需求。随着社会的不断发展，工业的分工逐渐细化，使得职业教育的专业分类不能够满足工业分类的需求，也就是高职教育不能够满足每一个工种都有对应的专业的需求，这就需要同学们具有跨界的能力，在工作时也能够适应与自己专业不同的工作。所以导师制的出现可以使得教师对同学们进行个性化的指导，使得同学们的发展更加多样化，不局限于单一的专业，使得同学们具有更加强大的生存能力，也具有更强的适应能力。

（三）导师制有利于师生建立良性的沟通机制

通过调查笔者发现，绝大多数高校的专职教师的工作量都非常大，每天都沉浸于课程的教育，所以教师与同学们之间的沟通也非常少。同时，教师在巨大的工作量之下，也缺乏与同学们交流的动力。导师制的出现可以使得教师与同学们之间的交流增加，教师们可以及时了解同学们的心理动态，也可以了解到同学们的困难与困惑，从而及时帮助同学们。在这样的交流中，还可以将自己的价值观或是技巧传授给学生，使得同学们更加具有归属感，也促进了同学们的学习[2]。

（四）导师制有利于形成高职教育教师育人理念

高职教育，主要就是要培养应用型的人才，所以对高职院校教师们的理论知识要求比较低，同时对其技能性要求比较高。而有一部分教师对应用型人才的理解并不透彻，也有一部分教师认为职业教育的水平本就低于普通高等教育的水平，对其并不重视。而引入导师制可以使教师们重视同学们的个人发展，将这些视为自己的事业，可以在一定程度上促进高职教育教师的育人理念的形成。

二、高职院校实行导师制的困境

（一）高等职业院校的现状

近年来，高等职业院校不断扩招，但是高职院校中的学生知识水平普遍低于普通院校的学生的知识水平，也就是高职院校学生的基础普遍较差，而且学生们的自主学习意识也比较弱，在学习上缺乏自信，在学习过程中，尤其是对公共课和专业基础课，同学们很容易缺乏学习积极性，不愿意学习。高职院校的学制普遍比较短，而且高职院校还比较重视实践教学，轻视理论教学，那么同学们就更应该具有自主学习能力，否则将不利于同学们掌握一技之长。

（二）师生比低

如果要实行导师制，还需要有较高的师生比，教师们才能够真正与同学们一对一地交流，教师对同学们进行个性化的引导也更加方便，才能够真正达到导师制的效果。但是在我国，学生的数量非常庞大，而师资又紧缺，很难达到1：3甚至1：5的比例。目前，我国高校的师生比非常小，约为1：17，而有一些高校的热门专业的师生比竟然能够达到1：40，可见我国的高职院校中，师生比非常低，很难达到导师制所要求的比例。

（三）导师资源稀缺

由于我国的师资本身就比较短缺，绝大多数高职院校中的教师数量都不足以实行导师制，更何况并非每一个教师都能够胜任导师这一职位。首先是有一些教师本身不具备做导师的能力，再者，如果做同学们的导师，就需要经常与同学们进行交流，并且需要充分地了解自己所带的学生，这需要这个教师具有很强的责任感，并且具备专业素质，否则很难做到。另外，导师不仅仅是要教导同学们好好学习，更是人生导师，要教会同学们做人。所以并不能只进行学术研究，还应该在与同学们接触的过程中潜移默化地影响同学们，使得同学们懂得如何做人。所以能够胜任导师这一职位的教师过于短缺[3]。

（四）配套制度缺乏

要真正有效地实行导师制度，也不仅仅是教师的职责，还需要背后有相关的制度来做支撑。在我国，绝大多数高职院校都会有很多的问题，包括教学条件、选课制度、学籍管理制度、实践制度、导师指导制度不够完善，或是人事制度、后勤服务等方面跟不上，从而导致整个学校的管理都处于落后状态，也使得导师制度很难在我国的高职院校中实行。除此之外，对导师的考核和激励还需要高职院校多加考虑，相关的制度也需要进一步完善。因为对导师的考核和激励关系到教师们是否能够积极为学校做出贡献。一旦贡献多而得到的少，就可能会导致导师们工作不积极。另外，在管理系统方面也需要进一步完善，加强对导师的管理，要做到工作布置之后就有专人负责去落实，才能够使得办事效果显著。目前，我国的导师制度正是由于配套的制度缺乏，才不能够被完全实行。

（五）导师缺乏动力

我国的教师绝大部分是具有专业水准的，也具有很强的责任感，愿意与同学们交流，并且对导师制度也持支持态度，但是我国的高职院校中，专职教师的数量较少，使得很多专职教师仅仅是授课就非常忙碌，承担着比较繁重的工作，所以很难有精力再担任同学们的导师。就算勉强挤出时间，也会没有积极性。另外，即使高职院校从校外专门聘请整体素质较高的教师来担任导师，也会面临着对导师这一工作认识不清的情况，可能会有很多导师并不能做到与同学们无障碍地交流，这就使得导师制的工作效果不好。

（六）学生缺乏主动性

高职院校的学生在入学时，学习成绩就不如普通院校的学生，所以这一批学生在之前的学习生活中，就没有养成良好的生活、学习习惯，也难免会失去方向，对未来感到迷茫。刚步入高职校园时，难免会缺乏学习计划，并且在大学这一环境中，尤其需要同学们具备自主学习能力，同学们可能需要比较长的时间来适应学习节奏。在这样的情境下，即使导师为同学们提供了良好的学习方法，同学们也难以主动执行，其生活、学习的状态也难以改变。因此，同学们缺乏主动性也会导致导师制不能够顺利实施。

三、推行并完善高职导师制的策略

（一）转变传统的教育思想和教育观念

高职院校本身就是以培养应用型人才为特点的，所以要保持这一特色，并且也要学习本科院校，改变比较传统的教学观念，使得学校的每一位教师都能够积极地参与到教学方式的改革中，使得每一位教师都能够接受新的培养模式，并努力地进行教学实践，认识到改变教学观念的重要性，对自身的职业素养进行提升，以提升自身素质。另外，还可以在教师中举办相关的交流会，使得教师们之间可以相互探讨如何使教学效果更好的问题，也可以交流新制度中的问题，大家一起改善。

（二）正确处理导师与政治辅导员的关系

对于教师而言，其任务是将大纲要求的知识传授给学生，并且在这个过程中可以言传身教地教给同学们做人的道理。而导师具有更强的复合性，是在学习上、思想上引导同学们。有很多教师都很难把握导师应该如何去做的问题。所以实行导师制，应该划分好导师与辅导员的工作范围，并且进行有效的合作，使得双方工作能够做得更好。在学分制度下，导师应该是针对个别学生，对其做好指导工作，主要还是针对学习方面。而辅导员工作的侧重点在于同学们的课外活动以及思想方面。二者分工并合作，是最有效的方式。

（三）努力推行选课制以及在此基础上的完全学分制

近年来，我国的高职教育在不断地改革，学分制度也越来越普遍。对于学分制而言，其核心在于选课制度，所以对选课制度进行完善可以有效地促进学分制的发展。很多高校的选课资源紧缺，而且同学们对可选课程并没有很大兴趣，所以在实行导师制之前，需要对学分制进行完善。

（四）建立和教学系统相对独立的学工系统

在高职院校中，如果同学们可以自由地选择自己的专业和课程，这就会在一定程度上冲击原有的管理模式和体系。但是在这一制度下，可以将学生工作的管理与教学管理相分离，使得导师制发挥其特有的作用。那么做好学生管理工作就是为了保证同学们顺利完成学业，学工部门主要起到管理制约作用，而导师制主要起到促进发展的作用。

（五）明确导师的职责，完善评价体系

导师制这一制度作用的发挥依赖于对教学体系与学生工作体系的处理，一旦能够处理好这两者的关系，就能够将导师制的效果凸显出来。在导师制度中，导师作为学生们的引导者，要引导同学们学好学业，规划好职业等。而每一个同学的发展方向是不同的，导师要根据同学们自己的实际情况进行设计和规划，并且引导同学们进行自我定位，对自己的学习生涯和职业生涯进行规划。所以对于导师们而言，其评价体系不再是单一的授课任务和学习成绩，而是导师的教育效果，即学生们的发展，以及在工作单位中是否具备责任感，是否能够与他人合作，是否能够完成工作，是否可以适应企业中的不同变化。只有真正在企业中能够胜任工作的，才能够算是成功的教育成果。

四、结语

综上所述，导师制可以有效地提高同学们的学习积极性，也有助于同学们综合素质的提升。今后高职院校还需要对导师制做进一步的探索，比如可以成立专业的工作室，通过训练同学们的动手能力等，培养出具有责任感和职业素养的优秀人才，使专业导师制得以发挥作用。

参考文献:

[1]赵慧玲.构建具有特色的高职导师制教育模式[J].价值工程,2011(30).

[2]付明.高职院校工学结合中推行导师制的作用[J].价值工程,2012(31).

[3]卢璟.高职院校实施导师制的困境及发展策略[J].广州职业教育论坛,2014(3).

Significance, Problems and Countermeasures of the Tutorial System in Higher Vocational Colleges

Huang Kailiang

Abstract: With the higher vocational education going into the stage of connotation construction, the tutorial system has gained much attention because it can provide support to the personalized teaching of applied talents and is helpful to establish good communication mechanism between teachers and students. Meanwhile, this system has also suffered from lack of supporting system, improper student/teacher ratio and relatively poor degree of recognition and so on. It is necessary to clarify the responsibilities of tutors, to strengthen the system construction and to perfect the supervising mode and evaluation system so as to promote the development of the tutorial system.

Key words: vocational college; tutorial system; problems and countermeasures

高职计算机类专业校企合作现状分析及其发展策略研究

□ 暨百南

摘 要 <<< 我国职业教育校企合作正迈向法治化、常态化阶段。文章系统总结了职业教育合作发展进程、合作现状和计算机专业合作办学已经取得的成效，剖析了目前存在的突出问题及深层次原因，最后从优化已有成果、重新定位、分层合作、拓展（创）就业渠道、对接产业需求等方面提出包含政行企校四个主体共同参与的计算机专业校企合作的发展策略，以建立长效的可持续合作机制，为人才培养质量提供坚实的保障。

关键词 <<< 高职；计算机类专业；校企合作；人才培养；发展对策

一、概述

校企合作（含学校与企业或专业教育机构的合作）是一种以就业为导向，以校企双方的教育资源为基础，以双向参与、产学合作、定岗实习为核心，以培养学生的综合素质、实践能力和专业竞争力为重点，以培养行业需求的技术应用型和高技能型人才为目标的人才培养模式，是校企在各自不同利益基础上谋求共同发展的一种合作形式，也是职业教育区别于其他教育的一种特有的办学模式。如美国采用“产学合作计划”模式，日本采用“实习并用职业训练制度”模式，德国采用“双元制”模式，澳大利亚采用“TAFE”模式，英国采用“现代学徒制”模式。综上可知，职业教育的实施和发展离不开企业的参与，只是不同国家因企业参与程度、方式和成效不同而有不同的表现形式。

二、校企合作培养模式的政策体系

随着职业教育的不断发展，国务院及其职能部门发布了一系列文件，指明了职业教育的办学方向，构建了校企合作培养模式的政策体系。根据我国相关政策导向特点，职业教育校企合作大致可分为以下几个阶段：

（一）探索阶段

2002年国务院《关于大力推进职业教育改革与发展的决定》提出“深化职业教育办学体制改革，形成政府主导、充分发挥行业作用、依靠企业、社会力量积极参与的多元办学格局”。强调办职业院校要依靠企业，要加强与企业和社会力量的合作，多种形式合作办学。

2004年教育部《关于进一步加强职业教育工作的若干意见》提出 “深化办学体制改革，促进多元办学格局的形成”。要求职业院校大胆引进竞争机制，探索与社会团体、企事业单位的合作方式，推动资源重组和整合，实行多元投资并举的办学体制。这是我国职业教育向“校企合作”模式转变的关键点。

（二）推行阶段

2005年国务院《关于大力发展职业教育的决定》要求大力推行校企合作、工学结合的培养模式。要求国家示范性高职院校通过多种形式、多种途径推行工学结合、校企合作人才培养模式。

2006年教育部《关于实施国家示范性高等职业院校建设计划 加快高等职业教育改革与发展的意见》要求示范院校要广泛吸引社会机构和企业共同建设实训

作者简介 <<< 暨百南，男，长沙职业技术学院人文与信息系主任，副教授，湖南长沙，410217。

基金项目 <<< 长沙职业技术学院院级课题资助项目（项目编号：CSZY15C11）。

基地，建立产学结合的长效机制；鼓励示范院校与行（企）业或其他院校加强合作，统筹办学资源，实现优势互补。

（三）常态化阶段

2010年《国家中长期教育改革和发展规划纲要(2010—2020)》强调职业教育要把提高质量作为重点。以就业为导向，以服务为宗旨，推进教育教学改革，实行校企合作、工学结合、顶岗实习的人才培养模式。充分调动行（企）业的积极性，建立并完善政府主导、行业指导、企业参与的办学机制，推进校企合作制度化。鼓励行（企）业开办职业学校，鼓励职业学校接受职工培训。制定优惠政策，鼓励企业加大对职业教育的投入，鼓励企业接收教师实践和学生实习实训。

2014年国务院《关于加快发展现代职业教育的决定》强调“到2020年，形成产教深度融合、适应发展需求、中职高职衔接、职业教育与普通教育相互沟通，体现终身教育理念，具有中国特色、世界水平的现代职业教育体系”，“健全企业参与制度。研究制定促进校企合作办学有关法规和激励政策，深化产教融合，鼓励行（企）业举办职业教育，发挥企业重要办学主体作用。推动职业院校与行（企）业共建技术工艺和产品开发中心、实验实训平台、技能大师工作室等”。

2015年李克强总理在《政府工作报告》中强调：全面推进现代职业教育体系建设。鲁昕部长明确提出“职业教育的发展目标，是满足国家、企业、百姓等三方面的需求。具体做法是推动‘五个对接’，即专业设置与产业需求对接，课程内容与职业标准对接，教学过程与生产过程对接，毕业证书与职业资格证书对接，职业教育与终身学习对接”。

至此，我国职业教育校企合作已步入常态化、法治化阶段。

三、职业教育校企合作现状

从合作程度看，我国职业教育校企合作可分为初级（学校主动寻求企业参与）、中级（学校为企业培养适用人才）和高级（资源共享、校企互动、互惠互利并逐步向产业化、集团化方向发展）三个层次。虽然校企合作人才培养模式对职业教育越来越重要，但是在校企合作过程中也出现了一些不容忽视的问题。

（一）企冷校热，效益不高

校企合作作为一种多元主体参与的人才培养模式，越来越受到各职业院校的重视，但是由于多方面的原因，相当部分的企业积极性不高，仅凭学校的热情，校企合作是难以收到实效的。

（二）政府的主导和监督力度不够

校企合作作为一种新的办学理念和模式，得到了社会的认可，但还需各级政府出台相关政策加强对校企合作的引导和监督，才能使校企合作真正走上规范化、制度化和高效化，才能培养出适应社会需求的各类高技能技术型应用人才。

（三）缺乏行业参与，合作模式单一

当前的校企合作在一定程度上主要是企业与学校合作的“二元模式”，缺少了相关行业协会的参与和指导，不利于可持续的有效合作，影响了校企合作的实际效果，不利于校企合作多元模式的建立。

（四）缺乏跨行（产）业的合作模式

目前的校企合作大都是狭义的、浅层次的合作，即所谓专业对口的合作，而对于跨产业、行业的广义的、深层次的校企合作并没有开展和实施。

（五）校企合作的成果不容乐观

我们通过对现阶段的校企合作成果深入研究后发现，校企合作的产出与投入比很不协调，成果不容乐观，过低的回报与过高的投入阻碍了校企合作的发展。

四、高职计算机类专业校企合作现状

目前计算机类专业的校企合作办学主要包括学校与优秀企业或IT专业教育机构的合作，是校企双方共同参与，以就业为导向的新的办学模式，其先进的教学理念、课程体系和真实项目开发经验为计算机教育带来了新的活力，提高了学生岗位适应能力和教学针对性，更有利于学生的零距离就业，有利于专业内涵建设，促进了专业的发展。

（一）已经取得的成效

现阶段高职计算机专业合作办学取得的成效主要表现在课程体系、教学理念、技能认证、项目实习等环节。主要包括五个方面：

1. 明确了岗位职责，细分了专业

如最初的计算机应用专业，课程体系包括了程序设

计、软件应用、项目管理、网站规划设计等，课程体系复杂，岗位适应性差。随着校企合作人才培养模式的引入，职业岗位进一步细化，专业培养目标与职业岗位紧密相连，根据不同的岗位职责，原来的计算机应用专业进一步细分为网络营销、移动互联开发、服务外包等新专业。

2. 明晰了培养方案，重构了课程体系

校企合作以就业为导向，校企双方通过对工作岗位职责的解构，按照工学结合、“学中做，做中学”的教学方式，重构新的人才培养体系和课程体系，把职业素养引入课堂，淡化理论知识，强调动手能力，调整了专业人才培养方案，进一步优化了课程体系。

3. 合建了实习基地，提高了职业技能

校企双方按企业工作流程共同投资建设实训中心或实习基地，学生不仅可以得到其工作过程与企业相同的专业实习实训，而且还可以感受企业文化，培养团队意识，提高职业技能。

4. 形成了三维一体培养模式，畅通了就业渠道

职业教育即就业教育。在校企合作中，企业方都有相对稳定的就业渠道，无论是课程体系和技能认证的引入，还是企业订单班的培养，都构建了学生学习、实训、就业三维一体培养模式，进一步疏通了就业渠道，节省了学校的就业成本和学生岗前培训的时间。

5. 搭建了互动平台，提高了学习效率

在校企合作中，校方引入企业方课程体系，双方人员互聘，学校能及时掌握业界动态和市场需求变化，企业也能够及时了解学生学习状况，有利于及时调整教学方案，提高学生的学习效率。

（二）存在的问题及原因分析

1. 资源与价值取向不同，导致合作缺乏动力

在校企合作中，企业和学校的社会定位和价值取向各有侧重，双方资源有一定互补性，但并不对等。由于利益资源不对等，导致企业在校企合作中缺乏动力。

高职院校的任务是培养生产管理一线的技术技能型应用人才，学校虽掌握学生、教学和科研条件等资源，但缺乏技师、设施、市场信息和企业文化环境等资源，因此，学校急需企业的参与，来弥补在实践教学环节中资源不足的问题，提高学生的动手能力和劳动技能。

从企业方来讲，企业方主要掌握课程体系、先进技术技能和人才需求的快速反应能力等资源，其根本目标是以最小的成本获取最大限度的利润。因此，企业急需以学生为主体的人力资源的合作，而对于技术技能、资金等方面需求较少。另外学生到企业实习实训，在某种程度上会影响企业的正常生产，增加企业生产成本；高职院教师项目开发经验少，服务能力弱，难以协助企业解决所面临的问题，难以直接为企业创造效益。

2. 信息不对称，导致合作缺乏效率

在校企合作中，企业方的影响力要远大于学校，如企业方主要是向学校输出课程体系、教材、课件、实习实训和技能认证，收取合作费用，很少对学校进行内化改造，商业意识浓厚。如企业教材通常重“项目”轻“理论”，系统性、时效性较差；教学效果主要取决于老师自身的项目开发经验，对学生个性培养难以展开。又如企业合作方通常是人力资源部门的行为，技术和管理决策部门参与很少，学院的人才需求调研很难得到企业的全面配合支持；同时，学校教师不了解企业中实际采用的新技术、新方法，无法在教学中将新信息传递给学生，影响学生技能的培养。这样，由于信息的不对称，合作缺乏效率。

3. 过分强调专业“对口”，导致合作缺乏广度

由于受传统就业思想的影响，学生要求实习只去工作岗位与专业对口的 IT 类企业。事实上，除了少数几家大型IT企业，一般的中小企业提供的实习就业岗位都较少。因此，如果将合作对象严格定位于IT企业，校企合作的发展空间将受到限制，合作缺乏广度。事实上，随着“互联网+”技术的发展，专业分工的细化，IT岗位需求发生结构性变化，计算机类主体岗位、应用岗位和拓展岗位相继诞生，大量传统企业IT类岗位人才需求强劲。

4. 商业技术保密，导致合作缺乏深度

计算机类专业学生主要从事与信息技术相关的岗位，这些岗位涉及企业秘密，企业合作时往往有所保留，这样，必然导致校企合作缺乏深度。同时，一般企业对实习学生只提出某一阶段性任务要求。如进行软件开发实习，学校希望学生能够参与需求分析、方案策划、代码编写和运维等全过程，以尽快熟悉工作岗位，但实际上，一些关键步骤往往涉及企业秘密，由于学生的保密意识淡薄，企业很难让学生参与，这样必然影响学生专业技能的提升。

此外，企业希望学院老师能直接参与企业新项目研发。但老师由于缺乏项目开发和企业工作经验而很难胜任，即使有部分老师愿意参与，也由于学校政策、合作

平台等方面的瓶颈，合作难以达到预期效果。

5. 技术革新迅速，导致合作缺乏可持续性

由于IT产品的更新换代非常快，在IT企业其技术创新能力就显得更加重要。但追求利益是企业根本目的，企业需要的是即招即用的员工，而学校又正是因为培养不出企业需求的“准员工”才寻求与企业合作。这种供求矛盾在计算机类专业校企合作中更为突出。将企业“技术创新”转化为“产品”应用再整合为教学内容，需要一个过程，这样，计算机类专业人才培养体系与企业岗位所需人才相比不仅存在理论与实践的差距，还存在过时技术与时下技术的时滞矛盾，因此，学校的毕业生很难达到到岗即用的要求，学生上岗前企业还需要对其进行专门的培训。另外，学校也有自己的苦恼，根据企业工作任务调整课程体系后，也许实施不了两年，就须进行调整，这样计算机类专业很难与企业建立可持续合作机制。

四、高职计算机类专业校企合作的发展策略

校企合作的根本目标是为了提高人才培养质量，服务地方经济。因此，高职院校应从服务地方区域经济出发，按照以服务为宗旨、以就业为导向的办学理念，来构建可持续的优质校企合作项目，提高校企合作效益和人才培养质量。

（一）加强研究，优化已有校企合作研究成果

及时收集整理计算机类专业校企合作相关资料，总结校企合作的有效实施模式，科学解构合作流程和有效实施模式，深入剖析校企合作优势与不足，探讨政、校、行、企各方在校企合作中的积极作用，如政府的政策机制、行业协会的指导措施、企业的实施策略；学校开展基于“政策引导、行业促进、企业参与、学校主导”四位一体的计算机类专业人才培养的深度合作的实证研究和校企合作有效性的深度研究，提出解决问题的相关假设和方案，初步形成校企合作的监督、管理、评价等机制。

（二）优化环境，重新定位校企双方合作地位

作为环境创造者和政策制定者的各级政府，应建立有利于校企合作的政策导向，发挥其引领和主导作用。一是制定相关政策，搭建校企交流合作平台。如对合作企业制定激励补偿机制，调动企业的积极性。二是加强管理指导，作好顶层设计。如根据地方区域产业布局优化环境，指导学校调整优化专业，重新定位校企双方合作地位，防止专业同构化，指导学校按照市场需求培养学生的专业技能，提高人才培养质量。

（三）分层合作，促进校企深度融合

企业中与信息技术的相关岗位都或多或少涉及一些企业机密，而这些秘密正是计算机类专业学生学习的关键所在。因此，要促进校企深度融合，必须一方面要求计算机专业教师积极参与校企合作，在实践中不断提高自身技能、积累企业工作经验，推进深度合作。另一方面对于涉及机密的岗位，可组成技术小组通过岗位情景感受、强化培训、顶岗实践三个层次合作模式来规范对学生的义务与责任。在情景感受阶段，学生主要是通过见习的形式来感受岗位所需专业技能；在强化培训阶段，主要邀请企业指导教师进行专业培训来提升学生岗位适应能力，并进行考核；凡通过考核的学生，就与企业签订顶岗合同进入顶岗实践阶段，同步完成顶岗实践和就业。在这种分层合作模式中，学校为学生提供了学习、实训和就业的机会，即便是没有录用的学生，也经过岗位情景感受和企业强化培训，增长了见识和专业岗位技能。企业实际上是完成了一次培训义务和员工招聘任务，通过这样的分层合作模式促进了校企深度融合，实现了双赢。

（四）更新观念，拓宽校企合作创(就)业渠道

目前，我国正大力提倡“全民创业，万众创新”，IT行业具有先天的创业优势：一是创业范围广，如开展运维实体店、网店、工作室等各种形式的创业服务；二是创业成本低，如开展软件开发、网站建设等创业服务，只需一台电脑就能开展网上接包服务；三是时间灵活，如软件开发、网站建设等创业服务，可以同时承接多笔业务，不受时间限制。因此，将计算机类专业的校企合作对象从IT类企业拓展到所有需要IT类岗位的企事业单位，转变传统“纯专业对口”就业观念，进行创业教育，设置创业导师，组建创业团队，将IT创业教育引入学生课堂，建立校企双方沟通渠道，形成良性互动机制，及早培养创业意识，帮助学生自主创业，为区域内各行业企业输送急需的高技术技能人才，不仅能缓解就业“两难困境”，也为学生的未来就业奠定了基础，更有利于学生的个性化发展。

（五）对接需求，创新校企合作长效机制

专业对接需求主要是谋求校企合作的长效机制。所

谓对接包括专业与产业对接和校企资源对接。

专业对接产业，即学校应围绕地方产业布局来设置和调整专业，创建专业特色，做好专业对接企业的需求的工作，培养符合企业想用、能用、急需的计算机类专业人才，更好地服务地方经济、服务企业，把学生实习变成企业招聘优秀人才的难得机会。

资源对接，包括教学和人力资源的对接、教学资源与企业项目资源（包括项目教材、实训设备、真实项目、纵横向课题等）的对接。一个好的项目资源无疑就是将学生引向信息世界的航标。教学项目资源的建设需要校企双方发挥各自优势，取长补短，建立各专业主干课程的项目库、案例包和教学资源库，开发工学结合、项目驱动、案例教学的专业教材和纵横向课题。这些资源，不仅可以用于学生的培训，也可以用于企业培训，让企业员工共享这些教育资源，还可将企业的技术开发、方案策划、售后服务、产品推广等在学校完成，满足学生的实习实训要求。人力资源对接，是指学生对接员工、教师对接项目经理，即校企双方通过人力资源共享实现相应的技术项目合作，提升学生和员工职业岗位能力。如建立校企专家数据库，校企专家互聘，建立培训任务共同承担制度，通过双方的IT项目和人员的渗透，真正实现校企深度融合；成立校企专业技能工作指导小组，采用专业导师制，在师生间建立一种“导学”关系，针对学生的个性差异，指导学生的思想、学习与生活；关注和指导学生从入学至毕业整个教育成长过程，将行业的最新技术和工作流程传授给学生。

五、结束语

随着我国信息产业的高速发展，以及“云、物、移、大、智”等新型技术的出现，计算机类专业的发展前景十分广阔。只有系统总结合作办学模式现状，优化已有校企合作的研究成果，加强专业与产业、学生能力与岗位需求的对接，重新定位校企双方地位，更新观念，拓宽校企合作就业渠道，创新校企合作长效机制，才能不断消除合作间的障碍，实现学校培养和企业用人的无缝链接，实现健康可持续的良性合作效益，为提高人才培养质量提供坚实的保障。

参考文献：

[1]付达杰.高职计算机类专业校企合作障碍分析与发展策略[J].现代教育技术,2012(6).

[2]胡伏湘.高职计算机专业合作办学存在的问题及创新策略研究[J].计算机教育:教育与教学研究,2009(18).

[3]唐瓷,李婧晖.高职计算机类专业校企合作研究的思考[J].职教论坛:职业时空,2011(2).

[4]郭庆,刘瑞玲.谈高职计算机专业校企合作的现状及对策[J].西部素质教育:教育管理,2015(1).

[5]刘云.高职教育校企合作人才培养模式构建[J].合作经济与科技,2015(4).

[6]国务院关于加快发展现代职业教育的决定[Z].国发〔2014〕19号.

Analysis of Situation and Research of Development Strategies to the College-enterprise Cooperation of Higher Vocational College Computer Specialty

Ji Bainan

Abstract: The college-enterprise cooperation of vocational education in our country is moving towards legalization and normalization. This paper systematically summarizes the development process, present situation of vocational education cooperation and results of computer professional cooperation in running schools, and analyzes the existing problems and deep-seated reasons. Finally from the respects of optimization of existing achievements, repositioning, in-depth cooperation, expanding employment and business-starting channels, docking industry requirements, etc, this paper puts forward the development strategy of college-enterprise cooperation of computer specialty, with the mutual participation of the four subjects of government, industry, enterprise and school. In doing so, we will eventually be able to establish a long-term sustainable cooperation mechanism and provide a strong guarantee for the quality of talent training.

Key words: higher vocational college; computer specialty; college-enterprise cooperation; talent training; developing countermeasures

残疾人职业教育与全面康复：现状与思考

□ 王得义 马建莲

摘 要 <<< 具备一定的职业素养和职业能力是残疾人立足社会、回归主流的重要基础。面向残疾人开展中高等职业教育工作，既可以保障残疾人公平受教育的权利，也可以培养其从事社会工作的本领，进而促使残疾人真正实现全面康复，因此在残疾人的教育中具有非常重要的地位。长期以来，我国残疾人的教育更多关注义务教育阶段受教育权利的保障，忽视其职业能力的培养，导致其就业能力和社会竞争能力不足。加强政府引导和顶层设计，完善立法和就业保障机制，加强职业教育中高职衔接和特色发展，是促进残疾人职业教育良好发展，保障残疾人全面康复和回归主流的必由之路。

关键词 <<< 残疾人; 职业教育；全面康复

一、问题的提出

近年来，随着党和政府对残疾人事业的关心与支持，我国残疾人教育及康复事业得到越来越多的关注，越来越多的残疾儿童青少年和其家庭能够正视残疾的现实，并开展积极的全面康复工作。全面康复的目标不仅在于使残疾人的生理机能得到最佳恢复，而且更在于改变残疾人的生活状态，回归主流社会。通过全面康复使残疾人回归主流，平等参与社会生活是残疾人事业的出发点和最终归宿。

全面康复工作不仅需要通过医学康复降低残疾程度，恢复和改善生理机能，而且也需要通过全面康复的手段来确保康复目标的实现，比如通过教育康复来提升残疾人的综合素质，通过职业康复来提升残疾人技能水平和社会竞争力，通过社会康复和保障性就业创业工作拓宽残疾人就业渠道，提升社会地位。其中职业康复在全面康复中占有特殊的地位。

二、职业教育在残疾人全面康复中的重要意义

残疾人职业康复主要是通过系统的职业教育使残疾人掌握从事某种职业所需要的岗位素质和岗位能力，从而实现自食其力、回归主流的目标。通过职业康复，帮助残疾人就业或再就业，促进他们参与或重新参与社会。职业康复是残疾人全面康复的重要组成部分，具有非常重要的现实意义。

（一）职业教育是残疾人全面康复的重要途径

职业教育是让受教育者获得某种职业技能或职业知识、形成良好的职业道德，从而满足从事一定社会生产劳动的需要而开展的一种教育活动。职业教育更多注重相应行业企业对从业人员从事某项职业所对应的业务要求，而并不过多地追求学科理论的系统性和完整性。这种岗位人才刚好符合社会对大量专业技术类人才的要求，并且随着职业教育在层次上的提升，还为高等职业

作者简介 <<< 王得义，男，长沙职业技术学院特殊教育与学前教育系主任，副教授，硕士，湖南长沙，410217；
马建莲，女，长沙职业技术学院教师，湖南长沙，410217。

基金项目 <<< 中国教师发展基金会泰亿格“关爱特教园丁”基金项目“基于工作过程导向下的学前特殊教育专业课程体系改革研究”（项目编号：2014GATJYD_KO1）；湖南省教育科学“十二五”规划课题“特教集团统筹下的湖南省特殊教育资源中心建设研究”（项目编号：XJK014BZY043）；湖南省示范性特色专业和湖南省教育科学特殊教育研究基地研究成果。

教育留下了较多的发展空间，这些都非常符合残疾人身心发展的特点和对职业岗位的要求。应当说职业教育为残疾人做到“自食其力”、“残而不废”提供了平台和机会。通过职业教育，让大量的残疾人掌握“一技之长”，顺利就业，进而平等参与社会生活，实现全面康复的最终目标。

（二）职业教育是残疾人教育康复、医学康复的延伸

残疾人职业教育是特殊教育的延伸和发展，是中等、高等化了的特殊教育。义务教育阶段的特殊教育重在教育康复训练，重在残疾儿童综合素养和基本能力的培养，是残疾人职业教育的基础和起点。特殊儿童学前期、学龄期的医学康复则为特殊教育的顺利开展提供了医学支持与保障，在尽最大可能弥补残疾所造成的障碍，挖掘身心发展潜力方面具有特殊作用。相对而言，残疾人职业教育的开展在义务教育阶段之后，义务教育阶段的教育康复、医学康复质量对职业教育和职业康复具有重大的影响，其优劣在一定程度上决定着职业康复和全面康复的成败。

（三）职业教育是残疾人回归主流的必由之路

残疾人实现自我价值、回归主流社会是残疾人康复事业的最终追求，职业康复是残疾人全面康复事业的关键和必由之路。提高残疾人的社会地位，促使其回归主流，首要的任务就是提高残疾人自身素质。这既要确保残疾人在基础教育体系中能获得平等的受教育机会，又要保证其在中等、高等教育中能获得受教育机会，进而使残疾人通过自身的劳动实现自食其力，实现人生价值。相对于义务教育阶段文化素质和基本能力的培养，职业教育更能够通过专业的教育训练使残疾人具备适应社会发展和职业岗位的综合能力，由此在残疾人教育康复体系中处于举足轻重的地位，我们必须高度重视。

三、残疾人职业教育现状分析

（一）残疾人职业教育良好发展

1. 办学规模迅速扩大

近年来，在党和政府的领导下，在社会各界的关心和支持下，我国的残疾人职业教育尤其是中等职业教育发展迅速，残疾人进入高等学校学习的机会也大为增加。残疾人职业教育已形成一定的办学规模。根据《2014年中国残疾人事业发展统计公报》中的数据显示，截至2014年年底，全国共有残疾人中等职业学校（班）197个，在校生11,671人，毕业生7,240人，其中5,532人获得职业资格证书。全国有7,864名残疾人被普通高等院校录取，1,678名残疾人进入特殊教育学院学习。[1]

2. 办学层次明显提高

近年来，随着残疾人事业中长期发展规划和特殊教育提升计划的推出，除中等层次的残疾人职业教育之外，残疾人的高等教育也受到越来越多的重视。开展残疾人高等教育的高校不断增多，残疾人接受高等教育的机会不断增加。截至2015年6月，全国开展全日制本科层次残疾人高等教育的高校主要有7所，其中招收视障学生的高校有3所，分别为长春大学、北京联合大学和滨州医学院；招收听障学生的高校有6所，分别为长春大学、北京联合大学、天津理工学院、郑州师范学院、重庆师范大学、西安美术学院。

开展全日制专科层次的残疾人高等教育的高校主要有12所，分别为南京特殊教育师范学院、北京联合大学、中州大学、长沙职业技术学院、浙江特殊教育职业学院、乐山师范学院、福州职业技术学院、上海应用技术学院、南京中医药大学、广州中医药大学、郑州中医学院、黄河科技大学、广州大学市政技术学院。笔者统计发现，其中8所高校只招收听障学生，有4所高校只招收视障学生。

3. 专业范围逐步扩大

中等层次残疾人职业教育的专业设置范围较为广泛，相对而言，高等层次的残疾人职业教育专业相对较少，专业趋同现象严重。比如视障学生的专业在中等和高等职业教育中专业基层一致，为针灸推拿、音乐表演等；听障学生在中专层次专业较多，如工艺美术、计算机应用、烹饪、设计、家电维修、美容美发等，但在高等职业教育层面上的专业主要有艺术设计、计算机科学与技术、工艺美术等7个专业，其中几乎每个学校都开设了艺术设计和计算机科学与技术专业，其他的几个专业也基本都是围绕着艺术（美术）和计算机这两个专业大类开设的。

4. 办学条件不断改善

近年来，残疾人职业教育越来越受到各级政府的重

视和支持，在《残疾人事业发展“十二五”发展规划》和《特殊教育提升计划（2014—2016年）》的大力支持下，本着特殊教育特殊支持的原则，开展残疾人职业教育的院校在政策和资金上得到了上级有关部门的大力支持，尤其是在国家发改委、教育部、中残联“特殊教育学校二期”建设项目的推动下，许多学校在教学场所、师资队伍、教学科研等软硬件上都得到大幅改善。

（二）残疾人职业教育尚存问题

1．办学规模整体偏小，多数残疾人急需合适的职业教育

根据第二次全国残疾人抽样调查主要数据公报(第二号)显示，我国残疾人口中接受中等教育的比例很低，残疾人接受过中等教育(高中、中专) 的比例仅为5.62 %。[2]虽然绝对数据不小，但与全国普通教育近70 %～80 %的中高等受教育率相比，这个比例非常低。对于全国近8,500万残疾人而言，这样低的中高等受教育率反映了残疾人的生存现状和社会地位十分堪忧。

2．办学基础整体薄弱，残疾人职业教育办学条件亟待改善

2007年中国残联和教育部颁布施行了《残疾人中等职业学校设置标准》，对残疾人中等职业教育学校的设置进行了统一的标准规范。但是到目前为止，全国还有许多学校未能达到《标准》规定的办学要求，其中资金和师资问题又是困扰残疾人职业学校发展的两大基础问题。首先，目前残疾人职业教育经费保障机制仍不健全，尚未确立专项残疾人职业教育经费保障制度和适应当地经济水平的经费标准。由于受到资金的限制，学校的校舍建设、后勤配备、教学与实训设备添置、师资引进等多项工作都受到影响。其次，师资力量薄弱的问题较严重。残疾人职业院校的教师不仅需要掌握丰富的专业知识，而且还要熟悉残障学生的学习特点；既要掌握前言的专业理论，又要具备丰富的实践操作经验，此外还要掌握特殊的教学方法或教学手段（比如手语、盲文），符合这些要求的“双师型”特教专业教师就更加缺乏。

3．专业设置趋同现象严重，残疾人职业教育人才培养质量亟待改善

目前残疾人职业教育在专业设置方面过于集中在某些“热门”专业，从而出现大量的残疾学生集中在少数专业就读的现象。这种情况在残疾人高等职业教育中非常突出。从教育对象上来看，视障学生专业趋同现象最为严重，基本集中在针灸推拿专业和音乐表演两个专业；听障学生的专业主要集中在艺术（美术）和计算机这两个专业大类。

从近年来对残疾学生就业情况的统计来看，残疾学生的对口就业率两极分化现象严重，视障学生毕业后对口就业率较高，尤其是针灸推拿学专业几乎全部对口就业[3]，而听障学生对口就业率不到20 %，大量的听障毕业生面临毕业即失业的困境。[3]如果专业设置趋同问题不能得到有效解决，人才供求失衡现象将更加严重，残疾学生就业难的问题也很难解决。

4．中高职衔接严重脱节，残疾人职业教育单招单考亟须规范

目前，残疾人中高等职业教育协同发展机制尚未建立，残疾人中等职业教育与残疾人高等职业教育在专业建设、课程设置、人才培养模式、师资队伍建设、教学资源建设等方面缺乏必要的沟通与协作。残疾人单招单考在方便残障学生的同时也带来了很多的弊端。很多学校大都根据自身基本情况、兄弟学校的办学经验来设置专业和人才培养方案，缺乏必要的劳动力市场调查，没有对地区劳动力市场对残疾人才的需求进行科学的预测，也没有充分考虑就业市场饱和、社会经济下滑、社会歧视等因素对残疾人才就业的影响。有些设置与变动还存在一定的盲目性，一方面造成残疾人职业教育培养目标缺乏科学性和合理性，各自为政现象严重；另一方面，残疾人中等职业学校与高等职业院校之间缺乏相应的专业衔接，导致许多残障学生因专业不对口而无法继续深造。

5．残疾人职业发展不均衡，残疾人就业保障体系亟待健全

近年来残疾人职业教育总体上获得了长足进步，但发展不平衡现象非常突出。一方面从地区差异上看，东部经济发达地区的残疾人职业教育发展非常迅速，开展残疾人职业教育的学校不断增加，而经济欠发达的中西部地区残疾人职业教育的发展相对迟缓，当地在人力、物力等方面的支持也非常有限。据不完全统计，截至2015年12月，全国有近70所中高等院校开展残疾人职业教育（特殊教育学校的职高班除外），其中有近60 % 的

学校集中在北京、天津、上海、山东、江苏、浙江、广东、福建、辽宁等东部发达地区，而中西部地区近半数省份没有一所开展残疾人高等职业教育的院校。此外，在东部发达地区残疾人在普通高等院校随班就读的情况也非常多，残疾人普遍接受中高等职业教育的局面基本形成。另一方面，从教育对象上看，当前我国残疾人职业教育主要面向听障学生和视障学生（肢体障碍的学生早已随班接受正常的中高等教育），而智障学生的职业教育在中高等层面基本没有开展。

就业导向是残疾人职业教育的基本思路。随着残疾人职业教育的广泛开展，我国残疾人的整体素质也在逐步提高。但与广泛开展的残疾人职业教育相比，我国残疾人就业的现状不尽如人意，残疾人就业保障体系亟待健全。根据2013年度《中国残疾人状况及小康进程监测报告》中残疾人就业相关数据显示，我国劳动年龄段生活能够自理的城镇残疾人就业比例为37.3 %，农村为47.3 %，与上年度相比，城镇基本持平，农村略有下降。残疾人找工作的主要途径是熟人介绍，其中，城镇为66.4 %，农村为75.7 %。2013年度全国寻找工作的残疾人中，通过残疾人就业服务机构找工作的比例为45.6 %，比上年度增加4.8个百分点，尤其是城镇增加了12.5个百分点。2013年度，城镇残疾人登记失业率为10.8 %，比上年度的9.2 %上升了1.6个百分点。[4]根据中国残疾人抽样调查（2006）显示，在城镇残疾人口中，有275万人享受到当地居民最低生活保障，占城镇残疾人口总数的13.28 %；9.7 %的城镇残疾人领取过定期或不定期的救济金。农村残疾人口中，有319万人享受到当地居民最低生活保障，占农村残疾人口总数的5.12 %；11.68 %的农村残疾人领取过定期或不定期的救济金。[5]残疾人的就业和生存状况堪忧，需要引起足够的重视。

四、大力发展残疾人职业教育，促进残疾人全面康复和回归主流

残疾人职业教育是残疾人全面康复的重要内容，也是残疾人回归主流的必由之路。在当前党和政府大力支持残疾人事业，构建和谐社会的今天，我们更要积极争取上级支持，多方汇集资源，做好顶层设计，创新发展思路，提高残疾人职业教育的办学质量，为残疾人全面康复和回归主流创造良好的条件。

（一）政府引导，多方积极支持

残疾人职业教育是一项领导重视、社会关注、学校支持、家长关心的重要民生工程，关系到残疾人事业的整体发展，关系到和谐社会和全面小康社会的构建。因此，需要政府、社会、企业、行业等多方面力量的大力支持，其中政府要在残疾人职业教育中扮演引导者的角色，积极引领各方优质资源投入到残疾人职业教育中来。

（二）统筹规划，做好顶层设计

残疾人职业教育有自身发展的科学性，必须遵循残障学生身心发展的特点，必须遵循职业教育市场导向的规律。残疾人职业教育既要重视残障学生的特殊性，又要与当前社会对职业岗位的要求相对接。因此，在开展残疾人职业教育的过程中，不管是政府层面还是学校层面，都要从全国、全省残疾人事业发展的实际需要出发，积极加强市场调研和科学论证，在专业开设、办学层次、学生规模、人才培养模式、就业创业等方面加强顶层设计和统筹规划，确保残疾人职业教育的办学质量和办学效益。

（三）完善立法保障，做好就业保障机制

残疾人职业教育的发展，离不开爱心人士的大力支持，更离不开制度层面的保障。当前在全国大力支持职业教育的热潮中，残疾人职业教育也得到了充足的发展，但与普通职业教育相比，在法律保障和制度建设方面，残疾人职业教育还有很长的路要走，尤其是如何保障残疾人的正常就业，使具有“一技之长”的残疾人能顺利就业、独立谋生，如何使残疾人就业更加具有针对性和有效性，这都需要政策方面的支持和积极落实。

（四）初、中、高衔接发展，使职业教育贯穿残疾人教育全过程

我国残疾人职业教育目标是初步建立职前、职后教育与培训相互结合，初等、中等和高等职业教育与培训相互衔接，并与普通教育、成人教育相互沟通、协调发展，以能力培养为本的残疾人职业教育与培训体系，为城乡有就业要求的残疾人提供各种形式和层次的职业教育与培训，积极发展残疾人中、高等职业教育。从中可以看出残疾人职业教育要以就业为导向，以能力培养为本，着力提高残疾人就业能力和就业水平。《残疾人教育条例》第二十四条规定：“残疾人职业教育，应当重点发展初等和中等职业教育，适当发展高等职业教育，

开展以实用技术为主的中期、短期培训。”这也就是残疾人职业教育发展的总体方向。

由此，我们认为残疾儿童的职业教育应当从义务教育阶段就开始抓起，以能力为本位，以就业为导向，强调生计教育，初、中、高衔接共同开展残疾人职业教育。这不仅符合残疾儿童自身身心发展的特点，而且与我国残疾儿童职业教育的目标基本一致。

（五）因地制宜，特色发展

残疾人职业教育不同于普通职业教育，教育对象上的不同，引起残疾人职业教育在目标、方法、路径等方面的与众不同。由此，残疾人职业教育的发展在遵循职业教育自身规律和社会职业岗位要求的前提下，应当根据教育对象的不同在教学目标、教学内容、教学方法等方面进行科学的调整。残疾人职业院校应当根据当地发展的实际情况，找准专业的办学定位，因地制宜，创新发展，特色发展。

参考文献：

[1]2014年中国残疾人事业发展统计公报[EB/OL].中国残疾人联合会,[2015-03-31].http://www.cdpf.org.cn/zcwj/zxwj/201503/t20150331_444108.shtml.

[2]2006年第二次全国残疾人抽样调查主要数据公报（第二号）[EB/OL].中国残疾人联合会,[2007-11-21].http://www.cdpf.org.cn/sjzx/cjrgk/200711/t20071121_387540_2.shtml.

[3]记者探访残疾人生存现状 超八成盲人从事按摩[EB/OL].半岛网,[2014-12-04].http://news.bandao.cn/news_html/201412/20141204/news_20141204_2479786.shtml.

[4]九成多聋人大学生学设计对口就业率却极低[EB/OL].凤凰网,[2013-08-19].http://news.ifeng.com/gundong/detail_2013_08/09/28453599_0.shtml.

[5]2013年度中国残疾人状况及小康进程监测报告[EB/OL].中国发展门户网,[2014-08-12].http://cn.chinagate.cn/reports/2014-08/20/content_33291104_6.htm.

On Disabilities Vocational Education and Comprehensive Rehabilitation

Wang Deyi　Ma Jianlian

Abstract: Adequate professional ability and skill are essential for the disabled to establish themselves in society and return to the mainstream. The middle and higher vocational education for the disabled can protect their rights to be fairly educated, prepare them to engage in social work and promote their comprehensive rehabilitation. Therefore, the secondary and higher vocational education is very important to the disabilities education system. In the past, the disabilities education system in our country focused more on the reinforcement of the compulsory education, and the vocational education was overlooked, which caused the lack of employment ability and social competition ability of the disabled. To strengthen government guidance and top-level design, to improve the legislation and employment security mechanism, to enhance the connection between the secondary and higher vocational education and to reinforce its characteristic development are the keys to furthering the development of disabilities vocational education, protecting the support for comprehensive rehabilitation and returning to the mainstream of the disabled.

Key words: disabilities; vocational education; comprehensive rehabilitation

高职院校特教专业教师在职培训探索

□ 罗 笑

摘 要 <<< 当前我国高职院校特教专业教师在职培训的现状不太乐观，存在教师培训法规和制度不健全、培训的途径单一、尚未建立有效的培训课程体系和缺乏合理的培训考评机制等问题，一定程度上制约了教师培训的效果，不利于教师的专业发展。为此，建立健全教师培训的法规和制度、丰富培训的方式方法、完善培训课程体系和构建有效的培训考评机制是解决这些问题的有效对策。

关键词 <<< 高职院校；特殊教育专业；教师；在职培训

我国高职院校开设特殊教育专业的目标是培养兼具普通教育和特殊教育所教授的知识和培训技能、从事特殊教育工作的人才，而特教专业教师是培养这些特殊教育工作者的主导力量。对这些教师开展在职培训不仅可以提升其业务水平和综合素质，促进教师专业成长，而且可以提高高职院校特教专业的培养质量，进而推动特殊教育事业的发展。开展在职培训，提高教师专业化水平、促进教师终身发展，是当前教育界所关注的重点议题。目前，我国高职院校特教专业教师的在职培训的现实情况怎么样？是否存在一些问题？如何进行有效改进？对这些问题的解答是本论文主要研究的内容。

一、高职院校特教专业教师在职培训的现实情况

当前我国高职院校特殊教育专业教师在职培训情况，不仅是政府和教育行政部门关心的问题，也是教育研究者关注的议题。总体而言，目前，我国高职院校特殊教育专业教师的在职培训情况不太乐观，主要表现为：

（一）特教专业教师培训存在地域差异

当前，我国高职院校特教专业教师在职培训的开展存在区域差异，各地培训情况迥异。较为明显的是，在我国较发达的地区，比如北京、上海、广东等地区，特教专业教师的在职培训较为先进和发达，主要表现为：教师参与培训的机会较多，学校所能提供的经费较为充足，培训的师资力量雄厚，培训质量、培训效果以及培训对社会产生的反响较好，教师参与培训的积极性也普遍较高。然而，在我国的中西部等欠发达地区，特教专业教师的在职培训机会甚少，培训所需的师资配套不足，培训经费十分缺乏，导致培训的效果不理想。

（二）特教专业教师培训的效果与预期相差较远

在调查相关教师的过程中我们发现，特殊教育专业教师普遍接受过在职培训，并且绝大多数教师都表示愿意参加在职教育和培训。但是，尽管教师愿意参加培训并且参加过培训，教师普遍反映，其自身的整体业务水平和专业技能并没有得到实质性提升，培训根本没有达到预期的效果，与预期相差较远。开展的教师在职培训多流于形式，教师的实际收效甚微。

（三）与发达国家差距较大

我国当前高职院校特殊教育专业教师在职培训与

作者简介 <<< 罗笑，女，长沙职业技术学院组织人事处，讲师，硕士，湖南长沙，410217。

基金项目 <<< 2014年度湖南省教育科学“十二五”规划湖南省教育科学特殊教育研究基地专项课题“残疾人高职教育保障体系构建研究”（课题编号：XJK014BJD015）；2014年度湖南省教育科学“十二五”规划课题“湖南省残疾儿童随班就读支持保障体系研究”（课题编号：XJK014AFZ003）的阶段性研究成果。

发达国家的同层次、同类型院校特教专业教师在职培训相比，尚存在较大的差距。日本、美国等发达国家可以为所有的特教专业教师提供良好的在职培训机会，建立并形成了系统、完备的在职教育与培训体系，而且建立了相应的培训跟踪机制，对培训的全过程进行跟进、监督和评估。而我国在这些方面仍有较大的改进和完善空间。我国尚未建立完备的高职院校特教专业教师在职培训体系，所开展的教师在职培训尚不成熟。

二、高职院校特教专业教师在职培训存在的问题

当前，我国高职院校特教专业教师在职培训存在一些问题，导致培训的效果不太理想，主要表现在以下几个方面：

（一）特教专业教师在职培训法规和制度不健全

我国尚未建立行之有效的高职院校特教专业教师在职培训的法规和制度，有关的法规和政策还不够明晰和详尽。目前，不管是国家还是地方也尚未出台专门针对高职院校特教专业教师在职培训的法规和制度。对有关高职院校教师在职培训的意见也未作详细的解释和说明，使得高职院校特教专业教师在职培训缺乏法律基础和制度支撑。从国家层面来看，高职院校特教专业教师的在职培训未得到应有的重视。相关培训制度的建设仍处于概念阶段，完整的、成体系的培训计划尚未设定，不利于教师培训的正常开展和有效管理。从高职院校层面来看，特殊教育专业在高职院校众多专业中并没有得到较高的重视和特别关注。这对特教专业教师参与培训的积极性和培训的质量均产生较大影响。

（二）特教专业教师在职培训的途径较为单一

“教师培训途径是指采取何种方式方法来完成教师培训的内容，达成培训的目标。”[1]目前，我国高职院校特教专业教师在职培训的方式方法还比较单一。相关培训大多以专家讲座的形式进行教育经验的传授，以课堂讲解的形式传授相关的教育理论知识。这些单一、陈旧的培训方式因教育理念的更新和改进而使教师参与培训的收效甚微，甚至传统、腐旧的培训方式引发部分教师对培训的反感和厌倦，极大地挫伤了教师参与培训的积极性和主动性。而且，传统的培训方式根本无法满足教师的实际教学要求，不利于特殊教育现代化的推进。同时，缺少教育技术的应用以及新方法、新手段的融入，使培训所获知识仅停留于教学理论层面，对教学实践的指导作用微乎其微。

（三）尚未建立有效的特教专业教师在职培训课程体系

当前，为我国高职院校特教专业教师在职培训所开设的课程也尚不合理、不科学，没有形成有效的教师培训课程体系，导致培训的效果不理想。据参加培训的教师反映，开设的培训课程多以获取理论知识为目标，而对于提升教师教学实践能力的课程则开设得少，甚至部分培训课程基本不涉及特殊教育教学技巧、技能等具备特殊教育特点的内容。培训课程的教学目的也仅仅停留在理论知识层面的提升上，操作性不强，这与教师培训的宗旨背道而驰，无法满足改善教师教学技能的要求。

（四）缺乏合理的特教专业教师在职培训考评机制

目前，我国尚未建立高职院校特教专业教师在职培训的考核评估机制，缺乏及时有效的监督、考核和评估，致使培训效果和质量得不到保障。“在现代高职院校教师职后培训工作中，考核制度具有引导、控制、激励、鉴定与教育等功能。”[2]由于培训缺乏科学、合理的考核评估机制，导致诸多培训片面追求教师的到课率和相应资格证书的获得，而对教师通过培训获得多大的长进及其业务水平和素质是否得到实质性的提升则较少关注。部分教师对参与培训却未达到预期效果也不以为然。高职院校对教师参与培训也没有建立有效的考评机制，对教师的参与表现、取得的成效，以及在今后的教学中是否应用了培训所获得的先进教学理念和技能也缺乏跟踪。无论从培训机构、高职院校，还是从教师的角度来看，有效的培训考核评估机制尚未形成，导致培训形式化，对教育教学的改进难以提供实质性的帮助。

三、完善高职院校特教专业教师在职培训的对策

为提高高职院校特教专业教师在职培训的效果和质量，促进特殊教育事业的发展，我们针对存在的问题提出了完善培训的对策，主要包括：

（一）建立健全特教专业教师在职培训的法规和制度

健全和完善培训的法规和制度是提高培训质量的外部保障。首先，应坚持从实际出发的原则，在全面了解当前培训现状的基础上，制定有针对性和操作性强的培训法规和制度。相关法规和制度应明确规定教师参与在职培训的各项权利和义务，明确具体的培训期限、内容、要求、培训途径和方式等，以便培训主体履行职责、维护合法权益，也可切实保障教师参与培训的权利和义务。其次，对制定的法规和规章制度通过电视、广播、报纸、网络等媒介进行大力宣传，让教师和公众明确培训的目的和意义，了解相关要求和规范，使得培训主体、培训机构和参与者自觉遵守相应的条款和规范，从而达到应有的效果。最后，也要对培训法规和规章制度进行跟踪和督查，及时获取教师和其他相关者的评价和反馈，以便适时地作出修正和更新。此外，政府部门要加大对培训的资金支持，建立相应的培训结业证书认定机制，保证该培训得到社会认可。

（二）丰富特教专业教师在职培训的方式方法

要使培训真正富有成效，必须倡导和采用多样化的培训途径和方法。采用灵活多样的培训方法是提高培训效果的有效选择。首先，高职院校应根据当前学校的教学情况，对教师制订合理的培训计划，然后针对不同的教师设定不同的培训内容，避免千篇一律的培训模式。其次，采用灵活、多样的在职培训方式和途径，打破专家讲座或课堂授课的传统、固定的培训方式和途径的局面。着力建立专家引领、全员参与、团队合作的高职院校学习共同体，通过课题研究、专题讲座、教学反思、案例研究、课堂观摩、说课评课等多种多样的培训方式，激发教师参与培训的积极性和主动性，使教师体验多种多样的培训方式，切实提高培训的效率和质量。第三，应逐步建立片区教研的培训模式。建立视障、听障等连片教育片区，由有资质的相关院校轮流承办。这不仅方便教师学习，还能使受训教师在课堂中随时与老师沟通交流，进而提高培训的效果。第四，还应当重视教师的远程培训。在当前信息技术快速发展的时代，通过互联网开展线上的教育和培训已成为教师在职培训的重要手段。对特教专业教师的培训也应当重视信息科技的作用。尤其对于时间紧张的教师而言，远程培训不失为一种好的选择。相关职能部门应丰富远程培训的资源和形式，加强远程培训的监管，为远程培训提供有力监督和支持。最后，应该有计划地开展校本教育和培训。“由于是对高职院校教师施行的校本教育，因而它的教学形式在灵活多样的同时，紧紧围绕‘高等职业教育’这一核心，具有不同于中小学教师校本教育的独特之处。”[3]

（三）完善特教专业教师在职培训的课程体系

科学合理的课程体系，是开展在职培训的基本要求，是保障特教专业教师在职培训质量和效果的前提。首先，培训课程应以终身教育理念为指导，力求满足教师的终身化发展需求。其次，课程的设置不仅要体现高职教育的特点和特殊教育的特殊性，而且也要突出在职培训课程内容的实用性、层次性和专业性。“高等特教专业课程不等于普通教育加特殊教育。在教学内容上机械地把共性加特性是不恰当的。”[4]再有，课程的设置要具有较强的针对性，避免所有受训教师使用统一的课程。也就是说，课程设计要把握整体性、阶段性和个性，根据教师的执教年限、职称、教学经历和不同需求来设计不同的培训课程。最后，培训课程应突出实践性。合理设置实训课程与理论课程的比例，突出课程的实践性和应用性。同时，在课程设计中理论知识要与实际操作相结合，尤其要注重培养教师通过理论解决实践问题的技能。此外，还要注重教师职业道德和情操的培养培训。特教专业教师面向的是今后从事特殊教育工作的学生，学生走上工作岗位后面对的是身心具有一定缺陷的弱势群体，这便需要相关工作者具有足够的爱心、细心、耐心和责任心，以及甘于奉献的精神，这样才能让特殊群体的心理得以正常发展。

（四）构建特教专业教师在职培训的有效培训考评机制

构建有效的培训考评机制是保障特教专业教师在职培训质量的重要举措。首先，高职院校应对教师参与的在职培训进行全过程评价，不仅重视培训结果，而且也要注重培训过程。高职院校可以将特教专业教师的在职培训纳入教师的晋升、职称评定和年终考核考评中，这有利于提高教师参与培训的积极性，有利于促进教师的专业发展。其次，高职院校还要完善培训考核评价制度，建立相应的奖惩机制，激发教师的积极性，规范教师在职培训考核的行为。第三，制定培训考评的标准。科学合理的考评标准关系到考评的准确性和科学性。应邀请相关专家根据培训的内容、教师的特点和培训的实际情况制定合理的考评标准，确保考评结果客观、公正和准确。最后，完善培训的考评方式。传统的纸笔测试是大部分教师在职培训的考核方式。然而，鉴于对特殊教育专业教师的基本要求及其自身的特性，“既注重特教教师的理论提高又强调其教学实践技能的培养，既注重课程教学又突出科研能力的培养，形成符合特殊教育发展的专业特色”[5]，应加强对教师的教学技巧和包括手语、盲文、特殊儿童行为矫正等特殊教育专业技能的考核，适当施行现场演示与讲解相结合的考核方式，以便达到全面考评教师培训效果的目的。

高职院校特殊教育专业教师的在职培训对教师教育教学能力的提升、教师的专业发展，为我国培养更多更优秀的一线特殊教育工作者都具有重要的意义，政府相关部门和高职院校都应当给予高度重视。高职院校特教专业教师在职培训体系的构建不仅应重视教师先进教育教学理论的习得，而且更应重视教师实践技能的提升，力求保证教师通过在职教育与培训切实提高自己的专业素质和职业道德，为我国特殊教育事业输送高素质人才。

参考文献：

[1]毛天平.基于系统理论的高职院校教师培训体系构建[J].四川理工学院学报(社会科学版),2012(3).

[2]陈奇苗.我国高职院校教师职后培训研究[J].教育与职业,2013(23).

[3]周明星,焦燕灵.高职院校教师培训反思与校本教育构建[J].职业技术教育,2003 (19).

[4]朴永馨.特殊教育学[M].福州:福建教育出版社,1995.

[5]黄尧.试探基于教师专业发展的特殊教育专业建设[J].教育与职业,2009(20).

The Exploration of In-service Training for Special Education Teachers in Vocational Colleges

Luo Xiao

Abstract: At present, in–service training for special education teachers in vocational colleges in China is not satisfactory and the teacher training and regulatory systems need to be improved. The training approach is not variable. We are lack in effective training course system and scientific quality evaluation mechanism, which to a certain extent affects the training results of special education teachers and impedes their professional development. In order to solve these problems, it is necessary for us to establish teacher training rules and regulations, enrich ways of training, improve the training course system and build scientific quality evaluation mechanism.

Key words: vocational college; special education; teacher; in–service training

德国职业教育法制建设对我国职业教育的启示

□ 冯莉莉

摘 要 <<< 本文介绍了德国职业教育法制建设的特点，论述了德国职业教育法制建设对我国职业教育的启示，包括加快职业教育立法，构建衔接配套机制；适时修订职业教育法规，完善法规体系；兼顾职业教育法规体系的科学性和有效性；完善职业教育执法监督机制。

关键词 <<< 德国；职业教育；法制建设

“依法治教”是“依法治国”方略在教育领域中的体现，是教育改革和发展的必然之路。运用法律手段对教育进行调控和管理起始于16世纪的欧洲。我们在研究职业教育的时候，应该用“世界眼光”观察国外职业教育的发展动向，善于借鉴和学习国外职业教育法制建设的有益经验。德国向来十分重视职业教育，有关职业教育多有相应的法令加以规范。其中最重要的是以法令形式规定了18岁以前的完成普通义务教育而未进普通高级中学就学青年须接受3年义务职业教育，此外德国从20世纪50年代以来颁布了10多项有关职业教育法令。同时，除联邦制定有关法令以外，各州也制定了不少具体的法规条文。[1]通过对德国职业教育法制建设的研究，有助于完善我国职业教育的法制建设体系。

一、德国职业教育法制建设的特点

重视职业教育法制建设是德国职业教育的成功经验之一。从德国的职业教育发展史中，我们不难发现德国职业教育法制建设有许多值得借鉴之处。

（一）衔接紧密，覆盖面广

德国的职业教育法制体系十分完善，不仅衔接紧密，而且覆盖面广。《职业教育法》《手工业条例》和《职业教育促进法》是德国职业教育的三个基本法，除此之外还有《青年劳动保护法》《实训教师资格条例》《企业基本法》以及各州的职业教育法和学校法等。[2]

1969年，德国颁布了《职业教育法》，这是德国职业教育的基本法，对德国的职业教育发展起到极大的推动作用。1972年颁布了《企业基本法》，确立了管委会在职业教育中的地位和作用。1982年颁布了《职业教育促进法》，为德国职业教育的稳定和持续发展提供了重要保障。随后，德国还相继出台了《手工业条例》《青年劳动保护法》《培训员资格条例》《实训教师资格条例》等，相关的行政部门还制定了学历职业教育的法律和规章。[3]总的来说，德国职业教育拥有健全的法律体系，覆盖全面，为德国的职业教育发展提供了良好的法治环境。

（二）执法严格，监督有力

德国的职业教育拥有一套完备的实施监督系统，包括立法监督、行政监督、司法监督以及社会监督，这一套完整的体系为德国职业教育持续健康发展提供了重要保障。

首先，德国公民有较强的法律意识。德国公民大部分从小就接受法制教育，在这样的法制环境熏染下他们大部分人都拥有较强的法律意识，能自觉依据法律要求行事。其次，德国立法严密，可操作性强。在职业教

作者简介 <<< 冯莉莉，女，湖南岳阳人，长沙职业技术学院科研处，硕士，湖南长沙，410217。

基金项目 <<< 长沙职业技术学院2015年度立项课题（CSZY15C01）。

育的相关条款中，做到法律权责分明，具有很强的操作性。第三，德国拥有一套完备的职业教育法规实施监督体系，包括立法监督、司法监督、行政监督、社会监督，相关的机构人员都能对职业教育相关执法行为进行严格的监督。德国的职业教育法规体系拥有严格的监督和执行机制，不仅有效地维护了职业教育法规的权威，而且促进了职业教育的发展。

（三）与时俱进，修订完善

法制建设是一个不断发展与完善的过程，相关的法律法规需要根据时代的发展进行适当的补充与修订。为了使职业教育法律法规能够不断适应发展的时代和现实背景，德国非常重视对教育法规的修订，以满足职业教育的发展要求。

2004年，针对1969年颁布的《职业教育法》，德国进行了一次全面修订，并将1981年联邦颁布的《职业教育促进法》与之进行合并，新修订后的法规主要体现了五个方面的内容：重视多元化，展职业教育新空间；加速现代化，赋予职业教育新活力；促进透明化，公布职业教育新措施；强调多样化，开发职业教育新形式；构建网络化，制定职业教育新政策。新修订的《职业教育法》于2005年4月1日起正式实施，修订后的法规共分为七个部分，明确了政府、学校、企业、科研机构等各方面的权利与义务。新修订的法规内容更具有时代性，可操作性更强。

二、德国职业教育法制建设对我国职业教育的启示

随着“依法治国”在教育领域中的推广，教育法制化越来越受到关注。总的来说，我国的职业教育法律体系还不够健全，职业教育法制建设还存在很多问题。借鉴德国职业教育法制建设的经验，对我国职业教育法制化发展具有重要推动作用。

（一）加快职业教育立法，构建衔接配套机制

我国职业教育法制建设起步较晚，职业教育法规体系还有很多不完善的地方，法制建设的滞后在一定程度上制约了职业教育的健康发展。因此，我们需要进一步加大对职业教育的立法力度，建立和健全职业教育法规体系。

我国职业教育的专项立法仅有《职业教育法》，相关的行政法规有《教师资格条例》《教学成果奖励条例》等，在法制体系方面还有很多欠缺。由此，我们应该以《职业教育法》为基础，就职业教育发展的重大问题尽快出台相关的行政法规，以解决职业教育发展中存在的问题。除了相关的行政法规以外，还需要对职业教育的相关规章进行全面规范。职业教育的专项规章是指对职业教育的某方面或几个方面进行规范，调整某一类或几类工作关系的法律文件的统称。[4]因此，应该结合我国职业教育发展的实际，构建衔接配套的专项规章制度，从而保障我国职业教育得到健康、有序的发展。

（二）适时修订职业教育法规，完善法规体系

在职业教育法制建设过程中，根据各项法律在实施中遇到的各种问题，适时对其进行修订，可以完善职业教育的立法，维护职业教育法规的有效性和权威性。

德国经常对职业教育法规进行修改、补充和完善，使整个法规体系得到良性发展。针对我国目前的《职业教育法》，可以对其进一步完善，补充职业教育中的一些重要内容，如完善职业教育体系、保障经费投入、确保“双师型”教师队伍的建设、建立产学研合作机制等方面的内容。[5]根据法律法规在实施的过程中遇到的一些问题，适时地对其进行调整和修改，可以促使我国的职业教育法制建设做到与时俱进，健康发展。

（三）兼顾职业教育法规体系的科学性和有效性

我国职业教育法规体系除了在内容上要不断完善，还需要进一步保证科学性和有效性。科学、有效的职业教育法规体系是促进职业教育健康发展的有力保证。

科学性要求职业教育的法规体系内部的法律法规按照一定的逻辑联系相互协调，在内容上保持和谐一致，在形式上达到完整统一，避免不必要的重复，使整个法制体系科学、合理。[6]有效性是指建立职业教育法律体系时，不能够仅仅追求形式上或逻辑上的完美，也不能完全出现随意性的倾向，一定要保证法律法规的实施具有针对性和高效性，从而避免立法上的盲目性和随意性。我国的职业教育法制建设任重而道远，科学、高效的法制体制有利于促进我国职业教育事业稳步发展。

（四）完善职业教育执法监督机制

职业教育法律法规的有效实施，离不开严格的执法

监督机制。德国的职业教育法律体系的高效运转，在一定程度上得益于严格的执法和监督。德国的职业教育法律中明确规定了职业教育法律责任、执法监督的主体、完备公正的执法监督程序和制度，这些对保证职业教育法律的顺利实施、维护公民的合法权益，发挥了积极的作用。

我国应该完善职业教育法律监督机制，加大监督力度，真正做到有法必依、执法必严、违法必究。各级政府部门、行业企业要加强对政府教育执法行为的监督；职业教育单位的学生及其家长、新闻机构、社会团体等要对政府教育执法行为进行监督。通过全方位的监督，从而使职业教育的各个环节都能做到有章可循。

参考文献：

[1]劳凯声.教育法论[M].江苏教育出版社,2003.

[2]刘邦祥,程方平.解读德国新颁《职业教育法》及相关法规[J].中国职业技术教育,2008(18).

[3]胡劲松.德国学校法的基本内容及其立法特点——以勃兰登堡、黑森和巴伐利亚三州学校法为例[J].比较教育研究,2004(8).

[4]徐元俊.试论我国高等职业教育法制建设与完善[J].广州广播大学学报.2010(1).

[5]舒颖.我国教育立法的现状、问题与对策[J].考试周刊,2008(1).

[6]赵玉荣,邵丽君.中美高等职业教育立法的差异及启示[J].职业技术教育,2008(10).

On the Enlightenment of German Vocational Education to China's Vocational Education

Feng Lili

Abstract: This paper discusses the characteristics of rule of law about German vocational education and its enlightenment on China's vocational education. The enlightenment includes speeding up vocational education legislation, building corresponding mechanism revising vocational education laws and regulations timely, perfecting the laws and regulations system, giving consideration to the scientificity and effectiveness of vocational education laws and regulations system, and perfecting the mechanism of supervising mechanism on vocational educational law.

Key words: Germany; vocational education; legal system building

高校教学质量监控体系中存在的问题及其对策

□ 黄凤仙

摘 要 <<< 要提高高校的教学质量，教学质量监控体系的建立和有效运行是非常关键的。要完善教学质量监控体系，需要院校的重视、师生的配合、各部门的合作，所以高校需要通过加强监控队伍建设，健全规章制度等加强自我管理，完善教学质量监控体系，为国家培养出高质量人才。

关键词 <<< 教学；教学质量监控；问题及对策

一、教学质量监控环节和内容要点

近年来，我国的高等教育得到了迅速的发展。要保证教学质量，就需要从多个方面进行监控和管理。在我国的高校中，对于教学质量的监控具有以下八个环节：

其一，教学计划、教学大纲的实施。在开展教学活动时，首先就需要具有明确的教学计划和教学大纲，院校需要做好对课程的安排工作，并且能够将教学计划落实，对理论课程和实验课程的开设、对教学大纲的编写、对教材的选用等都属于教学计划的一部分，需要严格实施。

其二，课堂教学。在教学活动中，课堂教学是必不可少的一部分，要做好课堂教学工作需要做好课前的准备工作、课堂教学工作、课外辅导工作以及对成绩的考评工作。

其三，实践教学。随着目前社会对于人才的要求越来越高，实践教学的重要性逐渐凸显出来。做好实践教学的要点就在于实验室的管理、实验室的条件以及实验课程的开设情况。

其四，毕业论文。毕业论文的管理要点在于选题的合理程度、指导教师的水平管理以及论文的工作量、规范程度的管理。

其五，教研室工作。教研室对于教学质量的监控起到比较重要的作用，其内容要点在于教研室的基本建设、运行以及管理工作。[1]

其六，课程建设。包括课程建设的目标和计划、师资队伍的水平建设和特色的创建。

其七，专业建设。根据社会的需求进行专业发展的规划，包括专业办学的特色建设、专业师资队伍的建设以及实验室的建设、课程体系的建设等。

其八，教学改革。要做好教学管理工作，根据时代特点进行教学改革是必然的。可以对教学管理、教学内容、教学体系进行改革，还可以对人才培养模式、教学方式等进行改革。教师主要对教学方法和模式进行创新，并且可以编写适合学校学生的教材。

二、当前高校教学质量监控与评价体系存在的问题

（一）缺乏全面监控的教学质量监控理念

所谓教学质量监控，就是需要对教师的教学过程、学生的学习过程以及学校的教学管理进行监督，还可以包括对于毕业生质量的调研，是为了保证人才的培养质量、保证教学质量而采取的措施，是针对师

作者简介 <<< 黄凤仙，女，黄冈师范学院，副教授，湖北黄冈，438000。

生全员的措施，具有很强的全面性和全过程性，所以这一项工作并非是教务处的工作，而是需要整个学校所有部门、所有工作者都参与其中的。然而就目前而言，我国高校中的领导以及师生都还普遍缺乏全面监控的概念，各个部门各自为政，都只顾完成自己部门的工作，使得高校中的教学和管理是割裂的状态，教学质量监控体系的各个环节之间缺乏联系，难以完成全面的教学质量监控。[2]

（二）教学质量监控范围狭窄

目前，我国绝大多数高校中对于教学质量的监控范围都比较小，大多只监控直接的教学活动，然而对于管理水平、后勤保障等对教学质量具有直接影响的因素却缺乏监控。同时，高校对于教学秩序的监控比较严格，但是却容易忽视专业设置、教学计划、教学内容等的监控，使得很多院校的教学计划不周全，培养出的人才不能够满足社会的需求。另外，很多高校比较重视教师的理论素质，但是针对教师的实践能力以及实践教学能力的监控却缺乏力度。最为核心的一点就是对于学生学习方面的监控，然而很多高校对学生的理论知识水平比较重视，加以严格监控，但是对于学生的实践能力和操作能力重视不足，监控力度不足。

（三）监控的主体单一，忽略学生和行业、企业等在教学质量监控中的作用

在教学活动中，主体就是学生，所以教学工作首先就需要满足学生的需求。学生作为教学活动的直接接受者，也最有资格对当前的教学情况以及教学监控情况进行评价。但是就目前而言，我国的高校针对教学质量的监控最不重视的就是学生的想法和评价，只把学生作为教学的接受者。而外部监控的一些企业和行业对于学校教学质量监控是无法直接参与的，所以一些学校对专业的设置以及课程体系的改革都没有结合社会以及企业对于人才的需求情况，故而这些监督管理工作都比较滞后，不能够满足我国社会的需求，不适应于经济的发展。[3]

（四）缺乏对学生认识当前学习状况的指导

教师的教学和学生的学习并非是独立的、分离的两个部分，而是具有联系的、互动的。教师的教学应该结合学生的实际情况，选取合适的方式和模式，从而能够让学生更好地学习，培养学生的能力，而学生也需要去迎合教师的教学方法，积极地和教师进行沟通。学生获取知识都应该具有方法和技巧，但由于高校的部分学生基础比较差，缺乏良好的学习习惯，学习能力比较差，所以教学质量监控体系中还应该具有一些措施使得学生能够认识到当前的学习状况，让学生能够学会自学，从而改善当前教育的滞后状况。

（五）缺乏具有特色的教学质量评价体系

目前我国的很多高校都已经注意到教学质量监控体系的重要性，也在不断地完善过程中，但是很多院校对于教学质量的评价都停留在同行的评价、督导的评价上，非常具有局限性，忽视了社会化的质量评价，还没有建立起一套真正符合高职教育特点的评价体系。

（六）对出现的问题缺乏有效的反馈与落实

在很多高校中普遍存在的一个问题就是教学质量的监控只停留在口头上，并没有真正解决出现的问题。大多数院校都具有一定的监督管理措施，对于学校中的各项内容和各个环节都具有监督和检查过程，但是在发现问题之后，却并没有真正采取措施去解决问题，或是采取了简单的解决办法但是并没有严格落实，没有分配到某个部门或是个人身上，更没有定期地跟踪检查，所以并没有有效地解决教学质量监控中出现的问题。

三、高校建立和完善教学质量监控和评价体系的有效途径

（一）加强监控队伍建设，形成多层次、全方位的质量监控组织机构

要做好学校的教学质量监控工作，首先就需要完善管理组织，提高教学质量管理队伍的水平。所以最基本的就是要做好学生信息的反馈工作，由教务部门作为监管调控的中心，做好咨询、指导和监督的工作，形成全方位的质量监控体系。

其一，要建立以分管教学工作的校长、系主任为

主的教学管理队伍，使得学校的每一个层次的管理部门都能够形成统一战线，齐抓保障体系，建立起适应教学改革的管理模式，使得教学秩序能够稳定。其次要对教学管理的各个环节进行建设，加强管理框架的建设，并严抓纪律，加强对于教学秩序、考风考纪的管理，进一步完善教学质量的监督和评价制度。

其二，要完善校级教学督导队伍的建设。在高校中，教学督导组应该主要起到监督和指导的作用，所以需要由一些老教师或是专家组成，他们可以经常参与听课评价的活动，有重点地对课程内容和教学质量进行评价，并且积极地检查一些学生的毕业设计等，有针对性地给学校的教学改革和建设提出建议。[4]

其三，成立学生教学信息员队伍。在每个专业或是每个班级中都选出一个认真负责并且可以客观评价教学内容和质量的同学作为教学信息员，这些信息员的选派主要就是为了能够及时记录课堂教学情况并且向教务处反映情况，教务处也需要设定专人负责收集这些教学信息员采集的信息，从而根据信息作出合适的决策。同时，学校还需要定期地召开针对教学质量的专题学生座谈会，从而能够更多地了解学生对于教学的想法和意见，从而能够进一步提高教学质量监控的水平。

（二）建立、健全教学管理规章制度，依法治教

首先需要落实、完善教学检查制度。在高校中，可以由教务处定期开展教学检查活动，从而比较全面地了解院校中的教学情况。定期的教学检查就可以分为三个部分，分别为期初、期中和期末。在这三个阶段分别检查教学活动的安排情况、教学活动中的教学质量情况以及影响教学质量的因素、考试管理情况。由于三个检查阶段侧重点不同，就可以比较全面地对院校中的教学质量监督情况进行了解。

其次需要建立行之有效的学生评教制度。学生是接受教学的主体，所以需要由学生来对教学情况进行客观的评价。要得到有效的学生评教信息，先要保证评教内容全面，涵盖教师的课堂教学、实践教学、教学模式和方法等多个方面；其次需要让学生明白评教工作的重要性，不要一味乱评。让学生进行评教工作体现了学生在教学活动中的主体地位，更加能够全面地了解教学质量。

（三）真正实现管理重心下移，充分发挥系级教学管理的主体作用

高校的教学管理职能部门应该指导系主任，使之负责起全系的教学质量监控工作。系领导需要指派固定的人员收集本系的教学督导员、班级的教学信息员所反馈的信息，将这些信息进行记录和整理，归纳出影响教学质量的因素和主要问题，针对这些问题提出改进意见，并且将结果反馈给相关的部门，由领导讨论出整改意见之后再向下反馈，着手整改。

教研室的教师和学生也需要在各种活动中进行沟通，使得学生的意见和建议都能够反馈给教师，形成教和学之间的良好互动。教研室的监控方式有很多，比如通过教学研讨、相互听课等方式来研究教学计划、教学内容、教材选用等问题，相互评价可以及时发现影响教学质量的因素，从而及时整改，将问题解决，提高教学质量。[5]

（四）建立教学质量监控的约束和激励机制，强化教学管理效果

首先，高校需要坚持严格管理，强化约束机制。只有严格的管理才能够克服很多影响教学质量的因素，所以高校需要坚持原则，使得教学管理趋于规范化和制度化，公平公正地对待每一位教师和学生，并且将管理制度和教学质量监控相结合，对教师的考核也结合教学质量的监控结果，从而加强学校的管理。

其次，要实行激励机制。因为在教学活动中，不能够只使用严厉苛求的方式来进行管理，还需要有效地运用激励机制，使得师生都能够自觉、积极地参与到管理中。所以高校首先需要了解师生的心理需求，将教学目标和这些心理需求相结合，从而达到完善教学质量监控体系的目的。

四、结语

综上所述，要提高高校的教学质量，教学质量监控体系的建立和有效运行是非常关键的。要完善教学

质量监控体系，需要院校的重视、师生的配合、各部门的合作，所以高校需要通过加强监控队伍建设，健全规章制度等加强自我管理，完善教学质量监控体系，提高院校在社会上的竞争力。

参考文献：

[1]陆宵宏.高职院校教学质量监控与保障问题的研究[J].亚太教育,2016(13).

[2]权大哲.关于构建高职高专院校内部教学质量监控体系的思考[J].辽宁农业职业技术学院学报,2016(1).

[3]文学运.地方本科院校加强教学质量监控的若干思考[J].赤峰学院学报,2015(2).

[4]刘丽莹.网络教育环境下的教学质量监控研究[J].教育教学论坛,2015(12).

[5]周继香.应用型人才培养教学质量监控体系的构建[J].继续教育研究,2015(1).

Problems With College Teaching Quality Monitoring System and Corresponding Countermeasures

Huang Fengxian

Abstract: In order to improve the college teaching quality, it is critical to establish the teaching quality monitoring system and keep it operating effectively. The college authority must put a high value on the teaching quality monitoring system and we can't improve it without the cooperation between teachers and students or that of various departments. Colleges and universities should strengthen self-management and improve the teaching quality monitoring system by strengthening the monitoring team construction and modifying various regulations and rules so that they can cultivate high quality talents for the country.

Key words: teaching; teaching quality monitoring; problems and countermeasures

高职院校校企“双主体”协同育人模式探究
——以长沙职业技术学院为例

□ 武海华

摘 要 <<< 企业是职业教育重要办学主体,长沙职业技术学院与沈阳东软睿道教育服务有限公司校企合作，共建华中区工程实践教育基地，形成了“双主体”协同育人模式，学校、企业双方共同参与人才培养方案制定到实施的全过程，在校企深度合作的方式上进行了新的尝试，实现了学生、企业、学校的共同发展。

关键词 <<< 双主体；育人模式；校企合作

《国家中长期教育改革和发展规划纲要（2010—2020年）》中着重指出，要“建立健全政府主导、行业指导、企业参与的办学机制，制定促进校企合作办学法规，推进校企合作制度化”。长沙职业技术学院在十余年校企合作探索的基础上，进行了校企深度合作的新尝试，与沈阳东软睿道教育服务有限公司进行深度合作，共建华中区工程实践教育基地，共同培养学生，形成校企“双主体”协同育人模式，着眼于“协同创新”能力的培养与提升，提高教学质量和培养学生的创新、工程实践能力，优化学生学习实践环境，增强学生就业的竞争力，培育企业需求的计算机、软件工程类高端技能型人才。

一、校企“双主体”协同育人模式内涵

“主体”概念源于哲学范畴。哲学的本体论认为，主体是指事物的属性、关系、运动变化的承担者和载体，认识论认为，主体是指认识活动和实践活动的承担者。主体(subject)与客体(nonego)通常作为相对应的范畴来考虑，相对于客体来说，主体在活动过程中居于主导地位。[1]

从教育角度解读“主体”，育人的主体一般为学校。在职业院校育人模式改革中，行业企业办学主体作用越来越明显，校企联合招生、联合培养，由此，在职业教育领域学校与企业形成了“双主体”。在长沙职业技术学院与东软睿道校企合作的“双主体”协同育人模式中，学校和企业在职业人才培育过程中共同承担育人责任，同为育人实践的主体，企业不再是校企合作中被动的一方，而是真正地参与决策、参与实践、参与人才培养的每一个环节。“双主体”协同育人模式突破了传统的“学校本位”观念，将学校与企业双方定位为人才培养工作的共同承担者，让双方都以主人翁的姿态参与到人才培养工作中，充分发挥各自优势，合力完成人才培养工作。[2]

二、我院“双主体”协同育人模式的运作方式

（一）校企共建工程实践教育基地

合作共建“长沙职业技术学院-沈阳东软睿道教育服务有限公司华中区工程实践教育基地”，着眼于协同创新的改革发展要求，共同开展IT人才工程实践能

作者简介 <<< 武海华，男，长沙职业技术学院人文与信息科学系，副教授，湖南长沙，410217。

基金项目 <<< 基于TOPCARES-CDIO的校企一体化合作办学模式研究（项目编号：CSZY15C11）。

力教育，深入推进校企共赢的产学研结合。

（二）合作办学及人才培养

依托共同合作共建的工程实践教育基地进行人才联合培养，企业参与学院软件工程战略性新兴（支柱）产业人才培养计划、软件工程专业试点改革项目和长沙职业技术学院湖南省服务外包人才培养基地等项目实施，共同探索并实行培养创新型和应用型人才的合作模式。

（三）实施“双师型”教师的联合培养方案

定期安排学校教师到企业进行真实项目的实践锻炼，了解企业用人标准与需求，丰富教学案例，明确学生的培养方向，实现理论与实践的紧密结合，最终提升其知识储备和教学水平，使之逐步具备软件教学工程化、市场化的能力。

三、我院“双主体”协同育人模式的特色

（一）“双主体”联合招生，招生即招工

利用高职单独考试招生政策，让企业从招生就开始参与人才培养计划，技能考试、面试均应听取企业专家的意见；实施招生招工一体化，校企共同研制招生与招工方案，实施现代学徒制培养方案，从源头上培养适应需求的人才。学生入校后，东软睿道公司即与学生签订就业协议，即学生一入校就具有了双重身份。校企联合招生规划表如表1所示，力争通过3年的发展，在校学生规模达到1,200人以上。

表1 校企联合招生规划表 （单位：人）

专业	方向	2015年	2016年	2017年	…
计算机网络技术	移动互联网开发	100	100	100	
	互联网营销	150	100	100	
	软件服务外包	50	100	100	
	电子商务		100	100	
	物联网技术			100	
合计		300	400	500	

（二）“双主体”共建专业，构建“1.5+1.5”教学模式

依托东软睿道公司在工程应用能力人才培养方面的优势以及我院的现有师资和网络实验室、数字媒体实验室等软硬件基础设施，围绕实践教学课程体系建设、实训实习等领域，深入开展工程实践教育合作，做到校企互动、深度融合。

校企订单班按“1.5+1.5”教学模式进行，即前“1.5”主要由我院老师进行专业必修课和公共基础课的教学，东软睿道公司老师承担150～200课时的专业核心课授课、行业讲座、课程实践指导等的教学。后“1.5”中分成3个“0.5”，分别为在东软睿道公司实训基地进行项目实训、企业实习、学生就业三阶段。

（三）“双主体”管理学生

在订单班学生管理中，制定东软班特色学生工作制度，建立校企合作东软班特色化、职业化、规范化的管理模式，形成了以学生为中心、以企业化管理为特色的学生管理工作模式。采用辅导员和专职班主任双重管理模式，公司为合作专业教学班级配备了专职班主任，承担班级建设、学生日常管理、东软特色活动组织、教学反馈的工作。2015年下学期合作以来，在东软驻校办公室的统一筹划下，开展了多个特色活动，如东软班军训灯光联谊晚会、东软班学生寝室内务评比大赛、东软班学生“自信心训练”特色班会活动、东软班学生课前十分钟“自信演讲人”特色学风建设活动、东软班学生“我是小讲师”特色活动、东软班学生团队合作拓展训练、东软班学生第一届成人礼暨感恩文艺汇演等。

（四）“双主体”打造双师团队

计算机网络技术专业现有教师30名，其中来自学校的教师14名，来自企业的教师16名，生师比为23.3：1（教师队伍构成如表2所示），整个师资队伍结构体现了“双主体”的特点。采用双专业带头人制度，学校方挑选专业教学骨干担任专业教师，东软睿道公司选拔了技术好、素质高的业务骨干担任实践指导教师，双方共同配合完成教学任务。形成了一支既具有丰富的实践经验又熟悉课堂教学工作、较为稳定的专兼职教师队伍。实习期的理论教学课程、实训指导由企业技术骨干主讲，主讲教师需按照学校教学要求，准备教学大纲和教学进度计划，完成相应的教学内容。

表2 计算机网络技术专业学校教师与企业教师队伍构成

专业方向	校方教师人数	企业教师人数	总人数	专业带头人
移动互联网开发	5	4	9	1+1
互联网营销	3	4	7	1+1
软件服务外包	3	4	7	1+1
电子商务	3	4	7	1+1
合计	14	16	30	8

此外，通过安排学校教师到企业实践锻炼，学习最新的软件编程知识与技巧，熟悉标准化的软件开发流程与质量保证体系，积累项目开发与管理的实际经验，了解企业用人标准与需求。

表3 计算机网络技术专业学校教师与实践锻炼规划表（2016年）

序号	培训课程	培训周期	备注
1	高质量C语言编程	3天	校内培训
2	Java面向对象开发设计	3天	校内培训
3	数据结构	3天	校内培训
4	高质量C++语言编程	3天	校内培训
5	C++ Windows编程	3天	校内培训
6	Linux应用编程	3天	校内培训
7	Oracle数据库技术	3天	校内培训
8	MySQL编程	3天	校内培训
9	物联网方向	10天	暑期基地培训
10	移动互联方向	10天	暑期基地培训
11	项目管理	5天	暑期基地培训

（五）“双主体”共建实训基地

校内实训基地建设硬件主要由学院提供，软件由企业提供。拟建成一个包括软件开发技术服务中心、云计算技术服务中心、电子商务技术服务中心、物联网应用服务中心的信息技术产业孵化基地与校区协同创新中心。基地是一个既能够覆盖软件开发、物联网信息服务、电子商务、网络设计与管理、网络安全、软件外包服务和信息增值服务等学习领域的项目实训基地，又能开展学生校内协同创新活动的多元化生产型实训基地。

校内实训基地结构如图1所示。

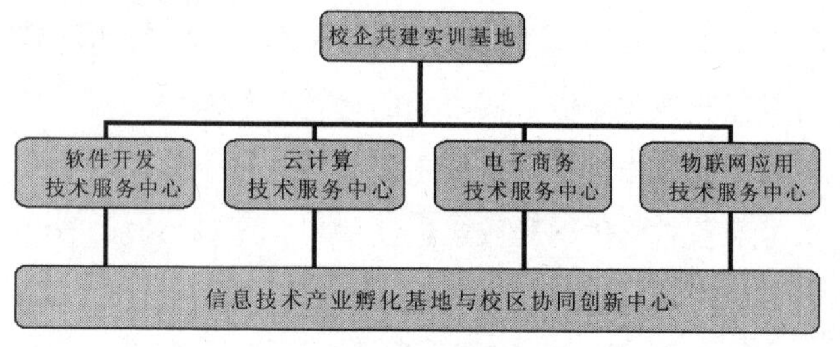

图1 校内实训基地结构

校外实训基地主要由东软睿道公司负责，有沈阳实训基地、大连实训基地、南京实训基地、天津实训基地、成都实训基地、青岛实训基地等多个分布式实训基地。现有实训基地总建筑面积约15万平方米，各类培训教室、实验室220个，可同时容纳10,000余人培训和住宿，实训中心拥有丰富的开发、管理经验的内部讲师200余人和实训经理50余人。学生以准员工的身份到东软集团，在真实的工作环境下，完成实际的项目开发训练，接受企业实践指导和教师的指导，同时结合实习工作任务确定毕业实践课题（项目），完成毕业设计与顶岗实习。

四、“双主体”协同育人模式的可持续发展

（一）创新校企一体、产教融合、协同育人体制机制

把长沙职业技术学院-沈阳东软睿道教育服务有限公司华中区工程实践教育基地，建成为湖南乃至华中区面向计算机、软件工程类人才实践教育的典范，并依托长沙职业技术学院，建设东软人才实训中心，使长沙职业学院在全省同类院校中、在校企一体化育人模式上起引领示范作用，并争取在全国有一定影响力。

（二）校企人才互通共用

校企人才互通共用，是创新校企“双主体”协同育人模式的重要保障。一方面学院定期选派一定数量的专职教师到合作企业实习锻炼，提高实践能力；另一方面，学院聘请企业技术专家、技术能手、能工巧匠等进学校，上讲台，承担专业课教学任务，提高培育人才的荣誉感和责任感。校企双方师资优势互补，构成校企共享的人才资源团队。

（三）校企共同开展技术研发、服务和推广工作

职业教育要适应社会对技术应用型人才的需求，就必须跟踪新技术的发展和应用，并及时将技术的发展和变化引入教学，这就要求学院必须加强与行业、企业在科技开发、技术服务和技术推广方面的合作。

通过合作，提高教师的科研能力和水平，使学院能够站在技术发展的前沿，为企业更好地开展技术服务，进行技术咨询和推广。校企在相互服务中，提高校企“双主体”协同育人的契合度，形成校企“双主体”协同育人的凝聚力。

参考文献：

[1]黄克亚.马克思主体观研究[D].北京:中央民族大学,2010.

[2]毛敏芹,曾凌燕.校企“双主体”培养模式下对企业积极性的调动[J].襄樊职业技术学院学报,2009(5).

[3]努力建设中国特色职业教育体系——四论学习贯彻习近平总书记关于职业教育工作重要指示精神[N].中国教育报,2014-06-27(1).

[4]王仲英.高职院校工学结合人才培养模式的探索与思考[J].中国职业技术教育,2009(16).

Research on “Two-subject” Education Model Based on the Cooperation between a Vocational College and an Enterprise

— Taking Changsha Vocational and Technical College as an Example

Wu Haihua

Abstract: Enterprise is an important subject of vocational education. Changsha Vocational and technical college cooperates with Shenyang Neusoft Riedel Education Service Co., Ltd. and they make joint efforts to build the Central China Engineering Practice Educational Base, forming the “two-subject” cooperative education model. Changsha Vocational and Technical College and Shenyang Neusoft Riedel Education Service Co., Ltd. jointly participate in the talent training scheme making and implementation and deepen college-enterprise cooperation, achieving the mutual improvement among enterprises, colleges and students.

Key words: two-subject; education mode; college-enterprise cooperation

基于核心素养的计算机应用基础课程“四化”教学实践

□ 刘久红

摘　要 <<< 培养学生的核心素养是每位老师、每门课程教学的根本任务。根据职业教育应突出做中学、做中教，促进学以致用、用以促学、学用相长的基本原则，在高职计算机应用基础课程的教学中，我们采用以培养学生的核心素养为主线，培养学生的知识、技能并重的教学模式——“四化”教学模式。实践表明，这种教学模式能激发学生的学习兴趣，有效地培养学生的科学精神、审美情趣、身心健康、学会学习、实践创新等核心素养，提高教学质量与效率。

关键词 <<< 核心素养；计算机应用基础；教学模式

国民的核心素养决定一个国家的核心竞争力与国际地位，核心素养是指人应具备的、能够适应终身发展和社会发展需要的必备品格和关键能力。当前，高校和中小学课程改革从总体上看，整体规划、协同推进力度不够，与立德树人的要求还存在一定差距。[1]为落实好立德树人的新要求，教育部提出全面深化课程改革，“五个统筹”的工作任务，并于2016年2月发布《中国学生发展核心素养（征求意见稿）》来深入回答“培养什么人、怎样培养人”这一问题，核心素养强调的不是知识和技能，而是获取知识的能力，这意味各门课程除了教给学生知识与技能，应更加注重学生核心素养的培养。

一、计算机应用基础课程“四化”教学简介

根据《教育部关于全面深化课程改革　落实立德树人根本任务的意见》（教基二〔2014〕4号文件）指示，各门课程应根据学科特点，确定其主要可以培养学生哪些核心素养，然后创新教学模式与教学方法组织教学。计算机应用基础课程是高职学院一门公共必修课，面向全体大一新生开设，主要涉及计算机基础知识、网络的应用、Office办公软件的使用、常用工具软件的使用等。根据该门课程操作性非常强，贴近学生的学习、生活，学生可以随时应用这门课程的知识等特点，笔者认为该门课程主要可以培养学生社会责任、科学精神、审美情趣、学会学习、实践创新等核心素养。那么教学过程中如何教学生，才能让学生在掌握知识与技能的同时，更好地培养其核心素养呢？笔者根据学科特点与多年的教学实践经验总结出计算机应用基础“四化”教学模式，即“教学内容模块化、教学模块案例化、教学案例情境化、考核方式过程化”。这门课程操作性、实用性非常强，但因各地中学教学与学生家庭经济情况的差异，导致新生的计算机应用水平高低不一，原来“老师演示、学生模仿”灌输式的教学模式，使学生被动接受知识，不利于满足不同层次的学生学习需求，不利于培养学生主动学习、勇于探索、合作协作、勤于反思、实践创新等素养。实践证明，计算机应用基础课程“四化”教学模式，激发了不同层次的学生对计算机知识的学习兴趣，通过情境化教学案例引导主动学习，较好地培养了学生审美情趣以及学会学习、实践创新等核心素养。

作者简介 <<< 刘久红，女，长沙职业技术学院科研处，讲师，湖南长沙，410217。

二、计算机应用基础课程“四化”教学实践

（一）教学内容模块化

教学内容模块化是20世纪70年代初由国际劳工组织研究开发出来的以现场教学为主，以技能培训为核心的一种教学模式。笔者根据近几年用人单位需求反馈及对学生等级考试成绩分析，将计算机应用基础课程的内容整合为以下四个模块，即计算机软（硬）件资源管理（含网络应用，常用工具软件）、文档处理软件应用、数据处理软件应用、演示报告制作。实践表明，将计算机应用基础课程的教学内容整合为以上四个模块，提高了教学效率与实效，能更好地满足不同学习层次的学生需求，较好地培养学生的核心素养。

（二）教学模块案例化

教学内容模块化后根据学院专业特点、学院相关校园活动、学习和生活中的实际需求设计了15个典型案例（详见表1），实现教学模块案例化。案例教学法由美国哈佛商学院（Harvard Business School）提出，它体现了现代心理学的建构主义认识论思想，将合作学习、情景学习、研究性学习等各种方法融合为一体，适应了学习者建构知识、接受知识的内在认识秩序。它围绕一定教学的目标把实际生活、工作中真实的情景加以典型化处理，形成供学习者思考分析和决断的案例，通过独立研究和相互讨论的方式提高学生分析问题和解决问题的能力。[2]

表1 典型案例

序号	模块名	典型案例
1	计算机软（硬）件资源管理（含网络应用，常用工具软件）	（1）我是硬件能手 （2）我是系统专家 （3）我是网络高手 （4）最新常用工具软件的安装 （5）美图达人
2	文档处理	（6）求职简历 （7）海报制作（根据学院每年的活动定主题） （8）对接专业设计制作表格 （9）毕业论文制作 （10）学生信息统计
3	数据处理	（11）对接专业案例 （12）个人财务管理
4	演示报告制作	（13）论文答辩演示文稿 （14）每年根据情况拟定一主题制作演示文稿 （15）对接专业案例

（三）教学案例情境化

教育离不开生活和环境，只有与学生实际需求相结合的教育，才有可能激发学生的学习兴趣，发挥学生的学习主动性。[3]通过对社会和生活进一步提炼和加工后设计出的案例，它的真实、客观生动、针对性强的特点，使学习者学到更为有效的知识，学会利用自身的知识结构去解决实际问题，让学生真正掌握所学知识并学以致用。[4]下面通过举例介绍结合学生生活实际设计情境化案例教学的过程。

比如在学习文档处理模块的海报设计制作时，可以结合校园各类活动及学生生活实际需求设计案例，组织教学：

1. 案例导入，激发兴趣

学院团委正在组织“校园好声音”歌唱比赛，已完成初赛，现向全院学生征集决赛宣传海报，对征集的海报评选出一、二、三等奖，分别有2、4、6个名额，颁发荣誉证书，第一名将被奖励200元。今天我们就来探讨宣传海报的制作流程。

2. 任务驱动，自主探究

以小组为单位收集信息。去团委收集“校园好声音”初赛的资料，如相关图片，视频资料，初赛结果，宣传报道，决赛的时间、地点、名单等。利用网络收集各种海报，通过阅览他人的优秀作品，为自己的创作提供参考与借鉴。小组讨论、自主探索制作流程及方法。老师总结提炼常见的几种海报制作方法及操作技能。

3. 制作，理解知识

着手设计制作，通过上一步的探讨，得出制作步骤可分为三步：第一步，搭建海报框架，包括纸张大小、页边距、背景设置等；第二步，编辑海报内容，包括艺术字的编辑、图片的插入与编辑、文本框的使用等；第三步，整体美化处理，在制作过程中掌握操作技能、理解相关知识点，有困难的，通过网络、小组互助或教师指导等方式解决。

4. 作品，交流总结

各小组上交作品并对作品的制作技术、创意设计等进行汇报，师生共同评比作品，并将作品中用到的知识点进行归纳总结，对各作品进行中肯的点评。

5. 延伸作业

制作本小组参加的某一社团的招新海报，例如“清风棋社”的招新海报。制作完成后小组长负责把作品发送到收作业的邮箱。

案例源于学生的校园生活，契合学生的实际需求，激发学生学习的主动性，另外，案例学习过程中除了掌握计算机操作知识，更培养了学生的主动学习、创新实践、合作担当、创意表达、感悟鉴赏、沟通能力等核心素养。

（四）考核方式过程化

考核的目的是为了更好地促进学习，检测学生的真实水平。本门课程采用过程性评价考核方式进行考核，过程性评价考核包括对学生平时考核、专项技能、终结性考核三个方面的考核，分别占30 %、40 %、30 %。平时考核：任课教师根据学生的平时表现打分，主要从学习态度、学习方法两方面考虑；专项技能：每个模块学完会组织单元测试；终结性考核：课程结束后在校园网的计算机基础网络课堂上进行在线测试等。过程性考核评价极大地调动了学生平时学习的自觉性和积极性，促使学生平时更加认真学习，改变以往那种单纯为了考试而突击复习的被动学习局面[5]，能更真实地评价学生的学习情况，从而促进教学。

三、结语

计算机应用基础课程“四化”教学目的明确、突出实践、强调学生主体地位，能很好地调动学生的学习积极性与主动性，案例开放式的教学，能很好地培养学生的核心素养。但是为了保证教学效果，关键是在案例设计上下功夫，案例要真实、贴近需求，要及时更新，而且综合性案例设计教学准备工作是个很大的挑战，单个教师难以胜任大型教学案例的设计工作，必须以团队的形式组织设计案例工作。一线教师必须经常进行职业化培训，深入企业调研、进入企业培训等，以保证案例更契合就业岗位需求及学生学习生活需求。另外，老师作为教学过程中教的组织者、学的引导者，“四化”教学模式对老师提出了更高要求，教师应善于引导学生思考问题，找到解决问题的方法，其开放式的教学对课堂组织提出了更高的要求[6]，教师应不断学习，更新知识体系，提高自身素养。

参考文献:

[1]教育部关于全面深化课程改革 落实立德树人根本任务的意见[Z].教基二〔2014〕4号.

[2]王学春,姜维案.案例教学法在CorelDRAW平面设计课程教学中的应用[J].电脑与信息技术,2015(8).

[3]刘久红.运用情景教学法提高计算机应用基础课堂效率[J].教师,2013(9).

[4]赵善明.任务驱动模式在《计算机应用基础》教学中的应用[J].科技视界,2012(13)

[5]金东萍.高职计算机应用基础课程“三维五化”教学模式[J].辽东学院学报(自然科学版),2013(5).

[6]刘凌.情境教学法在OFFICE办公软件课程教学中的应用[J].广西教育,2011(9).

“Four-Model” Teaching Practice of Computer Application Basic Courses Based on Core Quality Cultivation

Liu Jiuhong

Abstract: Cultivating students’ core quality is the basic task for every teacher and every course teaching. According to the principle that vocational education should lay emphasis on learning by doing, teaching in practice, learning for practice, practice benefiting learning and learning being practice, in the teaching of higher vocational basic computer course, we construct the model of taking students’ core quality developing as the main line and giving knowledge and skills equal value — the “Four-Model” teaching practice. Practice results show that this teaching model can arouse students’ learning interests and effectively cultivate students’ core qualities, such as scientific spirit, aesthetic taste, physical and mental health, learning to learn, practice innovation and so on, thus improving the teaching quality and efficiency.

Key words: core quality; computer application basic course; teaching model

高职教师参与课程教学改革的激励策略研究

□ 欧阳叶

摘 要 <<< 课程教学改革是提高教师教学水平、提升教育教学质量的基本途径。随着国家对职业教育的高度重视，高职院校课程教学改革逐渐深入，高职教师参与课程教学改革的激励策略也随之变化。本文将从校长、学校、教师自身三个方面，提出激励高职教师参与课程教学改革的措施，增进高职教师参与课程教学改革的积极性与主动性。

关键词 <<< 高职教师；课程教学改革；激励策略

高职教师是参与课程教学改革的主体，这不仅体现了教学管理的民主化，而且也彰显了高职院校贯彻落实建立卓越院校方针的程度。我国多所高职院校制定了关于鼓励教师参与课程教学改革的办法与措施的相关制度的文件。依照文件，高职教师需要改变教育思想观念、教学内容和教学方法、实验内容和教材等。但是在实际的课程教学改革中，教师参与课程教学改革的积极性不高，一部分中老年高职教师认为，自己经验丰富，有固定和习惯的教学模式，没有参与参与课程教学改革的必要；一部分高职教师认为进行课程教学改革花费太多的精力，增加了个人的工作量；大部分高职教师认为高职学生自身素质不高，花大量的时间和精力进行课程教学改革，教学效果甚微。在当前高职高专课程教学改革开展得如火如荼的形势下，探索高职教师参与课程教学改革的策略，激发高职教师参与课程教学改革的热情，对高职院校推进卓越院校建设有着重要的现实意义。因此，有必要从以下三个方面激励高职教师参与课程教学改革：

一、校长要提升领导力

（一）创新民主管理理念

管理学原理研究表明，组织机构及制度作用的实现取决于领导的决策能力。在实行校长负责制的学校管理体制下，校长在激励教师参与课程教学改革中起到了关键作用。为了让校长充分认识到高职教师参与课程教学改革的价值，应努力转变校长管理理念。首先，校长应以新的人性假设为指导，将人看作是一个追求自我实现、能够自我管理的社会人。[1]高职教师受过严格正规的教育，高学历，高职称，高素质，自律性强，领导应该相信他们的能力，能为学校提供好的合理化建议。其次，校长应以高职教师为本，实施人性化管理。在激励教师高职教师参与课程教学改革的过程中，强调教师是参与主体，落实人本管理具体措施，形成将高职教师参与视为目的而非手段的观念，一切参与活动在本质上都是为了促进学生和学校的发展。再次，校长应明确承认高职教师参与学校课程教学改革的作用。作为校长，最重要的是从思想和观念上能清楚地认识到高职教师参与课程教学改革的意义与价值，尊重高职教师的决策权和管理权。诸如高职教师参与课程教学改革能集思广益，提高管理质量与教育水平；实现高职教师与行政管理人员地位的平等，增强教师的主人翁责任感；加强组织内的沟通与协调，改善领导与教师之间的紧张与对立关系；激发教师的工作动机，强化高职教师的主体参与意识，增强高职教师参与积极性；增进高职教师的团队精

作者简介 <<< 欧阳叶，女，长沙职业技术学院科研处，硕士，讲师，湖南长沙，410217。

神，使参与的教师体验到自己是团队中的一分子，并同心协力，目标一致。因此，校长要以高职教师为本，依靠教师、尊重教师，努力通过各项措施促进高职教师参与课程教学改革的积极性，这样才能真正达到增强高职教师参与改革的目的。

（二）树立民主管理风格

在高职教师参与课程教学改革的过程中，校长应该对引进的骨干高职教师和特殊人才予以特别重视，树立民主管理风格。首先，校长要尊重信任高职教师。有研究表明，教师参与课程教学改革过程中得到领导的尊重信任越多，教师投入程度越高。校长要降低身段，平等地与高职教师交流，时时关心他们，充分信任高职教师的能力。其次，校长要授予高职教师一定的权力，采纳建议时要注重公平公正。适度授权，即分层负责，逐级授权。[2]高职教师有决策权，这将促使他们负责尽职，让他们在自定的期限和空间中，完成相应的工作。再次，校长要提供高职教师共同参与课程建设与教学改革的机会与措施。只有当校长积极倡导高职教师参与课程教学改革，并为高职教师参与课程教学改革提供支持，高职教师才会尽力支持，主动负责，工作的满意度和幸福感才会增强，更重要的是推进教育教学管理民主化的进程。

（三）提升民主管理水平

激励高职教师参与课程教学改革是体现校长工作成就感和价值感的一种方式。为此，校长有必要提升自己的民主管理水平。首先，校长应了解高职教师的专长。假如校长清楚地了解全校每一位高职教师的专长，则在处理学校教学和行政事务中，就会邀请这方面有专长的高职教师参与。当高职教师解决了学校教学管理中的问题，必会滋生自豪感，与此同时必会增强参与课程教学改革的热情。其次，校长应满足高职教师的成就感。每一位高职教师都希望工作能满足自己的成就感。校长应针对高职教师能力的差异，制定不同的诉求，使每一位高职教师在参与时都能因努力而获得成功和满足。再次，校长应协助高职教师成果的产出。对于高职教师参与课程教学改革的成果，校长应提供机会或场所协助其通过文字的形式发表或刊出，通过多种形式予以表彰和鼓励，能促进其成就动机的满足，以激励其被赏识感。

二、学校要提供制度与组织保障

（一）创新教学管理制度

科学合理而富有特色的管理制度直接决定着高职院校的发展水平，会极大地强化高职教师参与课程教学改革的有效性。新的课程教学管理制度必须致力于有效调动教与学两个方面的积极性、创造性，突出学生的主体作用和教师的主导作用，突出管理规范化、制度化、民主化要求。[3]首先，高职院校建立多方位的民主参与制度。包括建立教学督导室制度、学术委员会制度、行政联席会制度、教工代表大会制度等等。由德高望重的老教师参加教育教学督导；由学校的教授代表参与学术制度的修订与制订；由高职教师代表参加 “参改”、“议教”，由党员教师代表参与学校评教决策。其次，高职院校进一步完善组织制度。包含健全教研究室组织建设制度、坚持定期通报教学工作制度、实行学校职称公示制度、实施教学考核评价讨论表决制度、建立征求教学意见制度。再次，高职院校改善教学管理实施制度。教学管理实施制度实现由封闭式向开放式转变，由单一控制型向综合支持型转变，由刚性向弹性转变，由单一化向多样化转变。[4]同时，有助于推动高职教师形成主人翁意识和责任感，产生“学校是我家”的归属感，维护学校声誉，对学校方方面面的工作与学校校长产生目标认同，从而自觉积极执行学校课程教学改革决策，努力完成各项教学任务。

（二）建立参与奖励机制

高职教师主动向学校表达自己的教学建议，推广自己的课程教学成果，使学校课程教学改革更为科学合理，因此学校应该给予高职教师一定的奖赏，以奖励高职教师的参与行为，调动高职教师参与的积极性，提高高职教师参与满意度。那么应该如何建立高职教师参与课程教学改革的奖励机制呢？首先，高职院校增设参与奖励制度条例。学校教师管理手册中纳入参与奖励制度的条例，使高职教师参与课程教学改革有章可依、有规可循，切实保障高职教师应得到的奖励。其次，高职院校应设立不同的奖励项目。对为学校解决相关教学难题与困境、做出了特别贡献的高职教师的参与行为，学校应该重点嘉奖，授予特别贡献参与奖；对创新教学模式、提高教学效果的高职教师，学校也应该在年终总结大会上授予参与奖并颁布相应的证书。再次，高职院校设置多样化的奖励形式。一是着重精神、物质的双重奖励。精神奖励不可或缺，如大会表彰、领导表扬、同事赏识等。物质奖励尤为重要，奖金是最直接的嘉奖方法，还可以将其参与课程教学改革的表现纳入绩效考核中给予备案，作为年终绩效考核指标的参考。二是提供高职教师深造和发展的培训机会。对于大多数高职教师来说，难得的学习机会有着致命的诱惑力，它将促使高职教师不断增长能力，助推教师继续参与学校课程教学改革，为学校提出更多更好的意见与建议。三是职务晋升。对于经常参与课程教学改革表现出色的高职教师，在适当的时候应提拔晋升为学校教学行政领导；或是在学校某些教学行政职位空缺时，尽量给予为学校提供良好建议的高职教师们优先晋升的权利。

（三）完善参与信息渠道

为了进一步扩大高职教师参与课程教学改革的范围，高职教师参与课程教学改革要以一定的信息为基础。充分的信息是提高高职教师参与积极性的前提，也是提升高职教师参与效果的保证，它是高职教师参与的基础，为切实有效地保障高职教师参与行为搭建良好的平台。首先，高职院校可完善信息沟通系统。信息沟通组织结构越扁平化，学校信息就越畅通，高职教师沟通交流时，信息流通的障碍就越少。因此，扁平化的组织网络中，组织和个人独立平行，信息的传递倾向于“全通道式”的传递，有利于高职教师获取课程教学改革决策信息。[5]其次，高职院校可将校务公开，提高信息透明度。它不仅是学校加强教学管理和课程教学改革的前提和基础，而且也是高职教师参与课程教学改革的前提和基础。校务公开要做的是把全体教职工最关心的问题和领导遇到的最棘手问题进行公示，让每一个高职教师都能全面全方位地了解学校的远景规划和近期教学重点工作目标。最后，高职院校建立切实可行的参与沟通渠道和反馈渠道。如果学校没有给高职教师提供必要的参与机制和反馈机制，参与课程教学改革就是纸上谈兵。因此，可以采用建议箱、会议、调查问卷、座谈等方式集中收集高职教师对课程教学改革的建议。这仅仅是完善参与沟通渠道的一小步。最重要的是对高职教师的参与效果进行反馈。如果高职教师的积极参与行为得不到学校的肯定，心理期待会落空，无形中打击和影响教师以后的参与行为。学校对高职教师参与行为的反馈状态，在一定程度上对高职教师参与行为起着强化作用。学校有必要以规章制度的书面形式对反馈渠道进行规定，在一定时期内必须采取电话通知、邮件通知、面对面交流等多种回复方式，给予高职教师充分的鼓励。

三、高职教师要提高参与力

（一）明确参与意识

学校和校长为教师提供了参与课程教学改革的机会和可能，关键就要看教师愿不愿意参与课程教学改革。如果教师认为课程教学改革与己无关，是校长的事，或者抱着怀疑和不信任的态度，认为参与课程教学改革只是个形式和走过场，那么高职教师参与课程教学改革就很难奏效。首先，高职教师要明确教育管理的意识。高职教师认识到自身参与课程教学改革的重要意义，把自身利益与学校利益紧密地结合在一起，才能真正地参与学校民主管理。其次，高职教师要明确参与课程教学改革的权利意识。高职教师要树立“权利本位”的观念，可以依照法律规定参与课程教学改革，摆脱传统的身份限制和义务约束，充分行使知情权、参与权、表达权与监督权。再次，高职教师要明确平等参与意识。平等参与意识应与权利意识相联系，高职教师应当树立各高等教育法律之间地位平等的观念。在现代法治及高等教育体制之下，高职教师与高校行政人员等各类主体之间相互独立，具有平等的法律地位。因此，为保障参与课程教学改革权利的实现，高职教师就必须清楚地知晓教育管理权利的行使规定。

（二）重塑参与角色

从高职教育发展的角度来审视高职教师在课程教学改革中应承担的角色，应将目光聚焦在教师专业化发展上，认真深刻地思考重塑教师参与角色的本质意义。[6]首先，高职教师是课程教学活动的策划者。课程教学改革的核心是转变教学模式。当前高职课堂流行的教学模式很多，比如项目教学模式、翻转课堂模式、交互式教学模式、高效教学模式等等，但所有教学模式的创新与实践离不开高职教师幕后的精心策划。只有高职教师精心备课，进行教学反思，才会有课堂中教学目标的达成、重难点的突破。其次，高职教师是课程教学活动的体验者。高职教师在实施新型的教学模式的过程中，必须转变教育观念，树立现代的知识观，提升高职学生的综合能力；树立广义的课程观，注重高职学生的全面发展；树立正确的教学观，加强实践教学工作；树立科学的教师观，建立新型的师生关系。最后，高职教师是课程教学活动的引领者。高职教师不仅向学生传授专业知识，更重要的是使学生学会思考和生存。高职教师应以引领者的姿态，为学生提供多层面的优质学习资源，设计共同学习的情境，将自身发现、分析和解决问题的教学过程与学生共同分享。

（三）提高参与素质

教师相应的参与素质是有效参与课程教学改革的保证，正如布里奇斯等人提出的参与决策的“认可区”模式所反映的，当教师没有相关的专业素质时，一般不参与。有研究表明，即使高职教师参与课程教学改革，参与也只能是偶尔、有限的，而且大多只能在选择方案阶段参与，其原因在于高职教师还缺乏相应的课程教学改革的素质。[7]因此，首先，高职教师要加强品德修养。高职教师以满腔的热情和强烈的责任感对待教育事业，要严格要求自己，做到教学严谨，责任心强；态度和蔼,有耐心；理解、包容学生，多鼓励，少批评；言传身教，教书育人。其次，高职教师要提高专业素质。高职教师要树立终身学习的目标，一是提高自身的人文素养；二是更新和拓展专业知识，包括全面掌握所教学科的知识和前沿知识、相关学科的综合知识以及了解现代科学技术知识；三是提高能力素质，包括教育教学能力、课程开发与实施的能力、开拓创新能力、科研能力和实训实践能力。最后，高职教师要加强心理素质。在课程教学中，高职教师要风趣、活泼、有幽默感，要有激情、信心和积极乐观的态度，在教学中能良好地调控自身的情绪，处理好自己的负面情绪，使高职学生在学习中避免不必要的情感伤害。

以上从三个方面剖析了激励高职教师参与课程教学改革的策略，但它们在具体课程教学改革实践中并不是割裂的，校长、学校、教师三者往往结合在一起发挥影响作用，特别是在如何提高高职教师参与课程教学改革的效能时要综合考虑，权衡利弊，充分利用有利因素，以便更好地推进高职教师参与课程教学改革，促进学校课程教学管理的民主化，提高学校课程建设和教学改革的成效。

参与文献：

[1]吴伟强.教师参与教学改革的障碍分析[J].宁波教育学院学报,2003(2).

[2]王影.充分发挥教师在高职教学改革中的主体作用[J].中国科技信息,2005(2).

[3]华健.教师是高校教学改革和创新的主体[J].海工程技术大学教育研究,2005(10).

[4]林菁.转变教师教育观念，深化高校教学改革[J].荆门职业技术学院学报(教育学刊),2008(4).

[5]齐军,李文珠.教师参与课程改革内生动力的缺失及其培育[J].天津师范大学学报,2015(4).

[6]张薇.高校教师参与课程管理的现状分析[J].教育教学论坛,2015(4).

[7]周正,李健,李玉.教师参与课程发展:问题与对策[J].黑龙江教育(高教研究与评估),2011(8).

Research Into Incentive Policy of Higher Vocational Teachers' Participating in Course Teaching Reform

Ou Yangye

Abstract: Course Teaching Reform is aimed to improve teachers' teaching level and is also a basic approach to enhancing the quality of education and teaching. With our country's attaching great importance to vocational education and with the development of higher vocational colleges teaching reform, the incentive policy of higher vocational teachers' participating in course teaching reform changes correspondingly. This article proposes incentive strategies to stimulate higher vocational teachers to participate in course teaching reform in hope of promoting their initiative and enthusiasm about the teaching reform.

Key words: Higher vocational teachers; course teaching reform; incentive policy

新常态下高职酒店管理专业课程体系的改革探讨
——以长沙职业技术学院酒店管理专业为例

□ 刘佑华

摘 要 <<< 本文以长沙职业技术学院酒店管理专业为例，从高职酒店管理专业课程体系构建和改革这两方面进行探讨。酒店管理专业模块式课程体系建设从酒店职业基础能力、核心业务能力和职业拓展能力三大模块入手，课程体系改革则从酒店管理的基础课程、专业核心课程、专业拓展课程三方面展开，并以餐饮服务与管理为例进行详细阐述。

关键词 <<< 酒店管理；课程体系；改革

一、前言

所谓课程体系是指同一专业不同课程门类按照门类顺序排列，是教学内容和进程的总和。课程门类排列顺序决定了学生通过学习将获得怎样的知识结构。[1]课程体系主要由特定的课程观、课程目标、课程内容、课程结构和课程活动方式组成，其中课程观起着主宰作用。随着酒店行业市场人才需求的变化，高职院校对酒店管理人才的真善美模式也在不断地进行调整，专业课程体系的建设与提高显得尤为重要。

二、整体构建酒店管理专业“模块式”课程体系

探索酒店职业人才培养规律，构建酒店职业基础能力、核心业务能力和职业拓展能力三大模块。

酒店职业基础课程模块指思政教育与职业素质教育相结合的课程模块，主要包括公共基础课和酒店管理专业基础课程。该课程模块的培养目标是将学生由刚入校的大学生培养为一名具备一定素质和掌握一定基本理论知识的大学生。该模块部分课程与酒店技能抽查和考证课程对接、融合。

酒店核心业务能力模块指人文素质教育与职业能力培养相结合的课程模块，主要是在酒店职业基础模块的基础上开设专业核心技能模块，将学生由一名大学生培养成为具有湖南地域特色的酒店各部门主管的准职业人。该模块与酒店职业技能考证课程对接，融合。

职业拓展技能模块课程是指职业能力培养与职业素质拓展相结合的课程模块，主要包括全校公共实践课程和专业实践课程、公共素养拓展课程和专业拓展课程。

通过三个模块的学习，着力保证培养酒店职业技能优势明显、职业发展顺畅并扎实服务于湖南酒店行业的高端技能型专门人才。

三、课程体系改革的亮点

本专业总的培养目标：本专业旨在培养现代酒店服务与管理，具有现代管理意识和扎实的专业理论基础，并具有前厅接待、客房、餐饮、康乐管理、市场拓展、人力资源管理、酒店财务管理等多项能力，富有时代特征和创新精神的德、智、体、美等方面全面发展，能适应旅游酒店生产、建设、服务和管理需要的高端技能型专门人才。

（一）专业基础课程的增加

根据本专业的培养目标，摒弃传统教学体系的缺

作者简介 <<< 刘佑华，女，长沙职业技术学院经贸系酒店管理专任教师，讲师，湖南长沙，410217。

点，将职业能力进行重构，推导出五门专业基础课程：管理学原理、现代酒店管理概论、西餐概论、酒店外语、酒店公关与礼仪。这五门课程涉及的都是基础管理理论、酒店方向的管理理论、餐饮管理理论、酒店英语和日语、酒店仪容仪表等方面的基础性知识，让学生能为下一学年的专业学习打下良好的基础。专业基础课程由七门减少到五门，将技能考证的六个模块放到专业实践课程模块，酒水与酒吧管理改为专业拓展课程，课程的层次进一步清晰。

（二）专业核心课程的重新定位

20世纪90年代，核心课程主要是指对所有学生都是必要的课程。泰勒指出的科目分别是语言、文学、教学、历史和科学。而我们目前所使用的核心课程则是指一个专业中开设的富有该专业特色、以该专业中以及相对应的岗位群中最核心的理论和技能为内容的课程。专业核心课程所涉及的内容是企业所需要的人才的核心价值，也是学生未来就业所要依靠的最基本、最重要的能力，因此在教授的时候一定要有完整的体系，使理论和实践相结合。

经过对人才培养方案的重新定位和对酒店市场需求的问卷调查，酒店管理专业核心课程由前厅服务与管理、客房服务与管理、餐饮服务与管理三门课程增加到六门课程：前厅服务与管理、客房服务与管理、餐饮服务与管理、酒店营销管理、酒店康乐管理、宴席设计与管理、前厅服务与管理。课时由周课时四节调整到三节，并且对开课的时间顺序也做了规定。酒店营销管理的开设显得尤为突出，酒店的市场营销就是将酒店的形象通过宣传的形式达到让宾客认同的一个过程。市场营销也是酒店将工作计划或执行关于商品、服务和创意的观念、定价、促销和分销，以创造符合个人和组织目标的交换的一种过程。通过市场营销，可以使宾客掌握我们酒店的所有产品和销售办法，以便更好地提高酒店的市场份额以及社会地位。所以开设酒店营销管理课程尤为重要。

康乐服务与管理课程的开设，是为了使学员能够系统地了解当代康乐企业的管理理论和管理模式以及当代康乐企业的管理的新经验和先进方法，了解当代康乐企业管理的最新发展动态。通过对康乐项目的设置、康乐部的组织与人力资源管理、康乐服务质量管理、康乐设备管理、康乐部投诉的处理、康乐部的经营等方面的学习，使学生重点了解和掌握当前绝大部分康乐项目的管理细节。同时，从就业方面来说，当今的酒店康乐部门所需人才大大增加，对人才的要求也越来越高，并且酒店康乐部的代替品非常多，例如足浴中心、保龄球馆等，所以学生的就业可以跳出酒店，范围不受地域限制，给学生的创业提供更多可选择的机会。

宴席设计与管理开设的理由是中高星级酒店近年来宴会接待数量大大增加，所需人才和要求大大增多，宴会部门能为学生提供优良的就业机会，而这也和湖南省教育厅每年举办的高职高专酒店管理专业技能大赛主题宴会设计项目相吻合。在校期间，宴会设计管理的开设能为湖南省每年在餐饮技能竞赛上取得优异成绩做铺垫。

（三）专业拓展课程的调整

作为选修课程的专业拓展课程，开设的主要目的在于培养学生多方面的辅助扩展能力，培养学生除专业核心能力外其他相关方面所必需的能力。通过专业拓展课程的学习，学生在以后的工作过程中能处理与本专业相关或其他专业的浅层问题。在拓展课程的设计和运行中主要处理好两个方面：一方面是拓展课程的范围，根据酒店专业对应的岗位群，确立与其相关性较强、交叉性较多的课程；另一方面是把握对专业拓展课程知识了解和掌握的程度。专业拓展课程不宜学得太深，应浅显地了解其处理的方法和手段。专业的问题需要专业的人员去处理，这才能充分发挥比较优势。

长沙职业技术学院酒店管理专业的专业拓展课程增开了旅游地理课程（周课时两节），最后确定酒水知识与酒吧管理、茶文化与插花艺术、旅游地理、中外民俗、应用文写作五门课程为专业拓展课程。

综上所述，长沙职业技术学院酒店专业职业特色课程体系初步形成并日趋成熟。课程体系的设置为学生扎实的专业知识定了框架，拓展了学生的专业学习领域，充分挖掘了学生的学习兴趣和职业能力，为培养高端技能型人才做准备。

（四）核心课程改革——以餐饮服务与管理为例

餐饮服务与管理：餐饮服务与管理是高职酒店管理专业的专业核心课。本课程在设计时要树立以学生为主体、以就业为导向的能力本位观和人本位观，一改以教师为主体、以教材为中心的知识本位观。课程在设计时应注重培养学生的全面发展。挖掘学生的潜能，注重学生的个性发展，坚持学生的可持续发展，使学生毕业后即可达到用人单位的标准。

根据课程目标、课程内容，改变以“知识”为基础设计课程内容的传统，以职业能力为基础，以工作结构为框架，以工作过程为主线，工学结合，进行项目教学，并设计项目任务，构建与实际工作过程同步的课程。课程考核打破传统考核方式，采用“实践加理论”的方式。实践考试注重考过程，理论考试采用试题库抽题，合作企业参与出题的方式。考试结果更能说明学生的实际能力和老师的教学成果。本课程采用“现场操作考核+实训报告+闭卷考试”的考核方式。现场操作考核占30 %，实训报告占20 %，闭卷考试占50 %。其中现场操作和实训报告为实践考试内容，闭卷考试为理论考试内容。根据学生在模拟实训中的表现，来评估学生在餐饮管理中的才能，如服务员及餐厅经理人应具备的良好心理素质、职业道德、决策能力、创造能力、应变能力、控制能力等；结合学生在实训报告中对实践中遇到的问题及解决方法、实践中的收获与体会的书面总结，来评估学生对餐饮服务与管理中知识点的掌握与理解程度，如人力资源策划、餐厅服务、成本管理。最后根据课程结束后的考试，来考查学生对全课程的把握和理解程度。在课程安排方面，餐饮服务与管理分为两个学期进行教学，第一学期为理实一体化教学，第二学期为考取中、高级餐厅服务员职业资格证书的强化教学，以证代考。

四、螺旋上升式的课程设计和教材编排

酒店管理专业课程设计遵循“校园人—准职业人—职业人”三阶段螺旋上升式职业人才成长规律。[3]按照大螺旋套小螺旋的思路设置课程，即课程体系按螺旋渐进方式（大螺旋）来设计，同时每一门课程的模块内容也按螺旋上升方式来设计。

每一门课程的模块内容按小螺旋上升方式来设计。例如餐饮服务与管理课程的基本思路：以高级餐饮服务员与基层管理者职业能力调查为基础，以校企合作开发和“工学结合” 为平台，形成工作任务驱动，模拟与仿真结合的设计理念。[4]第一步：进行市场调研，调查酒店和餐饮行业对人才的需求状况，收集毕业生的意见，分析、确定我院酒店管理专业的培养目标。第二步：由酒店管理人员、教育专家，专业教师共同研究餐饮工作典型任务以及完成这些任务需要的职业能力，确定本门课程的教学目标。第三步：多方合作制定课程标准。第四步：采用教学做一体化的模式。第五步：根据每一轮教学实施情况，对本课程进行多方评价，收集反馈意见，再进行调整。根据行业对于人才的实际需求以及学生信息反馈，在认真研究职业资格考证和职业岗位（群）任职要求的基础上，坚持理论联系实际，全面进行课程内容的衔接，通过整合将基本内容分为两个阶段、三个模块和五个情境（两个阶段，即校内理论与技能学习阶段与校外岗位体验实践阶段；三个模块，即基础模块、服务模块和管理模块；五个情境，即构建餐饮企业管理体系、中餐服务、西餐服务、菜单制作与设计、餐饮管理）。对与将来从事工作相关系数小的内容进行删减，充分体现理论知识“必需、够用”，实践知识“实际、实用、实践”的原则。工学结合，深度融合。结合劳动部的餐厅服务员职业资格证书考核标准，建立和健全学生的能力考核标准，最终取得高级餐厅服

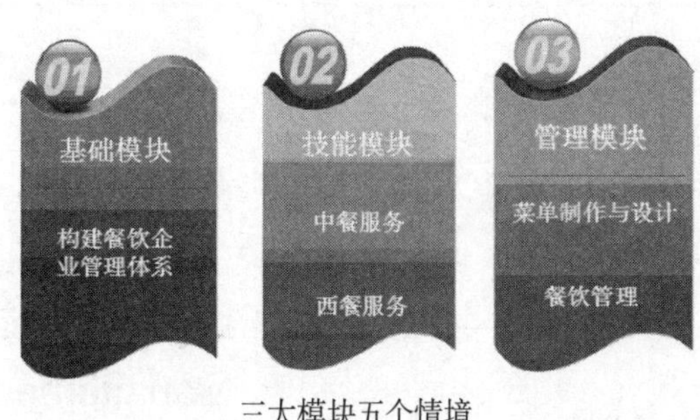

三大模块五个情境

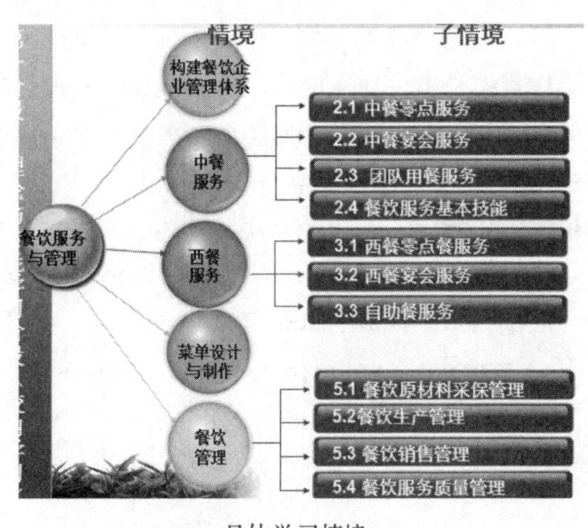

具体学习情境

图1 餐饮服务与管理课程设计

务员职业资格证书。

五、政、校、企合作，开发职业资格考试课程

适应当前酒店业快速发展对酒店人才提出的新要求，政、校、企合作，开发职业资格考试课程标准。

表1 职业资格证书考试

职业岗位	资格证书	相关课程	相关实践训练	考核标准
酒店管理师	酒店管理师（一级、二级、三级、四级）	酒店管理师（人力资源与社会保障部教材办公室组织）	酒店管理（前厅与客房管理类）、酒店管理（餐饮经营类）	酒店部门管理所具备的知识中，理论和实训各占50 %
餐饮部	餐厅服务员	餐厅服务员（初级、中级、高级）	掌握餐厅服务基本技能、服务流程和操作技巧	餐厅主管所具备的知识中，理论占40 %，实训占60 %
咖啡厅	茶艺师	茶艺师（初级、中级、高级）（职业技能鉴定考试指定辅导用书）	掌握茶艺师基本技能、服务流程和操作技巧	茶艺师所具备的知识中，理论占40 %，实训占60 %

续表

职业岗位	资格证书	相关课程	相关实践训练	考核标准
前厅部；客房部	前厅服务员；客房服务员	前厅服务员（初级、中级、高级）；客房服务员（初级、中级、高级）	掌握前厅部、客房部基本技能、服务流程和操作技巧	前厅部、客房部所具备的知识中，理论占40%，实训占60 %
酒吧	调酒师	调酒师（初级、中级、高级）	掌握调酒的基本技能、服务流程和操作技巧	调酒师所具备的知识中，理论占40 %，实训占60 %

参考文献：

[1]齐炜.高职酒店管理专业课程体系改革的探讨[J].职教论坛,2006(8).

[2]陈楠.专业核心课程与拓展课程的界定和教授模式比较[J].职业教育,2008(5).

[3]陈的非.高职酒店管理专业“工学结合”课程体系建设与教学模式改革[J].职业技术教育,2007(11).

[4]李明月.高职旅游管理专业课程体系的CBE改革探讨[J].旅游学刊,2004(12).

The Vocational Course System Reform of Hotel Management Under the New Normal Status

— Taking Changsha Vocational and Technical College's Hotel Management Major as an Example

Liu Youhua

Abstract: In this paper, we will focus on Changsha Vocational and Technical College's hotel management major and explore the construction of course system and reform of this major. Hotel management module course system construction starts from the hotel basic capacity, core professional proficiency and professional development skills and the curriculum reform is carried out from the three aspects of basic courses, professional core courses and professional development courses, which we will elaborate by taking food and beverage service and management as an example.

Key words: hotel management; course system; reform

论波兰尼默会知识理论的个人性意蕴

□ 张 良

摘 要 <<< 波兰尼在对传统客观主义知识理论主张客观、超然、非个体，将个人因素从科学知识中剔除等问题进行批判的基础上，第一个提出了默会知识的概念，并基于默会维度重构了其独特的个人知识理想，具有鲜明而又丰富的个人性意蕴。本文从“所有知识起源于个体参与”、“默会知识存在的个人性差异”和“知识是客观性和个人性的有机结合”等方面论述了波兰尼默会知识理论个人性维度的基本内涵；从“求知热情”、“内居”和“寄托”等方面论述了默会知识理论个人性维度的建构特征；从认识论价值、本体论价值和方法论价值等方面论述了默会知识理论个人性维度的哲学价值。

关键词 <<< 波兰尼；默会知识理论；个人性；意蕴

波兰尼（Michael Polanyi，1891—1976）是第一个提出默会知识概念的著名的英国科学家、哲学家。他在1958年出版的代表作《个人知识》（*Personal Knowledge*）和1966年出版的《默会维度》（*The Tacit Dimension*）等专著中对默会知识进行了深入、系统的研究。他对传统客观主义知识理论主张科学知识应该是客观的、超然的、非个体的，应剔除“个人因素”等观点进行了革命性、颠覆性的批判，提出了“一切知识都是个人的”、“知识的形成取决于认知者的个体活动”等观点，并基于默会认识维度建构了一套特色鲜明、意蕴丰富、超越传统客观主义知识理论的独特的个人知识理论体系，极大地开阔了认识论研究的全新视野，对我们正确认识和习得知识具有非常重要的指导作用和借鉴意义。本文从逻辑内涵、建构特征和哲学价值等方面对波兰尼默会知识理论的个人性意蕴进行了论述。

一、波兰尼默会知识理论个人性意蕴的逻辑内涵

波兰尼对认识论中存在的“我们知道的知识要比我们能够用言语表达出来的知识多”这一特殊现象进行了深入的研究，并提出了自己独特的知识理论——默会知识理论。他认为人类的知识由两种类型组成：一种知识类型叫做名言知识（articulate knowledge），另一种知识类型叫默会知识（inarticulate knowledge）。名言知识是指可以用书面文字、图表和数学公式等加以表述的一种知识类型。而默会知识则是一种由个体在某一方面长期实践并逐步积累起来的，难以为个体相分离的知识类型，是一种“未被表述的知识”。[1]这种知识是一种我们知道但难以准确地描述出来，却并不是绝对不能言说的知识。在波兰尼看来，默会知识是名言知识的基础，对名言知识起着决定性作用。从本质上讲，默会知识是一种个人对某事、某物或某种操作进行独特的消化、编码、重组、理解、把握和领会而形成的知识。这种知识对个体的认知行为具有非常强的理性控制作用，具有鲜明的个人性特征和丰富的逻辑内涵。

（一）所有知识起源于个体参与

与客观主义认识论所主张的“科学知识是非个体的”等观点不同，波兰尼认为一切知识都是个人的，知

作者简介 <<< 张良，男，长沙职业技术学院教务处长，教授，博士，湖南长沙，410217。

基金项目 <<< 湖南省职业院校教育教学改革研究项目（ZJA2013014）、湖南省教育科学“十二五”规划2015年度立项课题（XJK015BZY043）、湖南省教育厅科学研究项目（13C643）研究成果。

识来源于个体的参与，个体参与是认识中不可缺少的组成部分，知识习得不可能排除所有的个人因素。“所有的科学知识都必然包含着个人系数。”[2]所有科学知识的发现和习得都离不开认知个体全时空、全身心的参与。“在每一项识知行为中，都有着知道什么正在被识知的个人的默会与充满热情的贡献。”[2]波兰尼认为，认知是一种认知个体的整体性理解活动，需要认知个体将身体和心理有机结合起来全身心地参与其中。在知识的习得过程中，认知个体要通过“身心合一”等参与方式，将自己个人“内居”于认知的对象之中，并将所要认知的对象内化为自身存在的一部分。这样就不会形成传统客观主义知识论者所主张的那种作为认知主体的“我”和作为认知客体的“你”与“他”之间的截然对立关系，而是会形成作为认知主体的“我”与认知客体的“你”与“他”之间的双向互动关系，这种双向互动关系的实质就是“我—我”关系。作为认知主体，个体通过自己的个人参与等活动来默会地认知对象。因此，所有知识的形成与获得都需要有认知个体的参与。这种参与应该是一种认知个体全身心的、“内居”式的、多因素的参与，既应该包括认知个体认知兴趣、认知热情和认知信念等因素的参与，也应该包括认知个体认知价值、认知经验和认知技巧等因素的参与。[3]

（二）默会知识具有个体差异性

波兰尼认为，在个体的认知过程中，有些知识（如名言知识）可以用文字、图标和数字有逻辑地、明确地进行表达，但也有一些知识（如默会知识）不容易用文字、图表或数字进行清晰、明确的表达，且不容易被相互分享，具有个体差异。比如进行音乐或绘画的欣赏时，往往同样一段音乐或一幅绘画，不同的人在品味其内涵时，就可能会有不同的感受，但要让每一个人都十分清晰明确地表达出来，则将会是一件比较困难的事情。对于知识习得中的这种现象，波兰尼认为是默会知识存在的个体性差异所造成的[4]，是一种认知个体“对被知事物的能动领会”[5]。正是知识习得过程中的默会性和个体差异性，使得不同的认知个体在面对同样一段音乐或一幅绘画时，会产生不同的感受和理解。[1]22 因为不同的欣赏者，在对音乐或绘画的认知中，可能会因为个人的兴趣、爱好、价值取向、生活经历和欣赏水平等不同而获得不同的认知。由此可见，默会知识存在很鲜明的个体差异性。这种个体差异性是认知主体在认知过程中由于个体自身的知识基础、生活经验和对认知对象的理解能力、领悟能力等的不同而产生的差异。从这种意义上说，默会知识的个人差异性，受个人思想、观念、生活经验等影响，不同的个体，对默会知识的领悟、理解能力不同，就会产生不同的认知效果。

（三）知识是客观性与个人性的有机结合

波兰尼认为，传统的客观主义认识理论所主张的认知的主体和客体是绝对分离的观点“完全歪曲了我们的真理观”，因为它在帮助我们掌握那些我们能够知道而且能够证明的知识或事物的同时，却用“有歧义的言语”对那些我们知道但是我们不能证明的知识或事物进行了掩盖，尽管那些我们知道但我们不能证明的知识或事物“被隐含在我们能够证明的东西里并最终必然对它们加以认可”。[5]波兰尼在对传统的客观主义知识观进行批判的基础上，重新构建了自己的“个人知识理想”。正如他在其代表作《个人知识——迈向后批判哲学》中所说：“我并不试图在拒绝作为理想的严格客观性的同时而不提出一种替代，我相信这种替代更值得明智的效忠。这就是我所说的‘个人知识’。”[5]在他的个人知识理想中，知识的客观性不是那种与人无关的、外在于人的东西，而是认知主体的认知行为应该遵守的某些启发性前兆和客观世界的某种隐藏未知实在之间的某种联系。尽管认知活动需要认知者个体的热情参与，但是这种认知个体的热情参与既不是一种任意行为，也不是一种被动经验，而是认知个体怀着一种探求未知事物的崇高责任感和掌握未知事物的普遍意图而对客观世界的“某些启发性前兆”所进行的探寻和发现。因此，“把个人性和客观性这两者的融合描述成个人知识，这似乎还是有道理的”[5]。

二、波兰尼默会知识理论个人性意蕴的建构特征

从波兰尼默会知识理论个人性意蕴的基本内涵中，我们可以看出波兰尼所建构的个人知识理论是一种对知识的起源、知识的性质和知识的习得方式和方法等认知基本问题的全新认识和本真阐释，是对西方传统的客观主义知识理论的理性批判和颠覆性建构。在波兰尼的知识体系建构中，默会认知是一种非常特殊的认知方式，

这种认知方式与个体的生活实践和参与体验紧密关联，在个体的认知活动中起着决定性作用。这种认知方式要经历一个“我—它”、“我—你”、“我—我”的认知过程。[6] 在这个过程中，“求知热情”、“内居”和“寄托”等构成了波兰尼默会知识理论个人性维度的建构特征。

（一）求知热情

波兰尼认为，知识的获得需要认知个体积极、主动、热情的参与。这种求知的热情是认知个体在探寻知识的过程中，其心智所经历的一种非常复杂的情绪反应系统。认知个体正是通过这一复杂的情绪反应系统来感知和体验知识习得过程中所获得的各种知识以及其所蕴含的科学价值和丰富创意。认知个体的这种求知的热情既来自于个体自身对客观世界所隐藏的各种问题进行探秘的兴趣与追求，也来自于认知个体主观内在的感知力和警觉性；既要依赖于认知个体的技能、直觉、理解力和判断力等因素，也要依赖于认知个体自身主观内在的丰富情感体验。因此，求知热情是认知个体感知、体验和探寻客观世界的原始动力，它既激励着认知个体自身积极主动地探索客观世界，热情大胆地提出并验证自己在客观世界探索中得出的有关结论或主张，也激励其他认知个体积极认同、主动接受自己在客观世界探索中得出的某些观点或主张。波兰尼列举了大量的事例来阐述自己的这一观点，认为客观世界中的各种重大发现都是在科学家个人的“行家绝技”和“与众不同的求知热情”的共同作用下完成的。“在每一项识知行为中，都有着知道什么正在被识知的个人的默会与充满热情的贡献。”[2]46由此可见，求知热情是认知主体的个人性特征，它是个体认知世界的主要动力，是认知过程中必不可少的一个因素，它寻求的是个体的自我满足感并希望别人在求知过程中也能得到自我满足。那种与个人求知热情无关的认知活动是一种没有认知主体的认知活动。任何没有求知热情参与的认知活动都是虚无缥缈的，是难以有效达到认知目标和认知效果的。“只有在观察人和社会的过程中相信我们能够发挥自己的求知热情，我们才能形成关于人与社会的种种观念。”[5]

（二）内居

波兰尼在建构其独特的默会知识理论体系时，引入了“内居”这个概念。所谓“内居”是指认知个体在感知和体验客观世界的过程中，通过个体内部来感受和思考知识的价值，其实质是要求认知个体通过自身努力来切实突破认知对象的各种客观性屏障，有效调动认知主体自身沉思幻想的各种前观念能力，将认知对象众多的细节与经验予以同化并使之能融为一体，进而达到一种“神入”的境界和“无我 ”的状态。波兰尼说：“因为作为人，我们不可避免地从居于我们自身内部的中心往外看待宇宙。”[5]在认知过程中，人们正是通过这种“内居”的方式，来实现主体和客体之间的双向转换，从而达到“主体客体化”和“客体主体化”的目的，这样就使“主客体在一定程度上具有了彼此间的属性”。[7] 同时，波兰尼认为，默会认识是一种身心合一的认知活动，它还包括“辅助意识”和“集中意识”两种意识。这两种意识是波兰尼默会知识理论建构的基本出发点。波兰尼用钉钉子的事例来阐释说明。他认为在钉钉子的过程中，我们对钉子钉入物体的正、斜、深、浅等意识是集中意识，而对钉子钉入物体过程中诸如握锤子的手掌的感觉、捏钉子的手指的感觉等意识则是辅助意识。在钉钉子的这个过程中，我们将握锤子、拿钉子、锤钉子这些动作环节中的各种辅助意识全部融入我们钉钉子的集中意识之中。波兰尼认为，在知识的获得过程中，我们对客观世界所产生的各种辅助意识，实际上意味着我们已经将自身投注于认知对象上并且已经将自己“内居”其中，已经将认知对象“内化”成自身存在的一部分。“这是一种生命的方式，或者一种存在的方式。”[3]波兰尼正是通过对“内居”这一个人知识理想建构特征的阐述，从而消除了知识习得中主体和客体之间绝对的二元对立，实现了认知主体与认知对象的辩证统一。

（三）寄托

波兰尼认为任何认知都有一个默会的前提，即“寄托”，每个人在进行认知活动时都要选择一种无法摆脱的寄托模式，“并最终接受某种被认为与个人无关的提出来的东西”[5]。寄托的主体是个人，其最终的指向是具有普遍性的真理。作为认知过程中的一种个人选择，寄托的一个重要特征是有着各种“个人因素”的积极参与，因此寄托并不是完全客观地作用于认知对象的。但同时，寄托又不仅仅是认知主体的个人主观状态，认知主体在对客观世界进行认知时，寄托其中的各种“个人因素”“超越了主观与客观之间的裂缝”[5]，这样就使认知主体在知识获得的过程中，有效地实现了客观性和个人性的有机结合。因此，波兰尼认为寄托与我们的个人存在密切相关。我们通过我们自身的智力行为，把客观世界的某些知识或事物“附带”地整合或融入到我们所关注的认知对象中来，在“附带”觉察、了解或掌握了客观世界的某一认知对象以后，我们就可以把它“吸收”内化成为我们自身的一部分，而且还能使它成为我们自身生命存在的一种“延伸”。“每一项这样的个人吸收行为都是我们自己的一种寄托，是我们处置自己的一种方式。”[5]在充分阐述“寄托”在个人知识理想建构中的作用和地位等的基础上，波兰尼进一步提出了“寄托的本体论”观点，认为认知主体在认知过程中对客观知识和客观事物的各种探究“都被证明只有在一个寄托里面互相有关的时候才是存在的”。[5]由此可见，在波兰尼的个人认知理想的建构中，“寄托”成为了认知主体探讨客观世界普遍有效东西的唯一途径。波兰尼通过对“寄托”这一个人知识理想建构特征的揭示，论述了个人认知寄托框架中个人性与客观性的有机统一的观点，从而进一步彰显了个人在知识获得中的作用，有效实现了个人认知理想的重构。

三、波兰尼默会认识理论个人性意蕴的哲学价值

通过对波兰尼默会知识理论个人性意蕴的解读，笔者认为它具有非常重要的哲学价值，对我们进行认知实践具有非常重要的启示和指导作用。其哲学价值主要体现在如下三个方面：

（一）认识论价值

波兰尼针对传统客观主义认识论所主张的“所有知识在本质上都是可以言明的”等观点，第一个提出了默会知识的概念。他认为知识由可以言传的名言知识和难以言传的默会知识组成，个体认知的结果并不是要能够完全明确地表达，默会知识是一种身心合一的认知活动，是个体认知的真正本质形式。在认知过程中，主体通过默会认识中集中意识和辅助意识的“接合”途径以及认知主体的“想象力”来获得认知对象“整体而非单一”、“复杂而非孤立”的完整意义。认知主体在认知过程中，其集中意识和辅助意识的“接合”，“就是我们一直寻找的 tacit 能力，我称之为 tacit 认知”[8]。从认识论的价值视角来看，波兰尼基于默会维度纠正了传统客观主义认识理想“认识和存在分裂”、“主体与客体二元对立”以及“科学与人文割裂”等理论误区，重构了个人知识是认识与存在、客观性与个人性等有机统一的个人认知理想，从而实现“从实在的语境结构的统一性上全面认识对象意义的目的”[9]。

（二）本体论价值

波兰尼针对传统客观主义知识观强调知识的客观性、非个体性等认知主体“隐退”的观点，提出了“一切知识来源于个体的热情参与”等主张，极大地凸显了作为认知主体的“人”在认知过程中的地位与作用。他认为，知识的习得是一个通过认知主体的积极参与，将认知对象“内居”和“寄托”于自身，最终实现将认知对象全面把握的认知目的，从而“填平了‘我—它’与‘我—你’之间的鸿沟”[10]。在这个过程中，被传统认识论长期忽略的认知主体——人在对外部的客观实在进行认知并将其内化于自身知识结构的过程中重新回到了其应有的地位。默会知识作为认知主体最本质、最根本的一种认知形式，与作为认知主体的个体的高度的责任心、热情的参与和全身心的投入等个人因素紧密相随，不可分离。波兰尼默会知识理论的个人性意蕴彰显了客观知识和认知主体之间内在的紧密关系，突出了认知过程中认知主体自身的主体性，体现了认识论和本体论的高度统一，具有独特的本体论价值。

（三）方法论价值

波兰尼认为，默会知识是认知主体对认知客体的一种选择性建构，它的习得是一个从（from）辅助意识转向（to）集中意识的动态过程。我们只有有效地整合来自外部世界的各种线索与细节、身体感知和经验等各种辅助意识，才能完成对研究对象的集中、完整的认知。“在我们对综合体的认识中，我们对综合体的各细节的辅助意识和我们对自己的身体的和文化的存在的辅助意识融为一体。”[11]由此可见，“寓居”既是认知主体的一种认知手段，也是默会知识的一种存在方式，“这种寓居是我们对所把握的对象的存在的一种介入”[12]。不论是自然科学还是人文科学，不管认知对象如何，人类的认知都要通过“主体的热情参与”、“寓居”与“寄托”等方式，来实现主体对客体的完整建构。此外，波

兰尼还特别强调了观察、模仿、实践等方法对知识习得的重要性，并认为学徒制是知识习得的最佳途径，各种不能用言语确切地表达出来的技艺，“只能通过师傅教徒弟这样的示范方式流传下去”[5]。波兰尼的默会知识理论的个人性意蕴强调了知识习得的个体参与性、实践性和科学与人文的融合性等特性，为我们充分发挥认知主体的作用、开展实践性教学和开展现代学徒制探索工作等提供了方法论的借鉴和指导。

参考文献：

[1]Michael Polanyi.Study of Man[M].Chicago:The University of Chicago Press, 1958.

[2]石中英.波兰尼的知识理论及其教育意义[J].华东师范大学学报,2001(6).

[3]波兰尼.意义[M].彭淮栋,译.台湾:联经出版公司,1984.

[4]Michael Polanyi.Tacit Knowledge[EB/OL].sveiby,[2005-05-27].http://www.sveiby.com/articles/2005-05-27.

[5]迈克尔·波兰尼.个人知识——迈向后批判哲学[M].许泽民,译.贵州：贵州人民出版社, 2000.

[6]漆捷,刘仲林.“tacit”知识究竟指什么？——波兰尼思想核心探秘[J].自然辩证法研究,2009(11).

[7]周廷勇.波兰尼个人知识理论述评[J].贵州大学学报(社会科学版),2009(4).

[8]Michael Polanyi.The Logic of Tacit Inference[J].The Journal of The royal Institute of Philosophy,1966(155).

[9]漆捷.意会知识及其表达问题研究[D].北京:中国科学技术大学,2011.

[10]迈克尔·波兰尼.科学、信仰与社会[M].王靖华,译.南京:南京大学出版社,2004.

[11]Michael Polanyi.Knowing and Being[M].Chicago:The University of Chicago Press,1969.

[12]Michael Polanyi.Personal Knowledge[M].New York:Aper & Row Publishers Inc,1964.

On the Personal Meaning of Polanyi Tacit Knowledge Theory

Zhang Liang

Abstract: On the basis of criticizing traditional objectivist knowledge theory that advocates objectivity, being detached and not individual, and removing the personal factors from the scientific knowledge, Polanyi first puts forward the concept of tacit knowledge and based on the tacit dimension reconstructs his ideal unique personal knowledge with its unique and rich connotation. This article, from the aspects of “all knowledge originated in individual participation”, “the personal differences of tacit knowledge” and “knowledge is the organic combination of objectivity and individuality”, expounds the basic connotation of personal dimensions of Polanyi tacit knowledge theory, the construction characteristics of personal dimensions from “learning enthusi asm”, “dwelling” and “entrusting”. This article also discusses the philosophy value of personal dimensions of Polanyi tacit knowledge from the ontological value, epistemological value and methodology value.

Key words: polanyi; tacit knowledge theory; individual character; meaning

湖南省残疾儿童随班就读支持保障体系研究
——行政部门开展随班就读工作现状的调查报告

□ 徐赛华 吴晓是

摘 要 <<< 本次调查研究覆盖了湖南省五大片区的十三个地级市和一个自治州，调查问卷发放给这些地区的120名教育行政管理人员，他们的岗位角色主要包括教育管理、民政管理等。对随班就读工作政府行为展开调查，全面客观地了解湖南省随班就读管理工作的现状和存在的问题，并从教育管理及政策宣传的角度提出了可行性建议。

关键词 <<< 随班就读；政府行为；教育管理

一、问题的提出

湖南省大背景：湖南省位于东南沿海发达地区和中西部欠发达地区的连接带上，总面积21.18万平方公里，总人口6,000多万人。据2006年第二次全国残疾人抽样调查统计，湖南省残疾人总数为408万人，占总人口的6.44 %，其中6～14岁学龄残疾儿童为10.3万人，占全部残疾人口的2.52 %。为了进一步了解适龄残疾儿童义务教育现状，湖南省残联、省教育厅、省卫生厅开展了相关统计调查工作：截至2014年年底，全省有未入学适龄残疾儿童少年5,012名，其中视力残疾儿童205人，听力残疾儿童186人，言语残疾儿童307人，肢体残疾儿童1,766人，智力残疾儿童1,509人，精神残疾儿童170人，多重残疾儿童869人。[1]

随班就读是指特殊儿童在普通教育机构中和普通儿童一起接受教育的一种教育形式。随班就读也是中国的融合教育，符合从隔离式特殊教育到融合教育的国际趋势。随班就读的社会价值和意义在于：帮助特殊儿童获取自理自立的能力，使他们更好地参与社会生活，促进教育公平，维护社会和谐。然而，随班就读工作中的一些问题阻碍了其社会价值的充分展现。这些现实问题主要有：残疾儿童进入普通班级与普通儿童一道接受教育，受很多条件和因素的影响；由于我国残疾儿童随班就读工作起步较晚，在开展相关工作过程中还存在方法、设施设备、师资等方面的现实困难；从整体上看，我国的随班就读工作还处于低水平、低层次阶段，各地随班就读工作发展不平衡，随班就读教学质量较低。[2]

当前湖南省的教育实际和教育发展形势，呼唤随班就读工作水平的提升；而随班就读工作的开展除了需要教育一线工作者的努力，更加需要行政管理层高屋建瓴的战略部署。因此，本研究对随班就读政府行为展开调查，以求全面客观地了解湖南省随班就读管理工作的现状和存在的问题。

二、研究目的

第一，了解政府对于随班就读工作的态度和看法。

第二，探析随班就读政策落实情况及落实情况成因分析。

作者简介 <<< 徐赛华，女，长沙职业技术学院特殊教育与学前教育系主任，研究员，湖南长沙，410217；
吴晓是，女，长沙职业技术学院特殊教育教师，硕士，湖南长沙，410217。

基金项目 <<< 湖南省教育科学规划重点资助课题（XJK014AFZ003）和湖南省教育科学特殊教育研究基地的部分研究成果。

第三，了解湖南省随班就读工作开展中的政府行为有哪些。

三、研究方法

（一）研究对象

本次调查选取了开展随班就读工作具有代表性的市、州，覆盖了湖南省五大片区——湘东、湘西、湘南、湘北、湘中，调查问卷发放至这五大片区的十三个地级市和一个自治州的教育局政府机构或相关单位。共调查了120名行政管理人员，他们的岗位角色主要包括教育管理、人力资源管理、民政管理等。其中收回有效问卷106份，有效回收率88.4 %。

（二）研究工具

本研究旨在全面了解政府层面开展随班就读工作的行为、方略、措施，以及相关教育行政管理人员对于随班就读工作的态度和看法。在参考国内外相关文献后，研究者自编《在随班就读工作开展情况中政府行为调查问卷》。问卷内容分两部分：第一部分为基本情况，主要内容为被试所在的县市和单位；第二部分为对随班就读工作政府行为的调查，为问卷的核心部分，共8道题，问题涉及政府层面对于随班就读工作的态度、政府对随班就读政策的落实方略和政府开展随班就读工作的难点。

（三）研究流程

第一，由相关研究人员将有关调查表寄给各市县教育局，教育局根据当地随班就读工作的开展情况，将调查表发放给相应的行政管理人员。

第二，对13个市县自治州的部分特教视导员、特殊教育学校的领导进行访问、座谈。

第三，查阅湖南省有关特殊教育的文件、资料、经验总结。

第四，对搜集到的资料信息进行整理和分析。

四、 调查结果与分析

第一个问题：教育局是否结合国家有关特殊教育方针政策，制定适合本地实际的随班就读管理措施？问卷的回答情况如下表所示（表1）。从第一题的回答情况可以看出，湖南省大部分市县对于随班就读工作采取了与地方实际相符的管理措施；回答“否”的三个市县单位分别是岳阳市、郴州安仁县、娄底市教科所，然而，岳阳市下属的华容县问卷回答“是”，郴州、娄底下属的其他几个县答案为“是”，这说明由于宣传不力、对随班就读政策理解不够，导致部分市和下属的县在随班就读管理上没有良好的协作配合，存在政策理解与执行断层的现象；另外，由于部分市县关于随班就读的政府作为指向不明确，导致某些下属区县不清楚上级市政府关于随班就读的相关作为具体目的和方向是什么，进而认为没有相应的随班就读政府行为。

表1 第一题回答情况表

答案类型	选择人数	百分比
是	71人	67.0 %
否	35人	33.0 %

第二个问题：您制定了哪些适合随班就读工作发展的政策与措施？问卷的回答情况如表2所示。湖南省各市县的随班就读政策和措施主要包括以下几个方面：第一，加强随班就读相关设施的投资和建设，例如，株洲市炎陵县、益阳市的相关教室建设；第二，通过提高薪资、培训等途径提升随班就读教师的专业水平，例如，汉寿县、沅江市、东安县等都从教师待遇层面制定了相关政策；第三，在招生工作中给予优惠和政策保护，推进残疾儿童随班就读，其中，株洲、常德、湘潭、郴州、张家界等市县就制定了较明确的随班就读招生规定；第四，以高效管理促进随班就读工作的开展，例如，株洲市茶陵县、岳阳市华容县、湘西自治州等市县都制定了较详细的随班就读管理办法。

表2 第二题回答情况表

主要政策措施	采取相应政策的市县
第一，加强随班就读相关设施的投资和建设	株洲市炎陵县、株洲市荷塘区、岳阳市华容县、益阳市
第二，通过提高教师薪资、专业培训等途径加强随班就读师资队伍建设	常德汉寿县、益阳沅江市、永州东安县
第三，在招生工作中推进残疾儿童随班就读	株洲市、常德市、湘潭市、郴州市、张家界市
第四，加强管理，促进随班就读工作的开展	株洲市茶陵县、岳阳市华容县、湘西自治州

第三个问题：是否实行目标管理，把残疾儿童少年入学纳入义务教育验收评估指标？问卷的回答情况如表

3所示。大部分教育管理人员或单位实行了目标管理，但还有少部分市县没有实行目标管理。综合考量第5、6题的回答情况，我们可以推断，目标管理可能不是管理者促进随班就读工作的唯一途径，还有部分市县，如东安县、汉寿县、资兴市，虽未实行目标管理，但采取了其他管理措施促进随班就读。这几个市县，或开创了“从点到面”、“从试点到推广”的形式，或将随班就读师资队伍建设作为切入点，或出台了相关的管理文件并提供政策、资金支持。

表3 第三题回答情况表

答案类型	选择人数	百分比
是	103人	97.2 %
否	3人	2.8 %

第四个问题：您目标管理的方法有哪些？回答情况见表4，各市县主要从以下几个方面进行目标管理：第一，定期对随班就读学生发展水平进行考核与评估，其中，益阳市、沅江市对于学生考核应该关注哪些方面进行了强调和说明，他们认为，应重点考察学生的社会生存能力和生活能力；第二，将随班就读工作纳入对相关教师考核和绩效评估中；第三，对学校随班就读工作进行考核，包括随班就读率、随班就读管理成效等方面。但有少部分市县政府、学校没有专门的针对随班就读的目标管理办法。[3]

表4 第四题回答情况表

目标管理方法	采取相应方法的市县
第一，定期对随班就读学生发展水平进行考核与评估	株洲市荷塘区、益阳市、沅江市
第二，将随班就读工作纳入对相关教师考核和绩效评估中	茶陵县、张家界武陵源区、湘潭市
第三，对学校随班就读工作进行考核，包括随班就读率、随班就读管理等方面	炎陵县、怀化市、桑植县、慈利县、涟源市、宁乡县

第五个问题：您县（市、区）为发展随班就读工作制定了哪些管理政策？从问卷回答情况表5来看，各市县出台的政策主要包括五个方面：第一，通过师资培训、提高教师福利等方略保障随班就读师资队伍；第二，完善随班就读评估考查工作；第三，出台相关的管理文件，例如，湘潭市岳塘区专门出台了关于加强随班就读工作的方案；第四，政策和资金扶持；第五，开展随班就读试点工作。

表5 第五题回答情况表

管理政策	出台相应政策的市县
第一，通过师资培训、提高教师福利等政策保障随班就读师资队伍	茶陵县、益阳市、东安县
第二，完善随班就读评估考查工作	茶陵县、株洲荷塘区、桑植县、宁乡县
第三，出台相关的管理文件（湘潭市岳塘区关于加强随班就读工作的方案）	炎陵县、怀化市、资兴市、湘潭市
第四，政策和资金扶持	汉寿县、沅江市、益阳市、东安县
第五，开展随班就读试点工作	东安县

第六个问题：为了进一步搞好普通学校残疾儿童随班就读工作，请提两条好的建议。各市县的建议主要集中在三个方面：一是政策的出台与落实，其中株洲、常德、益阳、衡阳等市县都提到了这一点。二是改革考核评价体系，一方面制定符合随班就读儿童实际的评价体系，另一方面对于随班就读的教师和学校进行考核加分。三是外在的配套设施要跟上，例如，株洲市荷塘区和娄底市被试都提到了建设随班就读专家团队，宜章县被试提出“设施要配套，师资配套，办学质量条件要配套”。另外，从部分问卷的回答中可以看出，加大特殊教育的宣传力度，有助于家长教育观念的改变以及地方政策的落实，例如，益阳、常德、永州均提到了宣传工作的重要性，其中，东安县被试还强调了对正常儿童家长进行特殊教育宣传并改变他们的观念的重要性。部分被试还提出了一些值得商榷的建议，例如，有被试者认为，“最好能在随班就读学校配备特教老师，设置单独班级”，这是否违背了随班就读的本义？还有被试者认为，“残疾儿童教学质量不进行计算”，这是否过于极端且违背了教育规律？

第七个问题：您觉得您所在地区，随班就读工作开展的难点有哪些？被试的回答主要概括为以下几个方面：第一，随班就读儿童的鉴定工作存在难点，一方面是家长不理解不支持，另一方面是缺少专业的鉴定人员和统一的认定标准；第二，教师、硬件设备等配套办学条件跟不上；第三，相应的教育管理体系不完善，造成教师、正常儿童家长、学校不愿接纳随班就读儿童。

第八个问题：随班就读工作验收要点有哪些？回答情况见表6（表格中“√”表示有该项验收要点）。根据相关教育评价的文献，我们可以总结出一个教育项目的验收，应涵盖以下几个要点：一是配套设施的验收；二是过程性材料的验收；三是办学成果和质量的验收。那么，随班就读工作的验收相应地需涵盖下列内容：一是随班就读配套设施验收；二是随班就读过程性材料验收，如个性化培养方案、成长档案、辅导记录等；三是随班就读工作成果和质量的验收，如入学率、学生的发展水平、社会效应等。然而，从被试者回答情况看，大多数市县随班就读工作验收项目较为单一和片面，未能对该项工作进行全方位地验收和评估，甚至有部分市县该项工作可能还处于缺失或停滞的状态。

表6 第八题回答情况表

相关市县	回答情况		
	随班就读配套设施验收	随班就读过程性材料验收	随班就读工作成果和质量的验收
株洲	√	√	√
衡阳			
怀化			
常德		√	√
岳阳			√
张家界			√
湘西			√
长沙		√	
益阳	√	√	√
郴州	√	√	√
娄底	√	√	√
永州		√	√
湘潭		√	√

五、讨论

（一）思想认识不够足

国家教委出台的《关于开展残疾儿童少年随班就读工作的试行办法》总则第二条陈述了随班就读的社会价值和意义：残疾儿童少年随班就读有利于残疾儿童少年就近入学，有利于提高残疾儿童少年的入学率，有利于残疾儿童与普通儿童互相理解、互相帮助，促进特殊教育和普通教育有机结合，共同提高。因此，随班就读的社会价值应该是惠及全社会而不仅仅是残疾儿童，其体现平等、尊重、包容的教育意义也应该惠及全体受教育者；随班就读不应被视为“教育帮扶”的一种形式，其更多的价值在于体现了公平、融合的教育理念和文明、尊重的社会风尚。[3]

然而，调查发现，政府管理层对随班就读工作认识不足，部分管理者认为随班就读工作能保障残疾儿童入学率就可以了，教育质量不是工作重点；还有的管理层认为随班就读工作主要是惠及残疾儿童，对普通儿童教育没有什么作用，甚至不利于普通儿童的学习发展。因此，政府管理层便较少花精力提升随班就读的质量，更愿意把主要精力放在推进普通教育的发展上，普通学校被认为是满足“普通儿童”教育需要的学校，而对“非正常”儿童的教育难以顾及。[4]

（二）政策支持力度不够大

随班就读的各项工作都需要优良的政策保驾护航。在被问及当前随班就读工作的难点时，很大部分管理人员都认为政策支持与落实是一个重大障碍。由于政府作为指向性、操作性不够明确，缺乏依据随班就读现状有的放矢的针对性政策，导致出台的政策文件被束之高阁，或无法顺畅地落实到随班就读的实践中，导致随班就读工作难以向前迈进。

（三）软硬件环境建设存在短板

随班就读是指残疾儿童在普通学校普通班与普通儿童一起学习。这不仅仅意味着特殊儿童和普通儿童教育空间上的同一，而且需要以特定的辅助设备、特殊教材和教学方法来实现特殊儿童和普通儿童的真正融合。如果普通学校或普通教育行政机构不能对随班就读的残疾儿童提供支持保障，如残疾儿童所需的特殊教材(盲教材、大字版的教材)、辅助的教学设备(盲版盲笔、盲文打字机)等，“随班混读”或“随班就座”现象便不可避免，随班就读的教育教学质量得不到保障。[5]

在教学评价上，有些地方还是存在以升学率来评价一所学校、以考试成绩来评价一位教师、以学习成绩来评价一个学生的现象。在这种考评机制的指挥下，学校将大部分精力放在如何帮助学生提高考试成绩上，而残疾儿童随班就读往往不利于学校整体成绩的提升，进而影响其学校的考评结果。因此，普通学校迫于现实压力，不愿意接纳残疾儿童随班就读。

（四）特殊教育政策宣传力度不够

残疾儿童随班就读的政策宣传力度不够，社会民众不知道随班就读的意义何在，也不清楚自身和这一特殊教育形式有何相互关系，导致他们不了解也不愿去了解随班就读政策。教育管理部门对残疾儿童随班就读的科学内涵以及相关政策法规也知之不多，或没有深入学习，致使无论在社会公众舆论上，还是在教育教学的配套建设上，很少得到社会的广泛认同与支持。

六、建议

（一）加强相关政策文件的学习培训

政府管理层对政策文件的熟悉理解程度，直接影响了其工作的力度和效果。在各级政府部门开展随班就读工作过程中，应首先组织相关工作人员学习并领会文件精神。学习的形式可以多样化，集中培训、一线调研、请专家解读，等等。学习的内容应全面、详尽，具体可以包含文件出台的背景、精神要领、实践导向，等等。学习的方法应注重实效性，在实践中学习，使政策文件的贯彻落实更加顺畅、更加深入。

（二）提升政府决策水平，开创有针对性的管理方法

鼓励随班就读管理方法和形式创新。随班就读虽然不是新兴事物，但其管理体制一直处于不完善的状态。这也直接影响了随班就读工作的开展。各级教育管理层应该根据随班就读工作现状，制定适宜本地实际的相关政策，例如，我省部分市县实行的“先试点再推广”的发展模式。相关部门出台具有可操作性的工作方案，并加大宣传力度，督促地方落实。这样，随班就读工作便有规可依，有章可循。

构建适应随班就读工作特点的教育管理体系。我国传统的特殊教育主要存在于专门设立的特殊教育学校，残疾儿童相对集中，比较容易管理，而随班就读关涉的却是数量众多的普通学校，这就给行政管理带来了挑战。一个省市一两个人员兼管特殊教育，很难顾及和协调随班就读的众多普通学校。因此，相关市县设立专门的随班就读管理部门，安排专门专业、数量充足的随班就读工作管理人员，构建适应随班就读工作特点的教育管理体系很有必要。

实行目标管理，推进随班就读工作可持续发展。目标管理有利于全方位地、循序渐进地提升随班就读工作水平。各层级教育管理者应从入学率、教学改革、设施设备条件等方面为随班就读确定较全面的阶段性和长远性目标，因地制宜地推进随班就读目标管理体系建设。

（三）重视政策宣传，营造良好的社会舆论氛围

在研究过程中，笔者发现，无论是教育管理层，还是一线教师，抑或是家长，都对随班就读不甚了解，也有很多被试者表示不太清楚相关政策，或出台了政策却很难落实。因此，加强特殊教育和随班就读政策的宣传工作，让人们更深入地了解该教育形式，更清晰地看到其教育价值，随班就读工作将更容易开展。

参考文献：

[1]钱丽霞,江小英.对我国随班就读发展现状的问卷调查报告[J].中国特殊教育,2005(5)

[2]关于开展残疾儿童随班就读工作的试行办法[Z].教基〔1994〕6号.

[3]刘建娥.湖南省特殊教育学校发展研究[D].长沙:湖南师范大学,2013.

[4]褚宏启,杨海燕.教育公平的原则及其政策含义[J].教育研究,2008(1).

[5]邬平川.残疾儿童随班就读问题与对策研究——以安徽省为个案[D].北京:中央民族大学,2005.

A Survey of the Supporting Security System for Disabled Children Learning in Normal Classes

— An Investigation Report From Government Departments About the Disabled Children Learning in Normal Classes

Xu Saihua Wu Xiaoshi

Abstract: This research covers 13 prefecture-level cities and one autonomous region in five main areas of Hunan Province. The questionnaires were given to 120 education administrative staffs in charge of educational administration, civil administration and related branches in those areas. This research aims at investigating the government's behaviors about disabled children learning in normal classes. It objectively analyzes the current situation and problems that disabled children face when learning in normal classes in Hunan. Moreover, the research makes some feasible suggestions on education administration and policy propaganda.

Key words: learning in normal classes; government behavior; education management

高校思想政治教育与就业创业教育融合性研究

□ 祝小茗

摘 要 <<< 高校思想政治教育是就业创业教育的有效载体，开展就业创业教育是改进大学生思想政治工作的现实要求。实现就业创业教育与高校思想政治教育的有效融合,需要我们把思想政治工作贯穿到创业就业指导的全过程，在把握高校思想政治教育新内涵的基础上，狠抓理想信念教育、职业道德教育、诚实守信教育与艰苦奋斗教育。

关键词 <<< 高校思想政治教育；就业创业教育；职业道德；就业指导

在人类社会进入21世纪的历史进程中，良好的就业创业形势对经济发展与社会稳定起着至关重要的作用。因此，在时代的境遇下，帮助广大青年顺利地就业，推进创业人才的教育和培养工作就变得尤为重要。然而，从高校思想政治教育学的视角审视，以往的就业创业教育普遍存在一定的缺憾，或偏于经济学的“功利”眼光，或单纯倚重于“技能”的培养，却鲜于从品德素养与能力素质的有机联系的角度来把握创业人才的教育和培养方向。[1]已有研究表明，高校思想政治工作和就业创业教育可以实现高度的耦合，在充分挖掘思想政治教育优势的基础上，从思想引导与就业创业基本素质的有机联系的角度来把握人才的教育和培养，具有重要的理论意义与现实指向。笔者就此试作浅析，尚祈就教于方家。

一、高校思想政治教育是就业创业教育的有效载体

大学生思想政治教育工作和就业工作一直是党和政府高度重视的工作，二者相互联系，相互促进。各级高校一定要认识到位，锐意创新，在做好创业就业工作的同时，稳步做好思想政治教育工作。

（一）上好“最后一课”

通过三年或四年的大学学习，大部分学生在思想政治素质上有了一定的提高，在专业基础知识上有了一定的积累。离校前，部分学生会因为就业问题引起思想波动，更有甚者甚至厌弃参与社会生活。此时，思想政治教育要凸显“针对性”，结合毕业生的特点，在做好教育实习、毕业论文、形势教育的基础上继续深化对大学生的荣辱观教育、诚信教育及爱国主义教育，上好大学最后一课。[2] 在就业教育过程中，要重点突出诚信教育，采用案例教学、多媒体教学、职业论坛等形式讲明诚信在就业工作中的重要作用，做到对毕业生负责，对用人单位负责。可以通过隆重而热烈的毕业典礼，着重表彰那些选择基层、到西部去的优秀学生，鼓励广大毕业生在为国家、为社会建功立业中实现自己的人生价值，奉献社会，回报祖国。要做好毕业生离校前的心理疏导工作，耐心倾听毕业生的心声，竭尽所能为他们排忧解难，使毕业生离校工作井然有序，大力培养感恩母校、回馈母校的真情实感。

在就业创业教育中，高校要始终不渝地全面贯彻党的教育方针，坚持育人为本、德育为先的原则，充分发挥大学生思想政治教育主阵地、主课堂、主渠道的作用，全方位推进大学生思想政治教育工作，多方面促进

作者简介 <<< 祝小茗，男，吉林长春人，博士，武警长白山公安边防支队训练基地，高级讲师，国家二级心理咨询师，吉林白山，134511。

基金项目 <<< 2015年教育部人文社会科学研究项目（15YJA310008）阶段性成果。

大学生全面发展。在高等院校中构建完善的适应社会发展需要的就业指导体系，建立完备的就业指导目标、指导内容，形成有效的就业指导方式和手段，逐步尝试在入学伊始就开展职业生涯教育工作，并在职业生涯教育工作中推进职业伦理教育工作。

（二）矫正从业观念

受传统从业观念影响，大部分毕业生依然希望能够到政府机关、事业单位或国有大企业谋职发展，而不愿意到集体企业或私营企业求职发展。随着改革开放的深入，人们的就业观念亦在发生着阶段性的变化。第一阶段，个别人放弃进国有企业的机会而到“三资”企业求职、应聘，谋到更适合自己的职业；第二阶段，有人选择放弃政府官职而去“下海”经商；现阶段，有的大学生选择自我创业、自己办公司、组建自己的团队等等。传统的从一而终、干到退休的职业观念逐步被消解，曾经占据上风的“求稳”思想，被高职高薪的职业愿景慢慢取代。

所以，要缓解就业压力，首先要让大学毕业生转变就业观念。摆脱一谈就业，就是“政府首选，事业单位次之，大型企业求全”的错误想法。国外经验表明，随着产业结构调整的不断深化，岗位需求与劳动力会出现供不应求的局面，尤其是那些有文化底蕴的管理者和实践者。换言之，不同的工作岗位只是社会分工的分野，收入和发展取向并非完全对等。大学毕业生作为社会阶层的普通一员，要以平和的心态和较准的定位选择工作，无论是大城市还是小城市，在勤奋努力面前机会还是总体均衡的。

因此，高校思想政治工作者应该树立阵地意识，通过“隐形教育”与“显性教育”相结合的方式助推社会实践活动的深入开展，从而指引学生深刻认知“市场导向、政府调控、学校推荐、用人单位双向选择”的就业政策，引导他们树立正确的就业观。尤其是随着就业形势的持续低迷，“天之骄子”的时代已经成为历史，高薪、高职、高起点的就业目标已经严重脱离现实。对此，高校就业部门要广泛收集并研判现有政策，鼓励大学生自主创业、任职村官、对口援建，在实践中接受磨炼，在现有的政策下成长成才。针对当前公务员考试中多人竞争一个岗位的残酷现实（俗称“考碗族”），引导他们转变传统就业观念，摒弃贪图安逸稳定、亦步亦趋、盲目从众等错误做法，要在日常工作、学习和生活中彰显个人“品牌”意识。大力弘扬创新思想，培育创业精神，增强创业意识，走自主创业的道路。同时，高等院校要积极探索校企合作、“定岗实习+就业”、订单式培养等新路子，教会大学生找准自身定位，使个人素质和能力合乎岗位的需要。

（三）纠正思想偏差

不难想象，在未来的大学生就业工作中，双向选择、自主创业已是大势所趋。据调查，在众多的毕业生中依然存在着“等”“靠”思想，一份职业定终身、专业要对口等择业误区依然有市场。在2015年1月人民网教育频道发布的一份调查问卷中我们不难看出：共121,147人参与调查，其中9.8 %的大学生唯“成绩论”，认为学习成绩不好会导致就业不理想；18.9 %的大学生认为既然已经走出了大山就没脸再见江东父老；30.7 %的学生认为社会分配不公，自己没有背景，好的职业都被“富二代”、“官二代”、“关系户”夺去了，等等。[3]从数据看来，社会痼疾与资源缺失似乎是引起就业难的主要原因，但究其本质还是认识上的偏激。因此，及时纠正大学生在求职择业时出现的思想偏差，对求学者个体、家庭乃至社会都有积极的意义。

思想政治教育要发挥其特有的转化功能和调节功能，及时矫正大学生在求职择业时出现的思想行为误区。不断加强学校就业指导及服务工作，全面提升大学生的综合素质，准确自我定位。面对就业压力，大学生要懂得“大学从来不是某项具体技能的授业所，而是通过系统学习，使一个人能够具备走向成功的潜质”这个道理，求学期间要有意识、有目的地培养自己的交际能力、创新能力、理论联系实际的能力，增强自己的核心竞争力和自信心，成为适应社会发展需要的合格人才。此外，高校要通过思想政治教育培养大学生适应社会发展需要和就业需要的心理素质，对环境的主动适应能力，以及良好的抗压抗挫折能力，使学生在求职的过程中扬长避短，充分展现自身的业务专长，挖掘内在潜力，凸显基础优势，从而找到施展个人才华、实现远大抱负的舞台。

二、思想政治工作要贯穿创业就业指导的全过程

面临着大学生就业形势中呈现出的新问题、新特点，我们必须有的放矢地开展思想政治工作，把思想政治教育贯穿于就业指导的全过程。

（一）思想政治工作要伴随职业指导全过程

当前，大学生就业指导工作的一个突出特点是从就业指导向职业指导转变。一般看来，就业指导强调“短平快”，以帮助学生快速就业为目标，而职业指导颇有“量身定做”的意味，在权衡“个体素质”差异性的基础上强调“因材施教，因人而异”，是对终身从事的职业的指导。残酷的就业现状让许多高校感到，只注重毕业前的就业指导犹如“饮鸩止渴”，即使能够顺利就业，也经不起时间的检验。有的得益于家庭背景、导师等个人关系；有的是迷信“面试宝典”，靠猜押考官的问题，凭借一时的“出色”发挥。因此，要从根本上化解大学生就业危机，宏观上需要国家政策的大力扶植，微观上要求高等院校采取可持续发展的就业指导措施，将思想政治教育与职业规划、终身学习、就业指导有机地结合起来。譬如，早在2005年江苏、广东、浙江的部分高校在大二就开展职业生涯发展规划的课程设计工作，使学生尽早明确所学专业的就业取向，对那些学科生僻、需求有限的专业，鼓励学生辅修第二学位，继而达到良好的社会效果。[4]他们的成功实践启示我们：就业创业教育要及时融入思想政治工作当中，防止单面灌输，提倡温润渗透，尽早尽快帮助他们树立正确的职业观，设定适合自己的职业目标和职业规划。

（二）思想政治工作要贴近学生就业实际

不可否认，在当前对大学教学水平评价的体系中，就业率仍是一项重要的指标。学校工作的中心也是围绕确保学生顺利就业而展开。那么，高校思想政治教育也要坚持“三贴近”的原则，紧密围绕职业指导这一环节，将涉及学生切身利益的“职业观”、“择业观”、“就业观”作为政治教育的发生点，不断发挥主阵地、主战场、主渠道的作用。针对大学生普遍关注的就业难题，可以采取个案讲评、成功人士现身说法等形式对学生开展择业观、就业观、成功观教育工作，重点加强奋斗精神、吃苦精神、牺牲精神的塑造，以及团队协作精神的培养，确立诚实守信、爱岗敬业、相互尊重的职业道德观。同时，要帮助学生明晰职业走向、熟知岗位规范、提升职业技能、了解职场文化与职业伦理等，在完成教学大纲和教学计划的基础上，培养职业兴趣，挖掘内在潜力，切实提升自身的专业技能与心理技能，丰富创业教育的实践内涵。

（三）思想政治工作要与其他教育过程相辅相成

调查中我们发现，个别高校在进行创业教育的过程中，存在“功利化”倾向，过度强调“自我包装”的“外部”技能而忽视内在实力、人格修养、协作精神的培养。[5]因此，在对广大学生进行创业就业指导的过程中，要坚持以人为本的原则，为大学生多办实事；要突出理想信念教育，帮助大学生树立正确的就业观；要加强就业形势政策教育，懂得趋利避害；要加强诚信教育，避免学历造假、简历造假、经历造假等失信行为；要加强职业伦理教育，培育高尚纯正的价值取向；要加强创业教育，宣讲国家优惠政策，支持大学生自主研发、自主创业；加强心理健康教育，以积极平和的心态去接受用人单位的遴选，正确看待用人不公问题。尤其在教育实习、撰写毕业论文、设计操作实验的过程中，更要寓思想政治教育于其中，引导他们正确处理好“学习成绩与工作业绩”、“个人能力与社会关系”、“专业发展与社会需求”三者之间的关系，培养优良的道德品质和豁达的人生态度，帮助他们健康成长、成才，保证大学生能顺利、及时就业，促进高校就业工作和大学生思想政治教育工作的双丰收。

三、就业创业教育赋予思想政治工作新的内涵

面对紧张的就业形势，高等院校要把人才培养作为立校根本，充分发挥思想政治工作“生命线”的作用，切实发挥思想政治教育独有的主阵地、主课堂、主渠道作用，教导学生强化使命担当、涵养社会责任、关注国家需求，主动储备适应社会发展与未来从事创业活动所必备的理论知识、业务技能、协调能力以及心理素质。

（一）理想信念教育是就业创业教育的重要内容

在就业指导与创业教育中渗透理想信念教育，是新时期、新阶段、新形势赋予高校思想政治教育的新使命。管理学大师汤姆·彼得斯指出：“创业目标是高悬于理想之路的导向明灯，有效地控制与理想目标相悖的行为冲动，同时激发创业主体的聪明才智和拼搏活力，并保持行为的持久性，向着既定目标前进的精神动力。”[6]随着社会主义市场经济体制的完善，考上大学就意味着手捧饭碗的时代已经终结，昔日的“统包统分”已经转变成“自主择业”。基于此，理想信念的思想引领就变得尤为重要，尽早审视“想做什么样的人”、“社会需要什么样的人”、“自己能成为什么样的人”这三个问题有助于他们以积极的态度接受市场经济的考验，用扎实的基本功和高尚的品格去赢得心仪的岗位，从而坚定“奋斗的人生最美丽”的理想信念。心理学研究表明，明确自身优势与劣势，选择适合自己的努力方向，在适当的时候投身创业，是一名“理性人”应有的素质，因为“行为理性”可以扬长避短、趋利避害，减缓与理想目标相悖的行为冲动，持续激发创业主体的主观能动性，使理想信念教育成为大学生克服困难和挫折，向着既定目标前进的精神动力。

再次，就业创业教育继承了思想政治教育中“反面警示”、“典型示范”、“目标牵引”的效能。通过对成功人士的白手起家、攻坚克难的成长历程的解读，辅以组织学生开展社会创业考察和市场田野调查等活动，一方面可以使他们感觉到明确的目标、坚定的信念、拼搏的精神在成长成才过程中的独特作用；另一方面，使他们感到成功的背后蕴含艰辛的付出与超凡的毅力，尽早树立“靠自己”、“靠能力”、“靠机遇”的成才理念，摒弃“庸俗关系学”与“金钱万能学”的错误论调。

（二）职业道德教育是就业创业教育的核心要求

习近平同志在同各界优秀青年代表座谈时指出：“青年人正处于学习的黄金时期，应该把学习作为首要任务，作为一种责任、一种精神追求、一种生活方式，树立梦想从学习开始、事业靠本领成就的观念，让勤奋学习成为青春远航的动力，让高尚品格成为青春搏击的能量。”[7]

不可否认，个别大学毕业生走上工作岗位后缺乏基本的职业道德，不仅急功近利，心态浮躁，不愿吃苦，而且没有责任感，缺乏务实精神。部分毕业生就业动机不纯，不是怨天尤人、频繁跳槽，就是一旦羽翼丰满就不辞而别地另谋高就。这些现象不但挫伤了用人单位接受应届毕业生的积极性，而且更对高校就业市场的稳定与发展产生了消极的影响。上述情况警示我们，无论从事何种职业，道德始终是成才之本、立身之要，高校有着培养爱岗敬业精神、进行岗位成才职业伦理教育的使命担当。因此，有必要在入学伊始就有目的性地培养其敬业精神，不断强化社会公德心、责任感、职业伦理和敬业精神等方面的教育，早日形成端正的艰苦奋斗精神和坚韧不拔的意志，不断挖掘蕴藏在大学生身上的创造力。经验证明，在大学毕业生择业、就业过程中，除了专业素质和业务技能，各用人单位同样看中员工“德才兼备、以德为先”的品质。所以，我们要在开展就业创业教育工作的过程中，在强调拓宽知识面、提升业务素质和能力素质的基础上，引导学生逐步树立正确的职业操守。教育学生职业不仅是谋生糊口的手段、施展才华的场所、确立地位的途径，更是展示德行的舞台。

（三）诚实守信教育是就业创业教育的现实要求

习近平在与北京大学师生座谈时指出：“人而无信，不知其可；企业无信，则难求发展；社会无信，则人人自危；政府无信，则权威不立。诚信是中华民族自古以来的传统美德，也是现代社会的黏合剂和市场经济的基石。”[8]可以说，诚实守信是做人的基本准则，是社会主义核心价值观在职业领域内的现实体现，是促进社会发展、引领经济社会发展新常态的基础性道德规范。当代大学生既是社会主义市场经济的实践者，又是中国特色社会主义事业的建设者与参与者。从政治学的角度审视，各种社会关系都可以理解成“契约”，公民与国家的关系代表了公权利与私权利之间的“契约”，“求职”与“就业”更是劳动法律调整下的“意思自治”。毫无疑问，诚实守信就是形成“契约”的思想前提，社会关系一旦形成就会受到法律法规的规制与保护。当前，部分大学生受不良社会风气影响，无视“诚信”观念，一些人为了达到目的，在竞争中不择手段，考试作弊、“克隆”论文、履历造假、损人利己、恶意拖欠助学贷款等丑陋行为，不仅让母校蒙羞，而且更降低了社会公众对大学生群体的好感度。

因此，严峻的失信行为倒逼我们在大学生就业指导和创业教育过程中必须加强诚信教育，使“人而无信，不知其可也”成为教育开展的出发点和归宿点。[9]在日常管理中凸显制度的“刚性”作用，不断完善个人信用档案、广泛推行就业推荐材料审查制，使诚信督导贯穿于整个就业指导和创业教育过程，切实通过教育筑牢走出校门前的“第一道防线”，不断健全大学生的社会人格与心理品格，使他们从容应对日益增长的社会竞争力。

（四）艰苦奋斗教育是就业创业教育的内在要求

习近平总书记在五四讲话中指出：“我们距离实现

中华民族伟大复兴的目标越近，就越需要广大青年锲而不舍、驰而不息地艰苦奋斗。青年人要立足本职、埋头苦干，从自身做起，从点滴做起，以勤劳和业绩实现人生的精彩。”[10]马克思主义理论认为，创业是一种复杂的、艰苦的生产实践，必须以有形商品或无形服务作为实践的成果。创业活动需要劳动者付出艰苦的脑力劳动、体力劳动和物化劳动。对企业家来说，艰苦奋斗永远是一种人格特质，一种可贵的精神财富。那么，对大学生开展的创业就业教育工作，实际上是艰苦奋斗精神与社会生产实践的外在诠释，它对创业型人才的成长尤为重要。

以创业教育为载体进行艰苦奋斗精神教育，可以有多种形式。譬如，可以举办创业先进个人事迹报告会、高端讲坛、邀请企业家进校园等活动，用成才标兵、优秀企业家的创业经验和先进事迹，激发大学生艰苦创业的热情，增强他们敢于“自我突破”、“自我实现”的勇气，使他们感到无论任何领域、无论何种职业，艰苦奋斗永远是成长成才的内在动力。此外，部分院校鼓励在校学生有意识地培养自身的市场意识、管理水平与人际交往能力，广泛涉猎与创业有关的知识，如企业注册、经济管理、市场营销、财务管理和法律常识，增强他们投资决策、抵御风险的敏感度。还可以利用校企实训基地与大学生创业孵化园的独特优势，按照现代企业管理要求，在做好风险评估的基础上提供少量资金，让大学生自主经营小型项目。也可以由学校牵头，规避用工风险，为大学生提供兼职岗位，或在校园内开展勤工俭学活动，增强竞争意识，提高他们处理棘手问题与化解职业风险的能力，弘扬吃苦耐劳的品质，积累丰富的创业就业经验。

总之，新的历史时期呼唤创业型人才，高校必须与时俱进，更新观念，在经济跨越式发展和社会发展的浪潮中，深刻把握思想政治工作与就业创业教育的生长点和契合点，抓住机遇，迎难而上，充分发挥“阵地”优势，把培养大批高素质、创业型人才作为历史使命，为全面建成小康社会提供智力支撑，为实现中华民族的伟大复兴做出新的更大的贡献。

参考文献:

[1]张天华,刘艳良.高校创业就业教育研究综述及问题对策分析[J].中国职业技术教育,2015(19).

[2]曾雄兵,张淑娟.就业指导与创业教育[M].北京:人民邮电出版社,2013.

[3]黄敬宝.北京高校大学生就业与创业调查研究[M].北京:知识产权出版社,2015.

[4]魏莉梅.职业规划与就业指导[M].北京:高等教育出版社,2009.

[5]侯慧君.中国大学生创业教育蓝皮书——大学生创业教育实践研究[M].北京:经济科学出版社,2011.

[6]王建民.管理学原理[M].北京:北京大学出版社,2015.

[7]中共中央宣传部.习近平总书记系列重要讲话读本[M].北京:人民出版社,2015.

[8]习近平.青年要自觉践行社会主义核心价值观——在北京大学师生座谈会上的讲话[M].北京:人民出版社,2014.

[9]向征.诚信教育优化研究[M].北京:知识产权出版社,2015.

[10]人民日报理论部.深入学习习近平同志系列讲话精神[M].北京:人民出版社,2014.

On the Combination of University's Ideological and Political Education and Employment Entrepreneurship Education

Zhu Xiaoming

Abstract: Ideological and political education is the effective carrier of employment entrepreneurship education, which is an actual requirement for improving our political and ideological work of college students. To realize the effective fusion of ideological and political education and employment entrepreneurship education, colleges and universities should incorporate ideological and political work with the whole process of employment guidance. On the basis of grasping the new intension of ideological and political education, we should promote the ideal education, occupational ethics education, honesty education and hard work and plain living education.

Key words: university and college's ideological and political education; employment entrepreneurship education; occupational ethics; career guidance

网络文化对大学生的影响研究

□ 董 凌

摘 要 <<< 网络文化对大学生的价值取向、个性养成、行为习惯等方面有重要影响。文章分析了网络文化的功能，网络文化对大学生价值观和生活方式等方面的积极和消极影响，最后，对在网络文化环境下如何引导大学生正确使用网络提出几点对策。

关键词 <<< 网络文化；大学生；价值观；生活

网络作为近代史上一项重大的发明，给我们的生活带来了巨大的变化。随着科技的不断发展，网络逐渐渗入人们的生活、学习与工作中，它使得人们的生活方式、思想和价值观都受到了巨大的影响。尤其对于乐于接受新鲜事物的大学生而言，网络文化渗透到大学生的学习、生活、娱乐中，直接影响了当代大学生的价值观念、生活方式等。但是网络对于大学生而言，不仅仅带来了新的机遇，还可能会带来一些负面影响。

一、网络文化的功能

（一）网络文化具有导向功能

网络文化对人类的社会活动和思想都具有一定的导向功能，它影响着各个领域的发展，给当今的新思想提供了一个传播的平台，引导人们去接收一些新的思想和价值观。网络文化具有很强的感召力，其传播的文化和信息都会对大学生的思想造成较大的影响，起到导向的作用。

（二）网络文化具有思想政治教育的功能

网络文化可以促进大学生更新自己的思想观念，并且网络消息涉及面非常广，大学生随时可以通过网络了解时事，增加参政议政的机会，也使得大学生的视野更加开阔，可以促进大学生形成新的思想观念。同时，网络可以给予大学生虚拟的受教育环境，使得枯燥的思想政治课变得生动，从而增强思想政治教育的效果[1]。

（三）网络文化具有传播知识文化的功能

传统媒介对于信息和知识的传播已经满足不了人们对信息的需求了，这就需要网络文化提供人们在生活、工作和学习中所需的大量信息。网络传播的速度非常快，并且信息非常多，可以综合各个方面、领域的知识和信息，查阅方便快捷，加快了知识文化的传播速度。

（四）网络文化改变了人们的劳动方式、生活方式

在现代化的工厂中，对产品的加工等都是通过计算机来进行操控的，这就使得很多工人的工作由加工产品变成了操作计算机。以前人们只能通过打电话等方式进行联系，通过看电视、报纸获取新闻，通过去商场来购物。而现在，人们可以通过网络电话、发电子邮件进行联系，还可以在网络上浏览新闻，在网络上进行购物，同时，同学们还可以在网络上通过看视频进行学习等，网络改变了人们的生活方式。

二、网络文化对大学生的积极影响

（一）网络文化对大学生价值观的积极影响

作者简介 <<< 董凌，男，上海亿宏工业有限公司，高级工程师，中国上海，201713。

1. 有利于更新大学生的就业观

科学知识是生产力。目前的就业市场发展非常快，一些传统的知识已经无法满足就业的需求。大学生所学的知识只有极小部分能够在工作中用到，所以大学生应该及时更新自己的观念，才能够跟上社会发展的步伐。随着网络时代的到来，同学们可以接触更多的信息，在就业时也可以获取更多的就业信息，自主选择意识就会更强。网络上也会有很多招聘信息，同学们同样可以通过网络来投简历、找工作。网络给大学生提供了就业信息，也可以帮助大学生树立更先进的就业观[2]。

2. 有利于大学生形成积极的人际交往观

大学生的发展离不开人际交往。一个人的社交面越宽，社会关系越丰富，其视野就会越广，就可以获取更多的有利的信息，非常有助于其自身的发展。而网络就可以帮助大学生扩大自己的交往面，突破地域的局限，可以在普遍的网络交往中完善自己，使自己学会如何与他人进行交流，与不同层面的人进行交流。

3. 有利于教育机会均等，帮助大学生形成自主学习观

网络的发展对于教育而言是一个非常大的革新过程。传统的教育使得很多人没有接受过高等教育，可能由于资金不足，或者由于成绩不够好。这样就限制了很多人的全面发展，没有机会接受高等教育。而网络的出现就可以让很多人在网络上获取知识，网络的共享功能可以使得各个区域的人都可以通过网络获取知识。同时，同学们还可以在网络平台上进行自主学习，增强了大学生的自主学习能力，帮助他们形成自主学习观念。

（二）网络文化对大学生生活方式的积极影响

1. 有利于大学生情感的表达，缓解了交往的压力

现在的大学生有很大一部分都是独生子女，他们在独立生活后往往不能很快地适应校园生活，存在很多的不习惯。他们与其他来自各地的同学生活在一起，难免会遇到一些问题，这就需要大家能准确表达自己，进行交流。然而由于很多学生不懂得如何表达自己，他们就会将很多想法放在自己心里。而互联网的出现就可以帮助同学们解决这个问题，一些不好当面说的话就可以通过聊天工具来表达，或者在遇到一些需要发泄的事情时也可以匿名跟网友诉苦，缓解内心的压力。

2. 有利于促进大学生的自我认同

很多学生缺乏自信，然而在网络空间中，大学生们可以具有更加广阔的交往空间，也使得大学生能够跟更多的人交流，获得更多的反馈信息，从而从中获得自我认同。网络空间中人的身份是可以隐匿起来的，所以大学生也更加愿意在网络中呈现真实的自我，思维也会更加具有创造性，从而形成自我认同感。

三、网络文化对大学生的消极影响

（一）网络文化对当代大学生价值观的消极影响

1. 网络文化容易导致当代大学生价值取向扭曲

网络时代的到来使得过多的信息出现在大学生面前，但是这些信息中也含有很多不良信息，可能会导致大学生的价值取向出现偏差。在网络时代到来之前，大学生接触的信息都是经过筛选的，不含有不良的信息内容，然而网络时代到来后，同学们可以自己上网来获取信息，就可能会受到开放性网络文化的影响，意识形态发生改变。再加上同学们年纪尚小，不会筛选信息，就可能会接受一些不良信息，价值观扭曲，变得非常自我、急功近利。可能有的学生会过度自我，或者过度依赖于网络资源，失去学习积极性，或者在网络交往中获得了极大的认同感，却忽视了现实中的人际交往等[3]。

2. 网络文化容易导致大学生价值评价标准紊乱

人们的价值观不同，对事物就会具有不同的评价标准。大学生在受到网络文化的影响后，如果不能甄别网络信息，就可能会造成评价标准紊乱。网络时代到来之前，社会价值评价标准比较单一，一些在传统观念中认为不符合社会主流价值评价的行为就会受到所有人的批判。然而在网络时代到来之后，我们认为对所有事物的评价都应该是相对的，没有统一的标准，所有大学生们也都自由地选择价值观，然而大学生还无法真正认清是非，反而丧失了原本的评价标准，失去了正确的评价标准。

（二）网络文化对大学生生活方式的消极影响

1. 网络文化会使大学生产生网络依赖

由于现在大学生普遍使用智能手机，再加上大学生除了上课、吃饭等活动很难有完整的时间出去玩，所以上网成为了大学生消耗时间的活动。大学生使用网络一般会登录QQ、微信等社交工具与朋友聊天，或是登录微博等工具，浏览一些新闻或是新的信息，然而这样时间长了就会造成网络依赖，一旦长时间不让学生们上网，大部分大学生会感到不自在。这也就导致很多学生不能够将注意力集中在其他更有用的事情上，反而产生了或多或少的网瘾，非常不利于同学们的发展。

2. 在网络上投入过多的时间和精力，以及盲目消费

网络时代到来之前，人们买东西需要进入商场，在购买之后再带回来。而网络时代到来之后，人们足不出户就可以收到所需的商品，给人们带来了极大的便利。对于善于使用网络又往往不愿意逛商场的大学生而言，就更加青睐于网上购物。然而网络上商城也非常多，各个品牌、样式的东西琳琅满目，也会使得很多学生花费过多的时间在网络购物上。很多学生会使用很长的时间逛网上商城却不购买，浪费了很多的精力和时间。另外，现在网络上还出现了很多引导人们消费的网站，比如美团网、百度糯米等团购网，利用便宜的商品吸引大学生进行消费，大学生辨别能力比较差，可能会由于价格便宜就购买了自己并不需要的产品，属于盲目消费，给大学生带来了不利的影响[4]。

四、网络文化环境下对大学生进行引导的对策分析

（一）健全完善网络法律法规，加强网络立法

目前我国的网络还缺乏规范，需要借助法律和道德等方式来规范人们的行为，从而净化网络环境。虽然网络世界是虚拟的，但还是需要法制。由于很多人认为网络上言论是绝对自由的，并且不会节制自己的行为，使得很多不能够辨别信息真假的大学生价值观受到不利影响而扭曲，所以需要对网络通过立法来进行制约，建立网络法律制度，完善现有的法规，做好网络管理工作，从而净化网络环境，给大学生提供一个纯净的信息平台。

（二）加强对当代大学生网络道德与网络价值观的教育

高校需要提升大学生们对于网络道德的认知，让学生们懂得网络中也具有道德规范，并且需要培养学生的网络道德判断能力，判断哪些信息和行为是正确的，哪些是错误的。大学生在网络环境中能够健康发展就需要其具有明辨是非的能力，并且具有遵守网络道德的意识。另外，还需要培养大学生的网络价值观，在虚拟的网络中，大学生需要明白自己上网的目的，老师也需要帮助同学们学会如何处理虚拟和现实之间的关系，使得网络成为一种帮助我们学习和娱乐的工具，但是不能够沉溺于网络，不能接受网络中的不良信息，要建立正确的网络价值观。

（三）学校引导大学生形成正确的人际交往观和交往方式

虽然网络给大学生提供了更加广阔的交友空间，可以帮助大学生扩展自己的交友圈，开阔视野，学会交流，但是也可能会带来不利的影响，所以学校应该对其进行正确的引导，帮助大学生形成正确的道德观和价值观，提升判断能力，不能盲目地投入到虚拟的网络交往中而忽视了现实中的人际交往。学校可以在校园网上建立交流平台，并加强管控力度，那么既可以扩大学生的交友圈，增长见识，又可以使得学生的交友范围在可控范围内，帮助学生学会正确交往，树立正确的人际交往观。[5]

（四）学校加强对大学生的消费教育，促进大学生形成良好的生活方式

大学生的消费观念存在较多的问题，与网络购物存在很大的关系。在网络信息的影响下，一些学生的价值观产生了变化，喜欢攀比，从而形成了不良的消费观念，同时网购时代的到来也会使得同学们盲目消费。所以学校不应该忽视对学生消费观念的教育，抵制拜金主义和个人享乐主义，要树立起勤俭节约的消费观念。同时，还需要让学生懂得要理性消费，避免攀比以及从众等行为产生的盲目消费，促进大学生良好消费方式的形成。

五、结语

在如今的网络时代，大学生势必会受到很大的影响，包括积极影响和消极影响。学校作为大学生的引导者，就需要尽力将积极影响扩大，尽量减少消极影响，给同学们营造一个良好的网络环境，通过教育、建立校园交友圈等方式帮助同学们树立正确的价值观、交友观和消费观，提升其对网络不良信息的抵制力，建设健康的校园网络文化。

参考文献：

[1]周中玉.网络文化对当代大学生负面影响的探究[J].大众文艺,2009(9).

[2]申小蓉.高校网络文化建设与大学生思想政治教育探析[J].思想教育研究,2011(10).

[3]何智明.校园网络文化视阈下大学生思想政治教育研究[J].中国教育学刊,2015(1).

[4]杨旸.网络文化背景下大学生文化认同危机及其消解路径分析[J].临沂大学学报,2015(4).

[5]刘晶晶.网络文化对大学生价值观的影响及引导策略[J].西部广播电视,2014(8).

The Study of the Impact of Network Culture on College Students

Dong Ling

Abstract: Network culture has an important influence on college students' value orientation, personality, behavior habits, etc. This article analyzes the function of network culture and shows the fact that network culture has both positive and negative influences on college students. Finally, this article puts forward some countermeasures as to how to guide the college students to use network correctly.

Key words: network culture; college students; values; life

随班就读支持保障体系问题及其对策

□ 唐如前　黄春春

摘　要 <<< 随班就读工作20多年来取得了可喜的成绩，但也存在整体教育质量不理想的问题。究其原因，是因为随班就读支持保障体系存在许多问题，如：政策支持保障方面存在内容不完善、可操作性不强、约束力缺乏的问题；人力支持保障方面存在专业教师数量不足、专业化水平偏低的问题；财力支持保障方面存在财政投入总量不足、经费投入失衡的问题等。从对策上看，健全政策支持保障体系是根本，应确保政策内容的完整性、增强政策的可操作性和提高政策的权威性；改革人力支持保障体系是关键，应建立全纳型职前教师教育模式；完善财政支持保障体系是重点，应完善县级随班就读常规经费和专项经费互补的财政支持保障体系。

关键词 <<< 随班就读；支持保障；问题；对策

一、引言

随班就读是融合教育理念下的一种教育组织形式，指的是在普通学校中让普通班级接纳少量（一般是每个班接纳1～3名）轻度残疾的学生，使之与普通学生一起接受教育。[1]我国从1989年开始开展随班就读工作，20多年来取得了可喜的成绩。但也存在一些问题，那就是随班就读整体教育质量不理想。2013年，赖伙琪对承担随班就读工作的普通小学进行了调查（随机抽样了随班就读毕业生档案30份），结果显示：小学毕业考试学业平均成绩及格人数3人，占10 %；不及格人数27人，占90 %。其中平均分在个位数的有 16人，占53.3 %；适应能力评价较强的3人，占10 %；一般的13人，占43.3 %；差的14人，占47 %。[2]很明显，随班就读教育质量令人担忧。笔者以为，导致随班就读教育质量不理想的主要原因是缺乏健全的支持保障体系。本文拟对随班就读支持保障体系的主要构成、现存问题及其对策进行阐述，以期提高随班就读的教育质量。

二、随班就读支持保障体系的主要构成

（一）政策支持保障

政策支持保障指的是国家出台的与随班就读有关的政策。随班就读工作开展以来，国家出台了许多相关政策。如：1988年出台的《中国残疾人事业五年工作纲要》规定，应积极推动普通学校普通班中吸收肢残、轻度弱智、弱视和重听（含经过听力语言训练达到三级康复标准的聋童）等残疾儿童随班就读；1990年颁布的《残疾人保障法》规定，普通学校应对具备接受教育能力的残疾儿童少年实施教育；1994年颁布的《残疾人教育条例》规定，在普通学校随班就读是残疾儿童、少年接受义务教育的形式之一；1994年出台的《关于开展残疾儿童少年随班就读工作的试行办法》，对随班就读的对象、入学、教学要求、师资培训、家长工作、教育管理等方面做出了具体规定；2003年发布的《关于开展建立随班就读工作支持保障体系实验县（区）工作的通知》提出，要加强随班就读工作的管理，建立资源教室、支持系统，积极开展随班就读的师资培训等；

作者简介 <<< 唐如前，男，湖南东安人，长沙职业技术学院特殊教育系教授，湖南省教育科学特殊教育研究基地首席专家，湖南长沙，410217；
黄春春，女，湖南道县人，长沙职业技术学院教师，硕士，湖南长沙，410217。

基金项目 <<< 湖南省教育科学规划重点资助课题（XJK014AFZ003）和湖南省教育科学特殊教育研究基地的成果。

2006年修订的《义务教育法》规定，普通教育机构应当接收残疾儿童少年随班就读，并为其学习、康复提供便利和帮助；2009年发布的《关于进一步加快特殊教育事业发展的意见》提出，要重点推进县（区）级随班就读支持保障体系的建立和完善。这些政策的出台，为随班就读工作的顺利开展提供了重要保障。

（二）人力支持保障

人力支持保障指的是承担随班就读工作的教师队伍，包括三种教师：一是在普通学校随班就读班级中担任学科教学及班主任工作的教师，他们是承担随班就读工作的主要力量，由于随班就读课堂中出现了残疾儿童群体，他们与普通儿童相比具有很大的区别，因此，学科教师的常规任务就是在教育教学中重点兼顾这类特殊儿童；二是设有资源教室的普通学校中的资源教师，资源教室是专门为残疾儿童少年随班就读提供服务与有效支持的场所[3]，在资源教室工作的教师叫资源教师，资源教师主要解决残疾儿童少年在随班就读过程中由于学科教师兼顾不到或无法兼顾而出现的问题；三是巡回指导教师，巡回指导，是指由特殊教育学校或特殊教育资源中心充分利用其教师资源，以巡回（不是驻校）的方式对随班就读学校和残疾儿童少年提供指导、帮助与咨询。相对资源教室，巡回指导是专业性更强的支持服务模式。这些承担巡回指导任务的教师，称为巡回指导教师。[4]巡回指导教师要承担对随班就读学校、上两类教师及残疾儿童少年进行更专业的指导、咨询与帮助的任务。

（三）财力支持保障

财力支持保障是指顺利开展随班就读工作所必要的经费投入，包括经费投入的方式和渠道。随班就读经费投入的方式主要为一般性财政转移支付和国家的专项特殊教育经费支付。经费投入的渠道，从宏观角度来说，主要有国家财政性教育经费、事业收入、民办学校中举办者投入、社会捐赠经费以及其他经费投入等；从微观角度来看，主要有公共财政预算教育经费、各级政府征收用于教育的税费、社会力量办学、私人捐资、彩票公益金等。其中，国家财政性投入达到了97 %以上，占整个经费投入的比例呈逐年增长的趋势，而社会捐集资投入和其他投入占的比重不足 3 %。同时，我国特殊教育财政体制以地方投入为主、中央投入为辅，中央对于特殊教育的投入主要是通过“特殊教育专项补助经费”的形式进行的。

三、当前随班就读支持保障体系存在的问题

（一）政策支持保障方面存在内容不完善、可操作性不强、约束力缺乏的问题

政策内容不完善表现在以下四个方面：一是缺乏明确的权责划分；二是缺乏对残疾儿童少年进行评估与鉴定的明确规定，从而导致残疾学生的分类与定义出现混乱；三是缺乏对残疾学生家长权利的规定；四是缺乏为特殊儿童制定个别教育计划方面的规定。[5]

政策可操作性不强表现在一些特殊教育政策内容比较模糊、笼统，多是倡导性和原则性的提法，实际操作性不强。如：《关于发展特殊教育的若干意见》指出，教育附加费应有一定的比例用于特殊教育；《残疾人教育条例》规定，社会各界应对残疾人教育事业给予关心和支持；《国家中长期教育改革和发展规划纲要》规定，鼓励和支持普通学校创造条件接收残疾学生就读。这些“应”、“关心”、“鼓励”、“支持”等字词，在实践中可操作性不强。[6]

政策约束力缺乏表现在绝大多数政策多以“指示”、“通知”、“决定”、“意见”、“纲要”、“标准”等文本表现出来，而以法律、行政法规为文本表现形式的政策还很少，大多数政策属于狭义上的政策，这种政策缺乏约束力。

（二）人力支持保障方面存在专业教师数量不足、专业化水平偏低的问题

专业教师数量不足一方面表现为承担随班就读工作的普通学校中具有特殊教育理论素养的学科教师很少。这主要是因为普通学校教师长期以来是由普通教师教育院校培养，他们在职前培养中几乎从未进行过特殊教育相关课程的学习，虽然是本学科的专业人员，但由于缺乏特殊教育理论素养，使得他们在随班就读的教育教学过程中经常会陷入举步维艰的境地。另一方面更突出地表现为资源教师和巡回指导教师的匮乏。对于随班就读工作，这两类教师工作的专业性更强，应由受过特殊教育专业训练的人来担任，如此才能为承担随班就读工作的普通学校、教师及残疾儿童提供专业的支持和服务。然而从现实来看，由于我国的特殊教师教育主要是为特殊教育学校培养老师的，每年的特殊教师教育毕业生数量较少，在满足特殊教育学

校的师资需求上还存在一些问题，很难兼顾普通学校随班就读资源教师和巡回指导教师的需求，因此造成了专业性资源教师和巡回指导教师的匮乏。

专业化水平偏低一方面表现为，由于专业教师的匮乏，承担随班就读工作的学科教师、班主任及资源教师的选拔通常只能考虑他们的工作态度和原来从事普通教育的业务水平。事实上，普通学校也是这么做的，往往是从本校选拔那些有爱心、责任心强、业务水平较高的教师作为随班就读学科教师、班主任及资源教师。虽然他们在本专业方面的水平较高，但由于没有受过特殊教育专业训练，从随班就读的角度来看，他们的专业化水平是偏低的。另一方面，对于来自特殊教育学校或特殊教育资源中心的巡回指导教师来说，他们虽具备特殊教育背景，但对与普通学校随班就读教师合作开展巡回指导仍然缺乏经验。因此，从随班就读的角度来看，这些巡回指导教师的专业化水平仍然是偏低的。[7]

（三）财力支持保障方面存在财政投入总量不足、经费投入失衡的问题

我国特殊教育经费来源主要包括财政投入、社会捐资和学杂费，其中财政投入是最主要的来源。近二十年来，我国对特殊教育的财政投入总量不断增长，虽然特殊教育经费增速要高于普通教育经费增速，但特殊教育的财政投入总量占整个教育财政投入的比例仍然偏低，仅为0.46 %。[8]我国台湾特殊教育的财政投入总量占整个教育财政投入的比例达到了4 %～5 %，经济发达国家这一比例更高。相比之下，我国特殊教育财政投入总量明显不足。

近二十年来，我国特殊教育经费总量不断增加，增长速度比较快。但在特殊教育内部存在经费投入失衡的问题，即特殊教育学校经费投入增长十分迅速，而随班就读经费投入增速非常缓慢。据教育年鉴公布的官方数据表明，从1998—2011年，特殊教育学校经费投入由8.4亿元增加到76.7亿元，增速非常快。但同一时期随班就读经费投入却增加缓慢，甚至到今天为止，大多数地方还没有建立起随班就读的拨款机制。据王洙、杨希洁、张冲2006年对一些随班就读学校的调研表明[9]，无论是经济发达地区还是欠发达地区，随班就读保障经费都是不足的，16.05 %的学校从未获得过上级部门的专项拨款，38.46 %的学校获得过少量的专项经费，但不是计划内的常规性拨款。2010、2011 年，国家投入 41 亿元用于支持中西部地区新建、改扩建特殊教育学校。但财政对于随班就读投入极少，并且基本是专项投入，受益学校数量极为有限。相对特殊教育学校，随班就读得到的经费投入微乎其微。[10]

四、健全随班就读支持保障体系的策略

（一）健全政策支持保障体系是根本

首先，要确保政策内容的完整性。如健全法律责任方面的内容、增加个别教育计划方面的规定、增加家长权利方面的规定、增加评估与鉴定方面的规定等等。其次，要增强政策的可操作性。在政策执行的过程中，具体详细的政策规定能防止出现偏差，从而有效保障政策的实施。如《残疾人教育条例》规定了“地方各级人民政府用于义务教育的财政拨款和征收的教育附加费，应当有一定比例用于发展残疾儿童、少年义务教育”，但并没有明确规定具体比例是多少。这就可能导致政策执行主体各行其是，从而使特殊教育经费难以得到保障。因此在制定这项政策时，应明确规定地方教育财政投入和教育附加费中多少比例应用于发展残疾儿童、少年义务教育。第三，要提高政策的权威性。我国当前迫切需要通过法的强制性、规范性等功效，促进特殊教育持续、有序、较快的发展，保障残疾人的受教育权。特殊教育发达的国家普遍出台了国家层面的特殊教育法律，保证了本国特殊教育政策的权威性与强制性。结合我国当前特殊教育政策的现状，我们应尽快制定《特殊教育法》，从而提高特殊教育政策的权威性，促进特殊教育进一步的发展。

（二）改革人力支持保障体系是关键

从长远来看，要改变随班就读专业教师数量不足与专业化水平偏低的问题，需要改革现有职前教师教育模式，建立全纳型职前教师教育模式。我国现有职前教师教育模式是双轨制，分为普通教师教育和特殊教师教育两条轨道，两者各自为政，互不相干。普通教师教育模式由普通教师教育院校承担，培养的是普通学校教师，培养过程中并不特别强调教师应具有照顾差异的能力，也没有开设过有关残疾儿童教育方面的课程，因此培养出来的教师很难胜任随班就读教育教学工作。全纳型职前教师教育模式要求打破两者之间的壁垒，加强联系，最后融为一体。具体分两步走：第一步，加强现有两种职前教师教育模式之间的联系，由普通教师教育院校培养随班就读学科教师及班主任老师，我们可以在普通教师教育院校的课程体

系中开设一些必要的残疾儿童教育方面的课程，规定学生到随班就读班级参加一定时间的教育教学实习，为他们成为合格的随班就读学科教师及班主任老师奠定良好的专业基础；第二步，两种模式逐渐融合，最后合二为一，到那时，不再有普通教师教育和特殊教师教育模式之分，所有的教师教育院校既要开设健全儿童教育方面的课程，也要开设残疾儿童教育方面的课程，学生毕业后能胜任健全儿童和残疾儿童的教育教学工作。

（三）完善财政支持保障体系是重点

随班就读的经费投入不足是我国随班就读教育质量不理想的一个重要原因。在全纳教育的浪潮下，发达国家的特殊教育和普通教育逐渐走向融合，用于特殊教育的主要经费逐渐从“特殊教育学校”转到普通学校随班就读的“残疾儿童少年”，即大部分特殊教育经费用于残疾学生随班就读。学生残疾类别、程度不同，所需经费也不一样。发达国家依据学生残疾类别及程度来划拨特殊教育经费，经费随人头走[11]。借鉴发达国家的成功经验，我们应重点完善县级随班就读常规经费和专项经费互补的财政支持保障体系。具体建议如下：第一，县级建立常规性的特殊教育拨款机制，明确规定不同残疾类别、不同残疾程度学生的经费投入标准，经费划拨跟残疾学生走；第二，中央、省市设立随班就读专项经费，当县级常规经费不能满足普通学校随班就读工作需要时，承担随班就读工作的普通学校可以通过教育行政部门向中央、省市机构申请随班就读专项经费，以弥补县级常规经费的不足。[12]

参考文献：

[1]刘全礼.随班就读教育学——资源教师的理念与实践[M].天津:天津教育出版社,2007.

[2]赖伙琪.为每个特殊儿童提供适合的教育——随班就读现状分析及对策思考[J].现代特殊教育,2014(2).

[3]盛永进.特殊教育学基础[M].北京:教育科学出版社,2011.

[4]李拉.随班就读巡回指导的现实困境与对策[J].现代特殊教育,2012(7).

[5]于素红,朱媛媛.随班就读支持保障体系的建设[J].中国特殊教育,2012(8).

[6]李佳颖.改革开放以来我国特殊教育政策的变迁与发展研究[D].沈阳:沈阳师范大学,2012.

[7]李拉.论随班就读教师队伍的专业化[J].教育理论与实践,2014(17).

[8]彭霞光.中国特殊教育发展报告(2012)[M].北京:教育科学出版社,2013.

[9]王洙,杨希洁,张冲.残疾儿童随班就读质量调查[J].中国特殊教育,2006(5).

[10]彭霞光.中国特殊教育发展面临的六大转变[J].中国特殊教育,2010(9).

[11]谢敬仁,钱丽霞,杨希洁,等.各国特殊教育经费投入和使用及其对我国特殊教育发展的启示[J].中国特殊教育,2009(6).

[12]彭霞光.随班就读支持保障体系建设初探[J].中国特殊教育,2014(11).

Problems with Supporting System of Learning in Regular Classes and Possible Solutions

Tang Ruqian Huang Chunchun

Abstract: Although we have made tremendous achievements in the field of learning in regular classes in the recent 20 years, there is currently a large room for improvement in supporting system of learning in regular class. For example, the government policy of supporting system can be improved on the content, practice and reinforcement; the labor force of supporting system is insufficient and unprofessional; the financial support of supporting system is inadequate and unbalanced. The possible solutions are as follows: the content of the policy should cover more aspects; the practice of the policy should be easy to implement; the reinforcement of the policy needs more government actions to deliver suitable punishment; a system which accepts all the interested applicants, trains and qualifies them for teaching in special education should be established; the general funding and special funding requires to be complementary to each other on the county level.

Key words: learning in regular classes; supporting system; problems; solutions

高职学生学习状况调查分析报告

□ 彭赛红

摘 要 <<< 当前职业教育还不能完全适应经济社会发展的需要，职业院校普遍存在社会认可度不高，学生就业对口率、满意率低，招生困难等难题，主要原因是职业院校培养的毕业生质量与社会的需求还有一定差距。为了深入了解高职学生的学习状况，对我院大一、大二部分学生进行了调查与访谈，旨在加强对学生学习的积极干预，促进高职学生改变学习理念，形成较强学习能力，做学习的高手，成就自信的人生。

关键词 <<< 高职学生；学习状况；调查分析

近年来，我国职业教育事业快速发展，但“当前职业教育还不能完全适应经济社会发展的需要”，职业院校普遍存在社会认可度不高，学生就业对口率、满意率低，招生困难等难题，主要原因是职业学校培养的毕业生质量与社会的需求还有一定差距。而导致这一现状的重要原因是职业院校学生的学习状况不甚理想。

依据我院教务部门的统计，2014年下学期，学院补考总人数为2,161人，课程累计达5,620门次，其中大一2,100多名学生（含300名五年制大专生），补考人数达1,208人，占57.52 %，课程3,220门次；大二为787人，课程累计2,007门次。各系各年级因学习困难退学的学生也不少，建筑艺术系在2014年上学期就有33名学生因旷课和3 ~ 9门课程不及格而被退学。

2014年3月心理健康教育中心组织了长沙职业技术学院学生学习、思想、校园生活调查，共收到有效问卷2,264份，结果发现，超过一半的学生（含大一、大二）存在学习障碍，其中文化基础差的学生占22.6 %，感到专业难度大的学生占18 %，觉得文化与专业都难的学生占12.8 %。调查还发现高职学生学习问题主要表现为：学习倦怠情绪严重，学习效能低下，学习方法不科学，学习心理不健康；消极心理、消极情感体验与消极行为在学生中比较普遍[1]；教师在课堂教学中面对学生起点低、学习主动性不强等状况也是备感无奈、无助、无力；辅导员（班主任）面对学生旷课、沉迷网络、学习挂科等问题也缺乏有效的干预与指导。在我国加快发展现代职业教育，注重高职人才培养的今天，职业院校开展学生学习问题的研究，加强对学生学习的积极干预与引导，提高学生学习成效与学习能力，不断提高教育教学水平，是摆在高职院校面前的突出问题。为此，我们又组织了全院学习心理状况调查，力求开展积极学习干预工作，为学生改变学习理念，形成较强学习能力这一目标提供客观依据和参考指导。

一、调查工具

调查采用自编的《学习心理调查问卷》，此问卷共有18个客观题，2个主观题（开放题），包括学习概况、学习投入、学习能力以及学习反思四个方面。

学习概况（第1 ~ 5题）：指课程偏好、学习信心以及对学习目的的感知等。

学习投入（第9 ~ 13题）：指在学习上投入的金钱、课外时间、精力等。

学习能力（第14 ~ 18题）：指信息搜索与检索能力、学习方法、学习途径等。

学习反思（第7 ~ 8题、第19 ~ 20题）：指对目前学习状况的思考。

二、调查对象

此次调查对象为主校区大一、大二在校学生，共回

作者简介 <<< 彭赛红，女，湖南桃江人，长沙职业技术学院心理健康教研室主任，副教授，湖南长沙，410217。

基金项目 <<< 长沙职业技术学院2014年课题“高职学生学习问题积极心理干预研究”。

收有效问卷1,404份，其中男生932人，女生472人，大一、大二各系有效人数见下表。

表1 各系有效测评人数（人）

系部	机械系	建艺系	经贸系	汽车系	人信系
人数	204	429	426	219	126
总人数			1,404		

三、调查结果与讨论

（一）高职生学习概况

根据调查结果可知，我院学生对学习的认知较为正确，但存在片面性。一方面，大学生能够认识到学习的目的在于掌握知识和能力，适应社会需要，增强竞争力。另一方面，大学生较为浮躁，不能理性认识到学习不仅仅是为了提高个人硬性竞争力，学习的目的还应该在于提高自身素质和修养。

在学习课程喜好度上，我院大学生喜欢的课程依次为专业课（52.8 %）、选修课（20.3 %）、公共课（17.0 %）、基础课（8.9 %）；对课程的难易程度排序依次为专业课（50.1 %）、基础课（41.2 %）、公共课（2.8 %）、选修课（2.8 %）。这可能是由于对于高职生来说，专业课是全新的学科领域，专业性太强，需要投入较多的时间和精力，由此容易感知到更大的难度。另外，由于在中学时期基础较差，高职生要进一步深入学习大学的基础课程则面临着很大的困难。与此同时，在高职生的认知里，专业知识是未来就业的重要资本，其重要性大于基础课程的重要性，故对专业课程学习表示出更大的重视。由此，高职生对学习的热情和信心不足，部分学生表示出退学或者换专业的想法，甚至产生一些厌恶的情绪，详情见下表。

表2 高职生总体学习信心度

热情和信心程度	人数	比例	考虑退学或换专业	人数	比例
有信心	145	10.3 %	经常想	225	16.0 %
没什么信心	758	54 %	有时想	568	40.4 %
有些担忧	406	28.9 %	偶尔想	459	32.6 %
令人烦恼	95	6.8 %	从未想过	152	10.8 %

在学习信心方面，表现出群体差异性（分数越高，信心程度越高）。一方面，学习信心表现出性别差异。男生比女生的学习信心更加不足（t=-2.855，p<0.05）。这可能是由于与女生相比，男生的学习基础更差，对学习感知到更大的难度；另一方面，学习信心表现出专业差异（t=5.040，p<0.05），各系部学生对学习的信心由高至低依次为汽车系、人信系、经贸系、建艺系、机械系。最后，学习信心表现出年级差异，大二学生比大一学生的学习信心更加不足（t=1.898，p=0.058），而从课程难度评价可以看出，大二学生比大一学生对专业课的难度评价更高，由此可知，大二学生主要学习难度较大的专业课程，更容易产生挫败感。

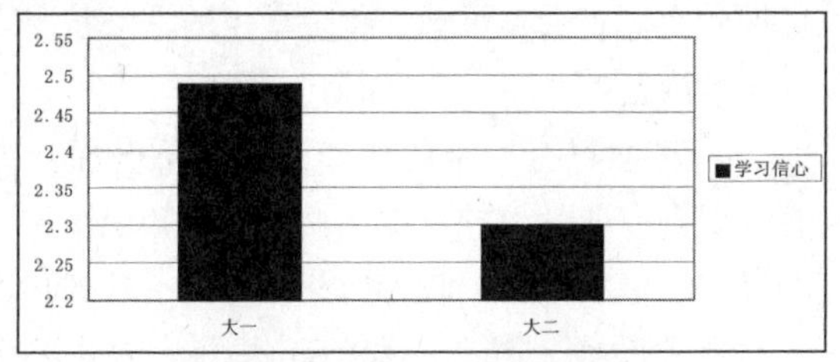

图一 各年级高职生学习信心度

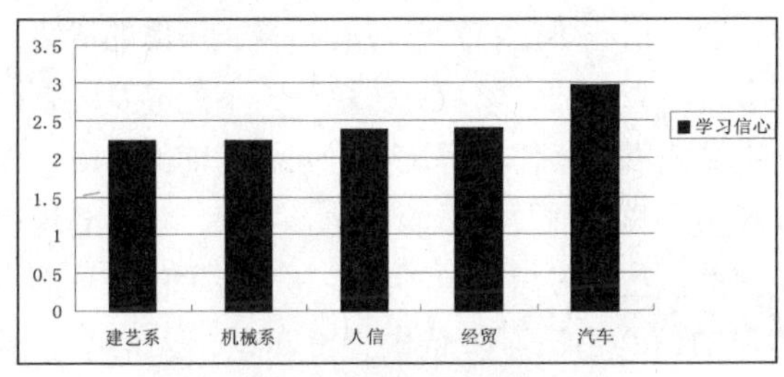

图二 各系高职生学习信心度

（二）高职生学习投入

总体来说，我院高职生对学习表示出一定的重视，但学习投入程度较低。在课堂上，52.3 %的学生基本能集中注意力，但仍有22.1 %的学生经常心不在焉，更有44.2 %学生每周旷课1～2节。在业余生活中，大部分高职生将空闲时间主要用于逛街闲聊、上网游戏以及打工兼职，课余自学时间在1小时以下。这可能是由于我院学生对学习的热情和信心不足，导致其学习兴趣较低，对学习的投入程度随之降低。

（三）高职生学习能力

我院高职生表现出一定的学习能力，但是学习能力不足。一方面，高职生能够使用多种学习方法（如联想法、迁移法）来思考问题，灵活地提高学习效率，也擅长使用互联网搜索课外资源，及时解决疑难问题。另一方面，高职生自主学习能力不足，主要表现为不能够合理制订学习计划，不能够及时对知识进行查漏补缺。

（四）高职生学习反思

结合调查数据以及访谈结果发现，我院高职生认为大学课程的学习价值由大到小依次为实习实训、社会实践、课堂教学。这可能是由于，高职生学习基础差，与实践操作相比，理论学习面临着更大的困难。与此同时，高职生认为，整体学习氛围差、课程设置难是影响其学习效果的外部因素，而自身的投入不足以及学习方法单一则是影响学习效果的内部因素。由此可见，高职生对于自身的学习状况有较为清晰的认知。

四、结论

根据此次调查数据可知，我院学生的学习状况表现出以下几个特点：

第一，对学习有一定的认知，但尚不全面：高职生能够认识到专业学习的重要性，将专业知识作为未来就业的资本，但学习目的较为功利，忽略了基础知识的学习，具有片面性。第二，学习动力不强[2]：主要表现为学习兴趣不浓，自主性差，对学习投入的时间和精力较少；学习信心不足，对学习有担忧、焦虑的情绪。第三，学习能力较弱：学习方法单一，不能够及时查漏补缺；主要依靠网络作为解决学习问题的辅助手段，而较少寻求书本、教师及同学的帮助。第四，学习心理表现出差异性：在学习信心上，女生高于男生；各系部学生对学习的信心由高至低依次为汽车系、人信系、经贸系、建艺系、机械系；大一学生高于大二学生。

五、建议与对策

（一）合理设置课程，提高学习效率

第一，课程目标符合学生成长需要。从学生现有学习基础及学习需要出发设置专业课程与基础课程的内容和形式，缩短教学目标与学习认知水平之间的差距，增强学习自信心；开设丰富多样的公开课及选修课，拓宽高职生知识面，提高其学习兴趣，提升其学习品位与素养。第二，改进教育教学方法，增强课堂效果。一方面，发挥学生的学习自主性和创造性，让教师由“教授者”变为“引导者”，学生由“接受者”变为“发现者”，提高独立思考的能力[3]；另一方面，因材施教，关注个体差异性，加强师生沟通，通过“一对多”答疑与“一对一”帮扶的方式，全面铺开，关注重点，进行针对性教学与辅导，有效解决学生学习困难。

（二）拓宽学习途径，增强学习实效

第一，加强实习实训，促进校企合作。一方面，加大实习实训软硬件设施投入力度，为学生提供检验理论知识，并将理论知识转化为动手操作能力的机会，从而提高其解决实际问题的能力；另一方面，加强校企合作，促进学生与社会、与企业的联结，帮助其了解最新的专业发展趋势及市场人才需求特点，从而有效调整专业学习内容。第二，丰富学习形式，优化校园环境[4]。在全院范围内积极开展主题丰富、形式多样的学习活动和文化活动，营造积极、向上、浓厚的学习氛围，带动大学生自主学习的积极性。

（三）加强学习指导，优化学习心态

第一，加强学习教育：针对本系学生实际情况，对高职生进行引导和教育，端正其学习态度，消除大学生功利化、浮躁的学习心态。第二，加强学习指导：引导高职生合理规划学习生活，培养良好学习习惯，提高其学习自主性，掌握学习方法，提高学习效率，增长自信心。第三，加强学习培训：根据本系专业设置特点，为学生提供针对性、专题性的培训，在及时解决学习问题的同时，提高其专业水平。

参考文献：

[1]李晓莹,李影.高职生学习投入现状调查研究及思考[J].西北成人教育学院学报,2014(6).

[2]李英辉,曲昀卿,郝敏钗.高等职业院校学生学习问题的研究[J].读书文摘,2014(16).

[3]莫雷.教育心理学[M].北京:科学教育出版社,2007.

[4]刘一村.高职院校的学生积极学习心理培养策略[D].西安：西北农林科技大学,2013.

An investigation Analysis Report of Vocational Students Learning Status

Peng Saihong

Abstract: The current vocational education system can't entirely meet the needs of economic and social development. There exist problems in vocational colleges, such as the low rate of counterpart employment and satisfaction, the lack of social satisfaction, the difficulty in admitting new students, etc. The main reason is that the quality of vocational college graduates cannot meet the expectation of social demand. In order to have a thorough understanding of study status of higher vocational students, we made some investigations and interviews of our freshmen and sophomore students, aimed at taking active intervention measures on their learning, and promoting their idea of learning and forming the strong learning ability so that they become good at learning and establish their own life confidence.

Key words: vocational college student; students learning status; investigation analysis

耶鲁何以成其为耶鲁
——基于STP战略视角

□ 石 畅

摘 要 <<< STP战略是市场营销中的重要战略之一，是指引企业走向成功的指南针。其实教育也是一个大市场，其产品不能满足所有顾客的需求。本文从一个全新的视角，采用逆向思维的方式，用STP战略对耶鲁大学的办学成功史进行了全面分析，以期对我国高校办学有所启示。

关键词 <<< STP 战略；耶鲁大学；办学史

自从1969年A.里斯和J.特劳特在美国营销杂志《广告时代》和《工业营销》上发表一系列文章，提出定位这一概念以来，定位的运用已经远远超出了企业营销活动的范畴。定位，是大到一个国家、民族，小到一个企业、学校、家庭必须具备的基本要素。具体到企业活动，市场定位已成为与市场细分、目标市场选择并列的营销战略要素之一，即人们所熟知的STP战略组合。作为美国大学"三巨头"之一的耶鲁大学被称为"学院之母"，不仅执美国大学之牛耳，而且是世界上最负盛名的大学之一。这座缔造了三百年传奇的学术殿堂，不仅为美国培养了大批精英，而且还为世界输送了许多栋梁之才。[1]这一系列辉煌成就的背后承载着一代代"耶鲁人"的艰辛和智慧。本文基于逆向思维的角度，运用市场营销学中的STP战略对其历史进行分析。也许在发展中耶鲁的先驱们并没有具体地运用这种战略，但是笔者经过整理资料和对其校史进行充分研究，采用反推式的方法来为其成功寻找根源。

一、 STP战略概述及其运用的可行性分析

（一）战略概述

STP 战略是市场经济活动中经典的市场营销战略之一，被营销大师菲利普·科特勒认为是当代战略营销的核心。[2]STP战略又称为 STP三部曲，这里"S"指 Segmenting market，即市场细分；"T"指 Targeting market，即选择目标市场；"P"为 Positioning，就是产品定位。STP理论的根本要义在于选择目标消费者或客户,所以又称作市场定位理论。

具体来说，STP战略包括三个步骤：第一，市场细分。市场是一个多种因素相互作用的混合体，是一个竞争激烈的地方，优胜劣汰是其基本法则，但是，企业的供应能力是有限的，如何在复杂环境中凸显优势，这就需要根据购买者对产品或营销组合的不同需要，将市场分为若干个由相似需求构成的顾客群体，并勾勒出细分市场的轮廓。第二，选择目标市场，这个环节的重要性是不言而喻的，直接关系到企业的成败，此时，企业应该本着实事求是的原则，根据自身长期发展目标和服务能力，选择跟自身发展战略和产品情况相符合的顾客群。第三，产品定位，其实是一种品牌战略，让顾客感知到企业商品的存在价值，并且使其成为产品的回头客，以获取自身的忠实顾客群，取得最大的社会效益。

（二）战略在高校管理中的可行性分析

教育如同一个复杂多变的大市场，如何在市场上获

作者简介 <<< 石畅，女，长沙职业技术学院特殊教育与学前教育系教师，硕士，湖南长沙，410217。

基金项目 <<< 湖南特殊教育研究基地部分成果。

得更多的市场份额，如何赢得更好的社会信任度和美誉度是每个高校孜孜不倦追求的奋斗目标。在教育市场上，高校提供教育和各种学习机会与资源，社会和用人单位就是学校的用户，高校的毕业生就成为高校生产的产品。在这种状态下，作为事业单位的高校与企业就有了相同之处，即把自己提供的产品销售出去。这种特殊的产品的销售过程就是大学生就业过程。就业问题给各高校带了巨大的压力，为了使学生更有市场竞争力，有许多高校以就业作为人才培养的唯一目标，更有甚者把就业率作为专业存亡的唯一指标。其实，可以应用 STP 战略理论，每个高校根据社会和企业不同需求进行细分市场。细分以后，各个高校根据自身的优势和竞争高校的情况，找准定位，培养更多社会需要的人才。因此，STP战略同样适合高等学校的建设与发展。

高校的战略管理在此时显得尤为重要，在高校成功的道路上每一个步子都承载着STP战略，在无形中STP战略已经成为高校成功路上不可缺少的一环。笔者在经过不断研究耶鲁校史的基础上，用反推的方式对耶鲁的办学成功史进行了分析。

二、 基于STP战略分析耶鲁大学办学史

（一）S战略：市场细分

市场细分即根据自身情况来把整个教育大市场分为若干个有规律可循的小市场，以区别不同消费群体的需求。耶鲁大学的市场细分具体而言可以从其学院的设置来分析。

耶鲁大学根据自身情况和学生的需求，不断增设学院和专业，每个学院或专业的设立代表了耶鲁根据内外因情况而细分子市场以满足不同消费者的需求。

1701年，耶鲁大学开始创建，这时候由于条件简陋，耶鲁只有一名教师和一名学生，大学具有宗教价值。1777年，斯泰尔斯牧师拟定了“大学规划”，初拟加设四个教授职位：法律、医学、文学及教会史。后来，德怀特校长和戴校长按欧洲大学传统筹建了三个独立的专门学院：医学院（1810—1813）、神学院（1822）及法学院（1824）。这三所学院标志着耶鲁大学向文科大学方向发展。1852年，耶鲁正式有权授予哲学学士学位，同时，工程学院也建立了。1854年，成立由化学、工程与冶金、分析化学、工业机械学组成的耶鲁科学院，后更名为“谢菲尔德学院”，该学院很快在美国科学工程院中名列前茅。1865年，耶鲁成立了美国第一所隶属于大学的艺术学院。

19世纪末20世纪初，美国教育发展迅速，各高校的专业设置增多，专业分工变细，跨学科研究开始产生。耶鲁大学顺应这种形势的发展，先后成立了耶鲁音乐学院（1894）、林学院（1900）、护理学院（1923）、心理研究所（1924）、人类关系研究所（1929）。[3]至此，无论是办学规模还是学科门类，耶鲁均已逐步完善，朝着综合性大学的方向发展。

初创时，耶鲁只是注重传统、十分保守的教会学校，它的办学宗旨是：“继承欧洲人文科学传统，为教会，更具体说是为公理教会培养神职人员。”[4]如今，耶鲁已经成为享誉全球的知名大学，其使命是：“通过教学培养学生欣赏人类成就的能力，通过研究为人类成就进一步增添异彩。”它的目标已经远远超出了国家、民族的范畴，而是涉及全世界人类的根本利益。

通过以上分析，笔者认为S战略在耶鲁成功史上是清晰可见的，一系列的学院设立和专业设立已经使其朝着大综合的方向发展，可以说其专业分工之细、学科门类之多达到了无孔不入的境地，岁月的积淀使它的发展更加平稳健康。

（二）T战略：选择目标市场

教育是一个纷繁复杂的大市场，每所高校都在尽力完善自身来适应更多师生的需求。可是正如企业市场营销时所遇到的困境一样，没有一所高校能做到尽善尽美。此时，就要求高校根据自身的实际情况和市场的需求情况，来重点发展自己的特色专业和潜力学院。

耶鲁大学的学科门类齐全，专业设置完备，但是它的发展也是有所侧重的。具体来说，可以从以下几个方面展现：

首先，从办学理念上看，耶鲁大学建校三百年以来，一直坚持学术的正统性，重视传统学科的价值，并以人文科学的成就和影响闻名全美乃至世界，而它所成就的这一切离不开耶鲁校园中不断发扬光大的自由、民主、包容和开拓创新氛围的保障。耶鲁人坚守人文科学传统长盛不衰，即是缘于耶鲁人认为人文科学教育的根本意义是自由，自由地探究自由的思想，自由地表达自由的思想，在探求真理的过程中自由地将其与其他思想

和其他精神相联系。这种信念引领着耶鲁走向人文科学的殿堂，并获得了令人注目的斐然成就。出色的英语系和历史系、师资雄厚的哲学系、惠特尼人文科学研究中心都是耶鲁人文科学实力的有力见证，而众多杰出和知名的校友更成为自由教育成功的典范。所以，未来的耶鲁学院将继续推崇自由教育的理念，让人文科学教育的传统一直延续下去。[5]

从办学传统上看，耶鲁坚持本科教育优先和通识教育的理念。耶鲁对学生进行通识教育，将前两年的“广度教育”与后两年的“深度教育”相结合。为了保证本科教育的特色和优势，耶鲁竭尽所能配备优良的师资。[5]在学术中有高深造诣的各名师都担任本科生的教学工作，他们的学识和品德使学生终身受益。直至今天，它仍然保持了这一传统，是耶鲁的学生质量优越的重要原因。

总之，耶鲁始终坚持稳健与开拓的风格，在保守中发展，在传统的基础上创新，为争取个体独立、维护学术自主而不断努力。同时，耶鲁自始至终以沉静、稳操胜券的胸襟和自信有条不紊地控制着改革的进程。[6]

其次，从管理体制上看，耶鲁推行的是董事会制。在美国高等教育领域，董事会是其基本制度，而这种管理体制的首倡者与引领者正是耶鲁大学。耶鲁是一个复杂的整体，校董会是其最高权力机构。各院的教育方针和教育政策是在校董会的指导下制定的。不同于哈佛的双会制，耶鲁保守的管理层在大学变革中坚持渐进与累积的方式，竭力避免否定过去的颠覆性的变化，亦无仓促的变革行动。[7]

同时，耶鲁推行的是教授治校的方针，教授会的权力不容忽视。耶鲁有两个最大的教授会，分别是文理科大学教授会和耶鲁学院教授会。耶鲁学院教授会是耶鲁学院的“终极权威”，在校园生活中起着举足轻重的作用。

校董会治校，教授管理，是耶鲁对美国高等教育最大的贡献之一。因此，当代著名高等教育家克拉克·克尔曾指出：“在美国最早把大权交给教授的主要大学是耶鲁。”可见，耶鲁在发展时始终明白自己该选择的目标市场是什么，自己该走怎样的路。在保守中坚持立场，在创新中引领道路，这就是耶鲁选择目标市场成功的秘诀。

最后，从生源上看，耶鲁更加注重的是学生的发展潜力和才华。自建校以来，耶鲁一直吸收品学兼优但家境贫寒的学生，他们只需支付少量的学费。耶鲁校方认为，压低收费标准，使普通家庭子女能上学，这一措施很重要。这些青年可能是耶鲁希望招到的最聪明好学、最有成功希望的学生。[3]正是这一思想的指导，耶鲁迎接了一批批勤奋好学、才华横溢的青年，成就了耶鲁的辉煌。

（三）P战略：产品定位

没有很好的产品定位，那么前面的细分和选择就不能发挥最大作用。耶鲁的成功是点滴积累才达到的，它的定位很精细，可以体现在每个不同发展阶段其制定的发展目标上：

第一阶段，是初创期（1701—1739）。耶鲁的发展起源于一名校长和一名学生，是作为教会学校而建立的。1717年至1718年，耶鲁学院成立。

第二阶段，向具有大学精神的学院发展（1740—1795）。莱普校长是耶鲁的第一位积极组织管理与改革者。改革体现在以下几个方面：制订了新宪章；增加了学院的硬件设施；设立了第一个教授职位；丰富学习内容并严格制定学习与考试制度。这使得学院在物质条件上接近大学的水平。斯泰尔斯校长的包容性，鼓励追求真理又使耶鲁更加具有了大学的灵魂。

第三阶段，成为具有全国影响力的大学（1795—1899）。这一时期，耶鲁从各方面全面提升自身的水平。西利曼校长开创了一门矿物学课程，在发展耶鲁自然科学研究方面做出了贡献，扩大了耶鲁的影响。《1828年耶鲁报告》的出台，使耶鲁大学保守的做法有所改进，开始注重课程的实用性，把训练和装备看成大学的重要职责。随着第10任校长伍尔西的上任，耶鲁大学的学科和专业设置走上了专业化的道路。

第四阶段，建设成研究型大学（1899—1950）。这一阶段，哈德利校长进行了大学的重组，主要表现为结合紧密的院系架构和整体发展计划。安吉尔校长强调提高思维能力和智力水平，着手把耶鲁建设成研究型大学，全力提高大学的整体学术水平。西摩校长巩固研究型大学的成果，在处理实用和大学职责关系问题上，积极保护其弱势学科。

第五阶段，迈向世界一流学府，为人类做贡献

（1950— ）。耶鲁把拓宽知识面确定为耶鲁未来的智力发展方向，坚持学术自由，不断提高入学标准和本科生教育质量，同时要求学校所有的学科都达到优秀。正是这种严谨求实的历史积淀和不断创新成就了今天的耶鲁。作为世界一流大学的耶鲁大学，由创建到形成自己的办学特色和文化传统，直至成为世界名校，经历了长期的建设历程。

三、耶鲁大学的成功给我国高等教育的启示

（一）认清教育的本质，始终把教学与科研摆在首位，注重本科教学

耶鲁大学自始至终认清教育的本质，理解教育的真谛，以致教师无论级别高低都愿意为本科生上课，这一点是现如今很多教授都很难做到的。无论处于什么阶段，耶鲁大学始终把培养本科生看成自己的首要任务，耶鲁学院是其最大、历史最悠久的学院。但在我国，由于重科研轻教学思想的影响，教师多追逐于学术的名利场，而不是从事出力不讨好的教学工作。对此，我们必须以耶鲁大学为借鉴，大力推进制度和思想上的改革和引导，从本质上推动本科教学工作的不断强化。

（二）制定每个阶段的发展目标，作好STP战略规划

耶鲁的成功很大一部分原因是由于其定位准确，每走一步都很稳健。我国很多高校没有战略意识，一味谋求大而全的形式。近年来，形式上达到世界规定的标准、成为世界一流大学成为我国高校的发展目标。但是，如何发展自身、采取什么方式却被忽视。殊不知，当标准改变时此类学校该何去何从此时成为一个值得深思的问题。

（三）以人文本，特色办学，形成全球视野

耶鲁始终坚守人文科学传统，主张学术自由，把学术当成其第一位的追求，坚持教授民主治校，这一系列的传统成就了其辉煌的历史。其实，办大学关键是有学术专精的教授。大学应该围绕师生的需求和培养需求，以人为中心来办学。耶鲁在习惯上或是传统上就是自觉不自觉地等待别人去探路，观察他们的进程，然后选择一种中间道路。因此，耶鲁在自主选择道路的基础上取得了长足进步。耶鲁一直坚持保守主义，一直走向了成功。[8]可见，高校应该有自身坚定不移的办学理念。同时，要有全球视野，把教育当成解放全人类的事业而不断奋斗。

参考文献：

[1]杨婧.论耶鲁大学办学理念与精神的历史传承[J].继续教育研究,2007(4).

[2]杨月巧.STP战略在高校人才培养目标定位中的应用[J].教育与职业,2010(9).

[3]陈宏薇.耶鲁大学[M].长沙:湖南大学出版社,1996.

[4]张金辉.耶鲁大学办学史研究[M].北京:中央编译出版社,2009.

[5]沈佳乐.耶鲁学院的办学理念与本科教育特色[J].高等农业教育,2005(10).

[6]宋旭红.哈佛与耶鲁:大学特色生成与发展的两种不同模式[J].高等工程教育研究,2006(1).

[7]王英杰.论大学的保守型——美国耶鲁大学的文化品格[J].比较教育研究,2003(3).

[8]Brooks Mather Kelly. Yale: A History[M].New Haven: Yale University Press,1974.

How Yale To Be Yale

— From the perspective of STP strategy

Shi Chang

Abstract: STP strategy is one of the important strategies in marketing, which can function as a compass to guide a company to success. In fact, education is also a big market, whose products may not meet the needs of all customers. From a brand-new perspective and with the method of reverse thinking, this paper adopts STP strategy and makes an overall analysis of Yale University's successful school running history, hoping to get enlightenment for our country's university running.

Key words: STP strategy； Yale University； school running history

基于微信的高校学生党建工作体系研究

□ 何 锋

摘 要 <<< 利用微信工具的特点和优势，将微信平台引入高校党建体系，可以更好地做好党建工作。但微信平台也是把双刃剑，也存在一定的弊端，所以高校的党建工作者需要扬长避短，正确引导规范微信平台行为，做好党建工作。

关键词 <<< 微信；高校学生；党建

一、微信的功能特点分析

（一）微信改变了学生的社交形式

近年来，随着科技信息技术的不断发展，人们的生活中出现了很多新型的社交网络，微信就是其中的一种。而学生作为社会的新生代力量，往往会率先接触这些新型的社交网络。微信大多是使用手机号登录，并通过捆绑匹配手机通讯录，使得微信的联系人和用户手机的通讯录相联系，使得用户可以通过手机通讯录添加微信好友。同时，微信上的其他功能还可以让人们的交往范围扩大，比如扫一扫、摇一摇、漂流瓶等，都能使用户与陌生人之间进行交往，使得人际交往的形式更加丰富。

（二）微信满足了用户的认知需求

在微信中，用户可以关注很多公众号，并且微信会自动给用户推送新闻资讯，这也使得用户可以更加方便地获取新闻信息。同时，个人用户可以通过有选择地关注公众微信账号来获取自己比较感兴趣的信息。另外，如果遇到喜欢的内容，还可以转发给朋友、转发到朋友圈或是使用收藏功能，从而更加方便再次阅读，满足了用户的信息共享需求。

（三）微信提供了展现自我的平台

随着社会的不断发展，人与人之间的交流反倒在减少，缺乏沟通，很多人也就没有展现自我的机会。而在微信上，人们就可以多交流，加强沟通，通过聊天来发掘自身的潜能，提升个人的价值。用户可以在微信朋友圈中更新动态，表达自己的心情或是通过分享一些感兴趣的文章来与他人产生共鸣、互动，就很可能会被关注和认可，从中可以获得自我满足感，还可以加强与朋友之间的沟通[1]。

（四）微信达到了缓解焦虑的目的

社会给予学生的压力越来越大，在压力较大的生活环境中，人往往都会感到非常焦虑。用户使用微信可以与他人聊天交流，微信还可以作为一个娱乐平台供用户释放内心压力。现代生活中，人们很少具有整块的时间去娱乐，而微信就满足了用户娱乐时间的碎片化需求，让用户可以在零散的娱乐实践中释放内心压力，缓解焦虑。

二、利用微信开展高校学生党建工作的必要性

（一）传统教育方式的不足，是利用微信开展高校学生党建工作的现实原因

我国的高校，针对学生党员、入党积极分子等学生，都需要传授一些关于党的基本知识和基本理论。如今在大多数高校中，往往是使用灌输的方式来给学生党员和入党积极分子传授知识和基本理论，这样的方式非常单一也非常生硬，很多学生对此并不感兴趣，但是却又不得不学习。这种被动的接受状态会使得很多学生对接受这些知识和理论产生抵触的情绪，使得教育工作不能顺利进行，达不到教育的目的。而其他的一些教育方式，包括宣传橱窗、校内网等，信息的传输渠道都比较

作者简介 <<< 何锋，男，黄冈师范学院，副教授，湖北黄冈，438000。

具有限制性，会受到时间、空间等多种因素的限制，使得教育的效果并不明显。

由于微信目前在学生中的使用范围非常广，大概有80 %的学生都会使用微信，微信兼具娱乐性和实用性，所以可以满足学生的很多需求，也可以满足学生对于一些新鲜事物的追求。在微信中，信息的传递不仅仅可以通过文字，还可以通过图片、短视频、语音等方式进行传输，传输方式的多样化使得学生更加青睐于微信。同时，微信可以使得大学生的社交圈更加开阔，便于学生与他人的交流。如果高校中的学生党建工作结合微信，就可以更加贴近学生的生活，并且在学生使用微信娱乐的同时，还可以对党建工作多加关注，会使得党建工作不是距离学生很远，而是学生生活中的一部分，这样可以使得学生多方位地接受党的知识教育[2]。

（二）庞大的大学生用户，是利用微信开展高校学生党建工作的必然选择

随着科技的不断发展，人们大多都使用了智能手机，越来越多的人加入到一些通信软件使用行列中，使用手机上网。在我国的网民中，有80 %的网民是通过手机上网的。而学生作为接受新鲜事物能力非常强的群体，在网民中占有非常大的比例。在手机的即时通信类应用中，微信位居榜首，有85 %的手机即时通信用户都会使用微信。微信平台是免费的，加上学生的好奇心比较重，会愿意学习使用一些新型软件。微信的交流方式是一对一的，那么在党建工作中，对于党的知识的传授就可以更加具有针对性。微信还可以建立微信群，那么大学生党员、入党积极分子就可以通过微信与其他人进行联系，还可以共同加入到一个微信群中，共同讨论党的知识。这也为党建工作通过微信开展提供了条件。

（三）利用微信开展高校学生党建工作，抢占思想政治教育新阵地

在我国中共中央国务院新颁发的《关于进一步加强和改进大学生思想政治教育的意见》中，要求对于大学生的思想政治教育需要更加主动，尽快占据网络这一个新的阵地，在网络上加强对学生思想政治的教育，使得学生接受思想政治教育的渠道更加丰富。微信是近几年发展非常迅猛的软件，超越了人们传统使用的QQ，也超越了新流行起来的微博。微信的发展也给高等教育的改革和发展提供了条件，带来了新的生机。在高校中，要做好思想政治教育工作，可以通过多了解学生的兴趣所在。由于微信在学生中的影响非常大，学校可以利用微信构建党建工作的平台，使得党建工作可以贴近学生的生活，促进党建工作的开展。

三、微信在高校党建工作中的使用现状和不足

（一）微信在党建工作中的使用频率低

由于我国的众多高校还大多采用传统的方式传输党的知识，并没有意识到微信在学生中的影响，也没有注意到微信平台可以促进党建工作的开展，所以并没有在微信中建立相关的平台。在我国的高校中，比较懂得利用网络的高校也仅仅是使用QQ或是飞信的方式群发消息来传递信息、发布通知，从而进行党建宣传工作。在微信中，也仅仅是一些党支部之间建立微信群进行相关内容的讨论，并没有大规模地开展党建活动的宣传工作。微信的力量不止于此，微信公众平台的影响力就非常巨大，而我国的绝大多数高校并没有在党建工作中加以实施和操作[3]。

（二）利用功能单一，内容吸引力不足

目前，我国高校中开展党建工作的人员使用微信也往往只是与其他工作人员进行交流，或是使用微信群来发布党建信息，但是这些都只是在一个小范围内的交流，相当于使用QQ和QQ群，并没有质的改变和进步。这就是党建工作对微信功能的利用非常单一的表现，加上发布的内容深度不够，难以吸引人的注意力。

（三）没有与其他网络载体形成系统的微信工作体系

由于绝大多数的高校针对党建工作，在微信中使用非常单一的功能，并且也没有采用其他的网络载体一起施力，没有实现虚拟社交平台的交互连接。在学生中，虽然微信的使用范围非常广，但是仅仅依靠信息传输这样一个渠道，还是很难达到党建工作所需要的效果。

四、利用微信创新高校学生党建工作的途径

（一）开发自助查询功能，推出服务管理新举措

微信本身是一个大学生大多都会使用的平台，如果将这个平台充分利用起来，就可以大力推动党建工作的进行。对于学生党员、入党积极分子和其他学生而言，微信是一种获取信息的载体，高校可以建立一个微信公众平台，使用微信的查询功能，使得党建信息库和微信平台形成对接，那么微信用户就可以使用微信来查看学

生党建工作的相关信息。

对于微信公众平台的设置也非常重要，可以设置关键词的自动回复功能，比如在学生关注这个微信公众平台之后，自动回复给学生一条消息，告知“1”、“2”等数字所代表的意思或是某些关键词所代表的意思（回复“1”即为进入服务主页，回复“2”即为进入党务管理页面等），那么学生就可以通过回复关键词得到微信平台的自动回复而不需要管理人员一一回复，提高了工作效率。

（二）开展信息推送服务，拓展党建教育新平台

微信公众平台具有锐动信息的功能，这也是微信与其他通信软件相比的特有功能，并且可以保证关注公众号的学生都能够收到微信平台推送的信息，使得教育的效果大大提升。高校就需要通过这样的方式将微信平台建设成为学生党员、入党积极分子随时都能够学习党的知识和理论的平台，那么党建工作的进行将会顺利很多。比如就可以在微信平台下方的选项中列出“微党课”这一项，学生用户点进“微党课”之后，就可以进行专题学习，从而提高自己对于党的认识。微信平台也需要经常利用推送服务推送一些有关党支部的动态、公告等信息，还可以推送一些重要的学习内容。用户使用微信往往是用来打发零碎的空闲时间，那么学生用户就可以充分利用起自己的空闲时间来学习党的知识，微信也就成为了党支部学习和沟通的重要渠道[4]。

微信公众平台分为服务号、订阅号和企业号，高校要通过微信开展党建工作就需要从服务号和订阅号中进行选择。而服务号在一个自然月中可以发送四条群发消息，订阅号每24小时就可以发送一条消息，由此可见服务号所能发送消息的频率过低，大多数学校应该都会选择订阅号进行消息的推送。推送的内容也不仅仅局限于党的知识、理论等，还可以是一些社会热点话题，比如雾霾问题、养老问题等，让学生能够使用自己零碎的闲暇时间关注这些时事，关注党的重要方针，帮助党建工作顺利开展。

（三）开辟全新互动功能，畅通沟通联系新渠道

高校使用微信平台开展党建工作，不仅仅可以通过推送信息的方式传递党的知识和理论，还可以在这个平台上与学生用户多交流。微信公众平台是具有回复的功能的，学生在收到微信公众号的消息之后就可以发表自己的意见和建议，所以公众号的管理者需要在平台上广泛地收集用户对于学生党建工作的意见和建议，并且根据实际情况进行整改，从而提高工作水平。针对一些学生的疑问，也可以进行互动，使得支部和学生之间的互动成为一种很平常的沟通，贴近学生的生活，促进党建工作的进行。

微信平台还具有互动和分享的功能，一些专业或是年级较多的党支部，就可以利用起微信中的“微分享”或是“微活动”等项目，使学生用户能够对这个公众平台充满兴趣，让微信这个平台成为学生党员和入党积极分子共同学习、实践的平台，进一步促进党建工作的开展。

五、结语

信息技术发展迅猛，各个高校需要抓住机遇，利用好微信工具，将微信平台引入高校党建体系，做好党建工作。微信具有其本身的特点和优势，但网络平台也是双刃剑，利用微信来促进党建工作的进行也具有一定的风险，所以高校的党建工作者需要充分发挥微信的作用，规避风险，正确引导规范平台行为，增强党建工作的效果。

参考文献：

[1]何小红.对新媒体时代大学生党建工作创新分析[J].当代教育实践与教学研究,2016(6).

[2]廖金宝.利用微信开展高校学生党建工作的几点思考[J].白城师范学院学报,2014(2).

[3]孔德明.论依托微信创新高职院校学生党建工作[J].企业家天地,2013(2).

[4]茹阳."党建微信平台"是高校党建工作的新途径[J].考试周刊,2014(48).

Using WeChat to Enhance the Work of Party Building for College Students

He Feng

Abstract: There are advantages of using WeChat to enhance the work of party building for college students. However, each coin has two sides. We should maximize the strengths, minimize the weaknesses of WeChat and guide our students to use it correctly, making it helpful to the work of party building.

Key words: WeChat; college students; party building

助行器起坐系统优化模型研究

□ 张 霞

摘 要 <<< 本文介绍了助行器起坐系统的原理和结构，分析了其主要元器件的数学模型。基于变分法，建立了助行器起坐系统卧姿转换到坐姿过程的优化模型，运用MATLAB计算分析并建立了系统仿真模型。通过仿真，说明了该优化模型的有效性。

关键词 <<< 起坐系统；电控系统；变分法；优化模型

一、前言

具有协助患者进行康复训练的助行器，不仅能够协助行走，还能够协助患者独立进行康复训练和调整坐姿与卧姿，提高患者生活自理能力。助行器上不同的操控系统具有不同的功能，患者独立调整其坐姿和卧姿是通过助行器的起坐系统实现的。起坐系统根据患者的操作意图，控制相应的操控机构，使患者保持理想的姿势。[1]

起坐系统的性能取决于其驱动方式和控制系统的性能。由于直流力矩电动机具有动态响应迅速、速度和位置的精度高、伺服刚度高、特性的线性度好、结构紧凑、运行可靠、维护方便、震动小、机械噪声小等优点，驱动系统采用直流力矩电机。

起坐系统主要功能是协助患者独立调整坐姿和卧姿，其主要是由电控系统组成，通过齿轮传动实现其目的。电控系统原理简图如图1所示。患者通过操作手柄和按钮向起坐系统发送操作指令，电控单元根据指令协调控制电机和齿轮传动机构，使之能够协助患者独立调整坐姿与卧姿。

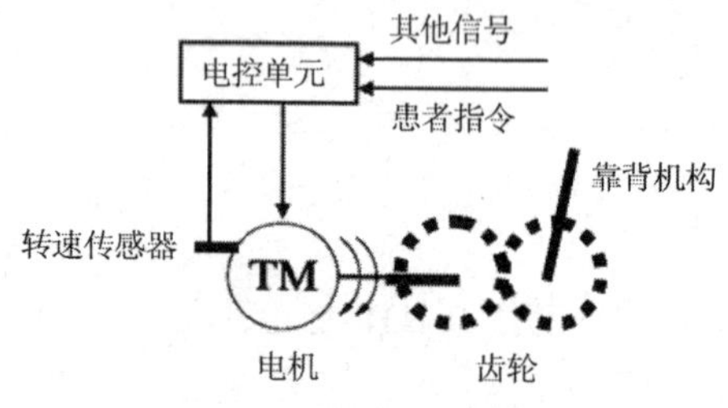

图1 电控系统原理简图

根据患者的操作指令，电机转速信号和其他输入信号等计算出所需的推动力和转速，根据计算出的推动力和转速，计算出电机的控制量，通过控制量使电机运动，电机与主动齿轮是刚性连接，从而驱动主动齿轮转动。起坐系统的靠背与被动齿轮是刚性连接，当被动齿轮做旋转运动时，靠背也做同样转速和方向的旋转运动。

当患者躺在助行器的起坐系统上，需要从卧姿转换到坐姿时，发送起坐指令到电控系统的电控单元，电控单元控制整个系统执行动作，推动患者坐起的靠背从水平位置旋转到与水平位置成一定角度的倾斜位置，使患者从卧姿转换到坐姿。在整个转换过程中，与靠背连接为一体的被动齿轮使靠背做旋转运动，靠背的转速与被动齿轮的转速相等，考虑到患者的舒适度、执行动作的安全性以及系统的运行效率，主被动齿轮的角加速度和转速需要优化控制。

二、起坐系统模型

为实现起坐系统对患者从卧姿到坐姿的整个起坐过程的优化控制，对起坐系统特性进行了研究，并根据变

作者简介 <<< 张霞，男，长沙职业技术学院汽车工程系主任，副教授，湖南长沙，410217。

基金项目 <<< 2014年湖南省高校科学研究项目（项目编号：14C0133）。

分法建立了起坐过程的优化控制模型。

对起坐过程实施控制就是控制齿轮的转速，电控单元通过控制电机的控制量，使电机做旋转运动，驱动齿轮做旋转运动，因此整个控制过程就是电控系统控制电机的过程。

（一）电机的工作原理和数学模型。

直流电机电枢电路原理图[2]如图2所示：

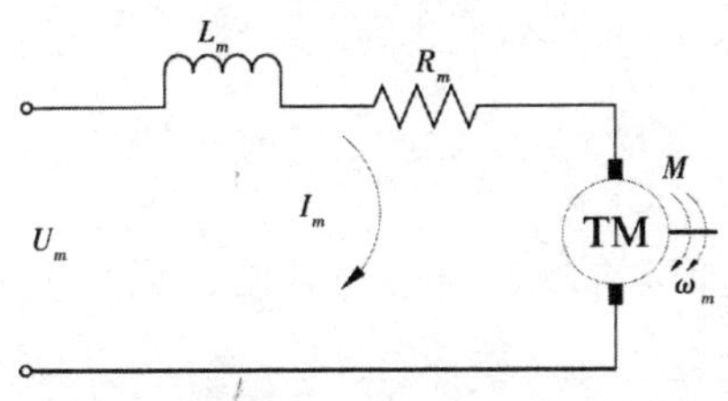

图2 直流电机电枢电路原理

图中，U_m 为电机的输入电压，R_m 为电机电枢电阻，L_m 为电机电枢电感，I_m 为通过电枢的电流，ω_m 为电机轴的转速，M 为电磁力矩。

由基尔霍夫电压定律有：

$$U_m = L\frac{\mathrm{d}I}{\mathrm{d}t} + R_m I + C_e \omega_m \quad (1)$$

式中 C_e 为电动势常数。

由动力学方程得：

$$M = C_m I = M_L + f\omega_m + J\frac{\mathrm{d}\omega_m}{\mathrm{d}t} \quad (2)$$

式中 C_m 为转矩常数，f 为集中黏性摩擦系数，M_L 为负载力矩，J 为电机的转动惯量。

通过化简式（1）和式（2）以及忽略 f 的影响可得：

$$\frac{U_m}{C} = T_M T_L\frac{\mathrm{d}^2\omega_m}{\mathrm{d}t^2} + T_M\frac{\omega_m}{\mathrm{d}t} + \omega_m + \frac{M_L}{C} \quad (3)$$

式中 T_M 为电机的机电时间常数，$T_M = \frac{JR_m}{C_e C_m}$；$T_L$ 为电机的电磁时间常数，$T_L = \frac{L_m}{R_m}$。

电机侧的主动齿轮驱动靠背机构侧的被动齿轮转动，设两齿轮的传动比为 i。两齿轮的啮合处线速度相等，角速度为 i 倍关系。由式中可知，电控单元的输出控制电压 u_0 决定齿轮的运动速度 ω_m。

（二）优化模型的建立

患者发出控制指令要求电控系统使患者从卧姿转换到坐姿，在这个转换过程中，齿轮从零转速变换到有转速做加速运动，并且加速到一定转速后，齿轮做匀速运动，当靠背快要到达坐姿位置时，齿轮开始做减速运动，当靠背到达预定位置时，齿轮停止运动转速为零。因此整个过程可以分为三个阶段：加速阶段、匀速阶段、减速阶段。

这三个阶段的速度-时间曲线图如图3所示。加速阶段齿轮按照一定的加速度从零转速加速到预定的转速，对应图中的0～t_c段；匀速阶段齿轮按照预定的转速做匀速运动，对应图中的t_c～t_d段；减速阶段齿轮按照一定的加速度减速到零转速，对应图中的t_d到结束时刻。加速阶段最末时刻的速度是匀速阶段的速度，也是减速阶段的初始速度，加速阶段与减速阶段的加速度的绝对值按时间对称。

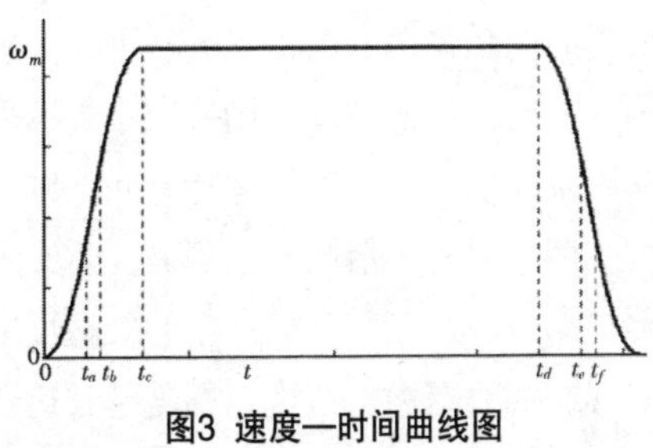

图3 速度—时间曲线图

对于是病人的患者来说，首先要考虑到转换过程的舒适度，该过程应该平稳可靠，使患者感觉到该过程比较舒服；其次考虑到系统的效率，该转换过程所需时间应该尽量短。因此患者的高舒适度和更好的转换时间可作为整个起坐系统的优化目标。

患者的舒适度和系统的运行效率主要体现在加速阶段和减速阶段，如图3所示，加速阶段和减速阶段的速度，加速度的绝对值按时间对称，在优化时只需优化加速阶段，而减速阶段采用对称的方法即可。

患者的舒适度主要取决于加速阶段和减速阶段的加速度和加速度变化率。其高低与齿轮的加速度 α 和加速度变化率 $\frac{\mathrm{d}\alpha}{\mathrm{d}t}$ 有关，α 和 $\frac{\mathrm{d}\alpha}{\mathrm{d}t}$ 越小，舒适度越高；α 和 $\frac{\mathrm{d}\alpha}{\mathrm{d}t}$ 越大，舒适度越低。要提高患者的舒适度，则要求在加减速的过程中齿轮的 α 和 $\frac{\mathrm{d}\alpha}{\mathrm{d}t}$ 要尽量小。

对于系统效率，即转换时间，我们可知：转换时间越短，效率越高；转换时间越长，效率越低。转换时间与电机的转速 ω_m 和 α 有关，ω_m 和 α 越大，转换时间越短。因此要提高系统效率，缩短转换时间，则要提高速度 ω_m 和加速度 α，其中 $\frac{d\omega_m}{dt}=\alpha(t)$。

在加速阶段为了提高患者的舒适度，同时兼顾系统效率，加速阶段分为三个时间段，如图3所示，每个时间段的加速度运行方式不一样。

0 ~ t_a 段的加速度增加时间段，初始时刻的加速度 $\alpha=0$；加速度增加结束时刻 t_a 的加速度 α_a 为整个过程最大加速度；t_a ~ t_b 时间段为匀加速运动时间段，加速度 α_a 维持不变；t_b ~ t_c 时间段为加速度减小时间段，在 t_c 时刻加速度为0，速度 ω_c 最大。

对整个起坐系统来说，实现对坐姿到卧姿的转换过程的优化控制就是要使整个加速过程舒适度最高，并且加速过程所需时间尽量短。由以上分析可知，这是多目标优化问题，如要提高舒适度，则要减小加速度和加速度的变化率以及速度；如要缩短运行时间，则要增加加速度和速度。两个目标不能同时达到最优化，不能同时兼顾。如要提高效率，则需降低一定的舒适度来缩短一定的运行时间；如要提高舒适度，则需延长运行时间。为了兼顾两个目标，在总目标中对不同的子目标赋予相应的权重系数，把多目标优化问题转化为单目标优化问题。转换过程是在一定的时间内完成的，因此可取性能指标为某一函数在这一时间内的积分。

整个转换过程，影响患者舒适度的主要因素是加速度的变化率，为了简化问题，在舒适度指标中只把加速度的变化率引入到优化目标函数中。而将加速度的大小作为优化目标函数的边界条件，这里的加速度指的是整个过程的最大加速度和平均加速度，其中最大加速度反映极端的舒适度，而平均加速度反映整体的舒适度。

综上所述，取性能指标为：

$$J=\int_0^{t_a}(1+\lambda(\frac{d\alpha}{dt})^2)dt+\int_{t_a}^{t_b}(1+\lambda(\frac{d\alpha}{dt})^2)dt+\int_{t_b}^{t_c}(1+\lambda(\frac{d\alpha}{dt})^2)dt \tag{4}$$

式中 t_a、t_b、t_c 分别为加速度增加阶段、匀加速度阶段和加速度减小阶段的运行时间，α 是角加速度随时间的函数，λ 为加权系数。

由前述可知，加速阶段与减速阶段按时间对称，加速度的绝对值相等，两阶段的运行时间相等，即 $t_a=t_c-t_b$。

设整个加速过程平均加速度为 α_m，则有：

$$\alpha_m=\frac{\alpha_a t_b}{t_a+t_b} \tag{5}$$

则式（4）可等效变化为：

$$J=\int_0^{t_a}(2+\frac{2\alpha_m-\alpha_\alpha}{\alpha_m-\alpha_\alpha}+2\lambda(\frac{d\alpha}{dt})^2)dt \tag{6}$$

对于加速阶段，为书写方便，记：$y=\alpha(t)$，$F=2+\frac{2\alpha_m-\alpha_\alpha}{\alpha_m-\alpha_\alpha}+2\lambda(\frac{d\alpha}{dt})^2$，则 $J=\int_0^{t_a}Fdt$。根据初始状态可得曲线 $y=\alpha(t)$ 的一边界条件：当 $t=0$ 时，$y=0$。而另一边界条件是：当 $t=t_a$ 时，$y(t_a)=\alpha_\alpha$。

综上所述，对转换过程进行优化，就是要使加速阶段的性能指标 J 值达到最小。该问题为经典变分法中的固定边界变分问题[3]，它是要确定函数 $y=\alpha(t)$，使泛函 J 在边界条件内达到极小值。对于固定边界变分问题，泛函取极值的必要条件是满足欧拉方程；同时，泛函取极小值的充分条件是泛函 J 使魏尔斯特拉斯极值条件成立。因此，本问题先求解欧拉方程，再根据边界条件求解 $\alpha(t)$，最后判断魏尔斯特拉斯极值条件是否成立。

根据欧拉方程 $F_y-\frac{d}{dt}F_y=0$ 得：$y=c_1t+c_2$（c_1、c_2 为任意常数）。

代入边界条件：$t=0$ 时，$y=0$；$t=t_a$ 时，$y=\alpha_\alpha$。由 $[F+\frac{d(c_1t+c_2)}{dt}F_{y'}]|_{t=t_a}=0$ 得：

$$y=\sqrt{\frac{\alpha_\alpha}{2\lambda(\alpha_\alpha-\alpha_m)}}t \tag{7}$$

其中：式（7）和边界条件满足魏尔斯特拉斯极值条件，是泛函 J 取极小值的函数。

由 $\frac{d\omega_m}{dt}=\alpha(t)$ 和式（7）可得：

$$\omega_m=\frac{1}{2}\sqrt{\frac{\alpha_\alpha}{2\lambda(\alpha_\alpha-\alpha_m)}}t^2 \tag{8}$$

结合式（3）可得：

$$\frac{U_m}{C_e}=\frac{1}{2}\sqrt{\frac{\alpha_a}{2\lambda(\alpha_a-\alpha_m)}}t^2+T_M\sqrt{\frac{\alpha_a}{2\lambda(\alpha_a-\alpha_m)}}t^2$$

$$+T_MT_L\sqrt{\frac{\alpha_a}{2\lambda(\alpha_a-\alpha_m)}}t^2+\frac{M_L}{C_e} \qquad (9)$$

患者躺在靠背上，其相对被动齿轮中心的转矩随着靠背转角的改变而改变，即电机的负载力矩 M_L 随着靠背转角的改变而改变。当靠背转角为0度时，力矩最大；当靠背转角为90度时，力矩最小。由式（8）可得靠背转角 θ_m：

$$\theta_m=\frac{1}{6}\sqrt{\frac{\alpha_a}{2\lambda(\alpha_a-\alpha_m)}}t^3 \qquad (10)$$

由式（10）可得负载力矩 M_L：

$$M_. = k\cos\theta \qquad (11)$$

式（11）中 k 是患者体重与靠背长短相关的系数。

由式（9）和式（11）可得：

$$\frac{U_m}{C_e}=\frac{1}{2}\sqrt{\frac{\alpha_a}{2\lambda(\alpha_a-\alpha_m)}}t^2+T_M\sqrt{\frac{\alpha_a}{2\lambda(\alpha_a-\alpha_m)}}t^2$$

$$+T_MT_L\sqrt{\frac{\alpha_a}{2\lambda(\alpha_a-\alpha_m)}}+k\frac{\cos(\frac{1}{6}\sqrt{\frac{\alpha_a}{2\lambda(\alpha_a-\alpha_m)}}t^3)}{C_e} \qquad (12)$$

式（12）是助行器起坐系统优化模型的函数表达式，该式表明了电控单元输出控制电压与时间的关系。

三、仿真试验

（一）控制电压的仿真

针对自主开发的助行器起坐系统的电控系统，可根据式（12）和相关的仿真参数[4]，运用MATLAB仿真出坐卧转换过程中加速阶段输出控制电压曲线，如图4所示。仿真时所取参数值为：T_M=2.86 m/s，T_L=0.443 m/s，C_e=0.44583 V/rpm，λ=3，α_α=0.7 rad²/s，α_m=0.3 rad²/s，k=10。

从图中可以看出，当t<1.15 s时，输出控制与时间的关系接近线性关系；t>1.15 s时，线性关系不明显。

（二）电机角加速度的仿真

根据上述的仿真参数和式（7），仿真出电动机加速阶段角加速度曲线，如图5所示。

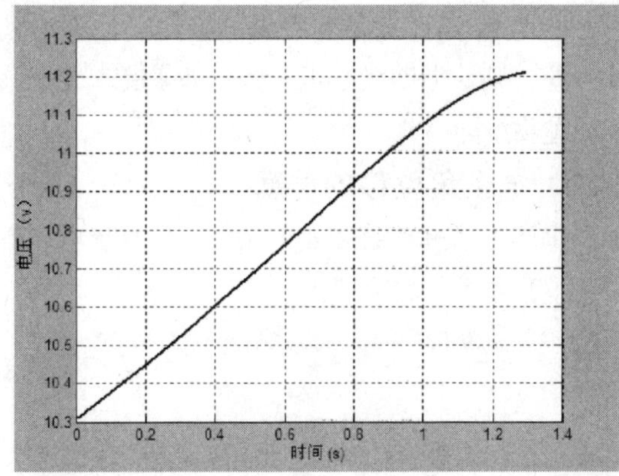

图4 控制电压曲线

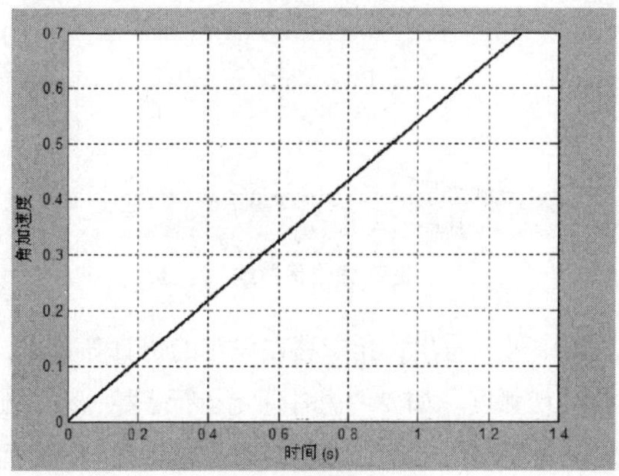

图5 角加速度曲线

从图中可以看出，角加速度曲线是一条斜率固定的直线，通过改变舒适度加权系数 λ 可以得到不同斜率的直线。即如果要求舒适度高一些，则让斜率小一些，直线平坦一些；如果要求效率高一些，则让斜率大一些。

（三）电机角速度的仿真

根据上述的仿真参数和式（8），仿真出电动机加速阶段角速度曲线，如图6所示。

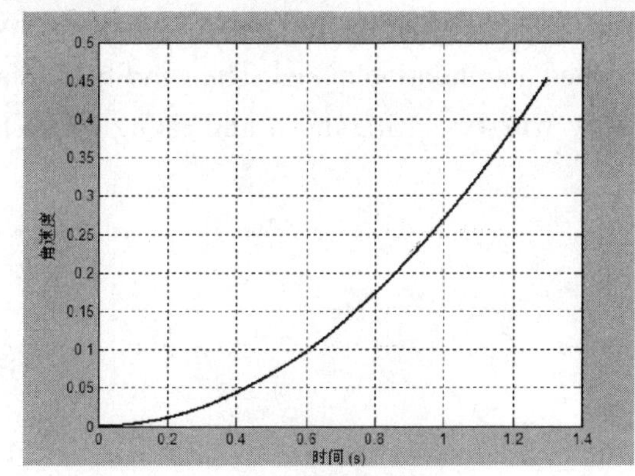

图6 角速度曲线

从图中可以，角速度曲线是一条抛物线，通过改变

舒适度加权系数 λ 可以得到一组抛物线。如果要求舒适度高一些，则让抛物线平坦一些；如果要求效率高一些，则让抛物线陡一些。

（四）电机角位移的仿真

根据上述的仿真参数和式（10），仿真出电动机加速阶段角位移曲线，如图7所示。

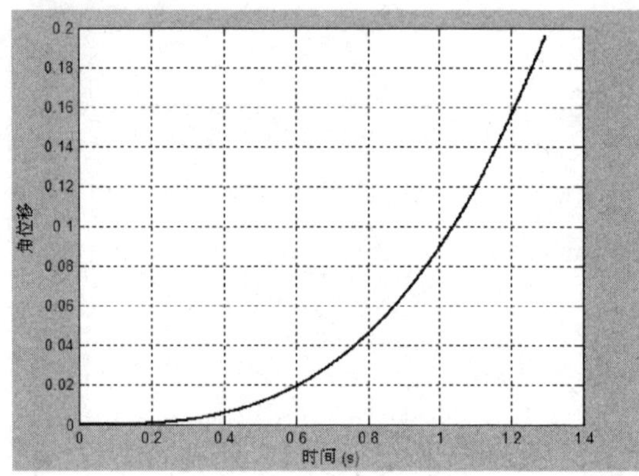

图7 角位移曲线

从图中可以看出，角位移在设定的仿真参数下，最大值不到0.2弧度。如要使患者感觉运行平稳一些，则在加速阶段角位移尽量小，尽量使电机运行在匀速运动阶段；如要使系统运行效率提高，则在加速阶段角位移尽量大。在模型参数当中，最大加速度 α_a 和平均加速度 α_m 对加速阶段角位移影响较大，这两者的值越大，加速阶段角位移越大；反之越小。

四、结束语

本文仅仅建立了一个理想化的模型，并对模型进行了仿真，还有许多实际因数未考虑，在实际应用中模型的某些参数可能需要修改。

本文针对助行器起坐系统从卧姿转换到坐姿过程，建立了基于变分法的起坐系统优化模型，并运用MATLAB软件对模型进行了仿真，仿真结果说明了该模型的有效性。

参考文献:

[1]白大鹏.多功能助行机器人机构研究[D].哈尔滨:哈尔滨工程大学,2013.

[2]梅晓榕.自动控制元件及线路[M].北京:科学出版社,2010.

[3]老大中.变分法基础[M].北京:国防工业出版社,2015.

[4]刘金琨.先进PID控制MATLAB仿真[M].北京:电子工业出版社,2011.

Research on Optimization Model of Walking Aid's Sitting Down and Rising up System

Zhang Xia

Abstract: This paper introduces the principle and structure of walking aid and analyses the mathematical model of its main components. Based on the variational methods, we have built the optimization model of the walking aid's sitting down and rising up system. By using MATLAB, we have also calculated and analyzed it and established a simulation model. The validity of this model has been proved through simulation.

Key words: sitting down and rising up system; electric control system; variational method; optimization model

高层建筑给排水安装施工技术探析

□ 马 彪 汪印潭

摘 要 <<< 本文针对目前高层建筑越来越多，给排水专业技术相对滞后的现象，以及目前在超高层建筑的给排水设计中遇到的问题，论述了高层建筑给水排水的施工方法和施工要点。

关键词 <<< 高层建筑；给排水；施工

我国的经济发展带动了我国各个行业的迅猛发展，而建筑行业是发展较快的行业之一。就目前而言，建筑行业的发展处于高速发展时期。与其他行业相比，建筑行业与人们的生活是息息相关的。在建筑的施工过程中，由于给排水对人们的生活影响较大，人们普遍对于给排水的施工重视程度比较高。人们的生活水平逐渐提高，也给建筑行业提出了更高的要求。在给排水施工过程中，建筑企业需要保证给排水的施工质量过硬，并且保证施工安全。

一、高层建筑给排水施工类型

（一）高层建筑给水系统

在高层建筑的给排水施工中，给水系统主要有三个，分别为生活给水、消火栓给水和辅助给水。

其一，生活给水系统。生活给水主要是针对人们日常生活中的用水，主要包括厨房用水、沐浴用水、盥洗用水。由于直接关系到用户的用水安全问题，这一类水的水质都必须达标，需要达到我国的饮用水水质标准。而生活给水系统又往往可以分为饮水系统和冷水系统。其中，饮水系统就是为人们饮水提供水源的系统，主要设于厨房，为人们提供饮用水。这一系统需要将自来水进行消毒处理，保证饮用水的卫生达标。而冷水系统是无需经过消毒处理的水源，是供人们洗浴、盥洗用的。

其二，消防给水系统。消防给水系统又分为两种，分别为室内外的消防栓给水和自动喷水给水。相对来讲，这一系统是比较独立的给水系统。

其三，辅助给水系统。辅助给水系统主要包括中水系统、复用水系统、游泳池循环水系统、循环冷却水系统等。这些系统都具有自身的独特用处，同样是高层建筑给水中不可缺少的一部分。

（二）高层建筑排水系统

对于建筑而言，不仅仅需要给水，排水也一样重要。排水系统的功能是否完整直接关系到建筑物室内环境的好坏。一旦排水不畅，就会导致室内环境被污染。在高层建筑中，对排水系统的建立是为了使得系统更加完善，并且需要根据设备的不同和楼层不同等建立不同的排水系统。

二、高层建筑给排水安装施工过程中存在的问题

（一）高层建筑供水不便

因为向高层给水需要足够的压力才能够使得水源到达高层，所以与普通高度的建筑相比，高层建筑的给水难度比较大。我国传统的给排水模式并不适用于高层建

作者简介 <<< 马彪，男，湖北长安建筑股份有限公司黄冈开发区分公司，工程师，湖北黄冈，438000；
汪印潭，男，湖北长安建筑股份有限公司黄冈开发区分公司，高级工程师，政协委员，湖北黄冈，438000。

筑，因为这种给排水模式会使得排水管道受到的水流压力过大，非常不利于排水管道的保养，容易磨损排水管道。基于这一现状，针对高层建筑的给排水就具有较大的难度。

（二）高层建筑消防用水规划难度大

对高层建筑的建设需要更多的用电设备，这也埋下了更大的安全隐患，多种用电设备共同运行，引发火灾的可能性就更大。然而一旦由于用电设备起火引起火灾，就会造成重大损失。从救火角度来讲，消防水枪虽然压力很大，但也是有限的，能够到达的高度有限，一旦高层起火就难以扑救。故而在高层建筑的给排水系统安装过程中，需要重点考虑到消防用水系统的安装问题。然而在实际操作中，对消防用水的规划和设计，难度也比较大，很多施工部门难以胜任。

（三）高层建筑用水多、水网错综复杂

高层建筑中的房屋数量比较多，那么耗水量和排水量都相对比较大，在建筑中就需要安装更多的排水管道。而高层建筑中需要用到的管道也很长，在给排水过程中需要更大的压力，使得给排水管道的实际使用效果并不好。在对高层建筑的给排水管道进行规划和设计时，相关的工作人员需要考虑的因素非常多，比如需要综合考虑给排水压力和水网布置的问题。一旦其中的设计不合理，就会使高层建筑用水出现问题。

（四）给排水施工中的质量问题

在对高层建筑给排水进行施工的过程中，如果施工团队不够专业，那么就容易出现质量问题。常见的质量问题主要有以下四种：

其一，工艺比较粗糙。如果施工团队对高层建筑中的参数测量不准确或是在设计过程中不认真，那么就会引起工艺粗糙的问题，具体表现就是设备的安装尺寸不准确，甚至还会出现水管的衔接部分漏水的问题。

其二，建材质量不过关。施工单位对于建材质量的选择也是非常重要的，如果施工单位在选择建材时只注重材料的价格而忽视了建材的质量，或是没有按照建筑的技术标准进行选择，那么建材的质量就比较差，在施工时就很容易造成施工成果不合格，出现阀门漏水、水管裂开等现象。

其三，设备安装不准确。在建筑施工过程中，对需要安装建材的部分都应该进行严密的测量和准确的计算，以确保安装建材时能够无缝衔接，避免出现由于测量不准或计算不精确导致的偏差。然而在实际操作中，经常出现位置偏差、接口不准的情况，大大降低了施工质量。

其四，施工程序不规范。建筑施工单位应该具有专业的培训，来确保施工过程中的施工程序严格按照规定进行。然而在实际施工过程中，经常会有施工人员随意操作，认为差不多就可以，但正是由于施工程序不规范，导致了很多建筑施工风险的发生。[1]

三、给水管道的安装施工技术探析

（一）给水立管的敷设

在建筑物中，给水立管往往安设在外墙上，同时建筑中每一户的水表也安设在外墙的水表箱中。这样一来，也使得安装的过程更加方便，同时管道布线也更加灵活。在敷设给水立管时，首先应该使用管卡将立管固定到建筑物的外墙上，并且经过准确测量来确定厨房和卫生间的进水管道位置，打孔穿过墙面进入室内。给水立管都在管道井中，没有专门的防护措施，所以也需要根据天气和环境实况进行适当的防护。比如在北方地区，冬天天气比较寒冷，在建筑物外面的管道就容易冻坏，从而影响管道的使用。或是一些对建筑外面的立面要求比较高的建筑物，也需要进行一些适当的调整。在敷设立管时，就可以在设计过程中将厨房或卫生间的立管设置成上下对应的格局，然后使用轻型的材料进行遮蔽，使得外表更加美观。同时，遮蔽材料还应该具有防潮、防腐、阻燃的作用，来对给水立管进行防护。

（二）给水横管的敷设

在建筑物中往往将给水横管敷设在现浇板中。给水横管都是在扎钢筋的时候预装的，使得横管能够跟楼板一起浇筑混凝土，从而固定在楼板中。在使用混凝土埋压给水横管时，需要注意两点：首先需要给管道试压，确保管道所受压力在其可承受范围内，还要确保混凝土能够将其

固定。其次需要做好管道的防腐工作，避免时间长了管道被腐蚀损坏，那么对其进行修缮的难度非常大。但是要做到这两点就需要做好水暖工和建筑施工的密切配合工作，配合不好就会影响施工质量，难度非常大。在我国的建筑施工中，将管道敷设在地面中是比较常见的做法，但是也要求建筑面层的厚度达到35 mm以上。[2]

在土建施工楼板时，在板面上预留出敷设管道的管槽，然后将管道敷设进去，用水泥抹平加以固定。这样一来，管道就敷设在了结构面板下面，并且预留出管道的孔洞，以这样的方式敷设可以确保墙板不被破坏，也使得施工更加方便。但是这一敷设方式的弊端在于，管道从居民家中穿过，将非常不美观。此时将采用暗装管道的方式来进行改善，同时注意将阀门的手柄留在墙外处，以方便用户控制。

（三）给水管道的安装施工质量控制

即使给水管道的安装设计做得再好，在安装施工的过程中不注意流程，忽视测量的精确性，也会使得安装质量大大降低。我们将从多个方面对其施工质量进行控制：

其一，需要反复测量管道地沟，确保管道安装时地沟大小合适，并且对支架进行反复检查，确保支架的坡度、标高等符合管道安装的要求。同时，也需要测量支架之间的间距，看其是否符合规划，是否符合相关的要求。

其二，设置法兰焊缝或是其他连接器件时应该注意不得让其紧贴住墙壁或管架，这样才能够便于操作，利于复检。

其三，无论是在管道安装过程中还是在敷设管道完毕后，都应该具有对施工过程的记录，具有施工技术资料。在预留管槽、敷设管道、浇筑水泥等过程中也应该具有隐蔽工程的验收过程，填写好隐蔽工程记录并进行存档，确保之后调用资料时能够及时找到。

其四，针对需要穿过墙壁、楼板的管道，都应该给管道加上套管来保护管道，防止管道因长时间摩擦墙壁或楼板而破裂。同时需要注意在套管中不要存在管道的接口。一些穿过建筑物内部的管道，就应该注意在其外部加装防水层，尽量减少因其漏水引发的损失。需要注意，在加装套管时应该在管道和套管中间填塞一些不燃材料，一方面能够减小摩擦，另一方面能够避免管道起火。

其五，在对管道进行连接时，不应该使用加偏垫或加热管道等方式来克服错口等缺陷。

（四）给水设备安装时的质量控制

在安装给水设备之前，需要对设备的相关资料以及合格证加以检验，保证设备是合格的；其次要检查设备，保证设备没有缺件的情况，并且还要检查设备有没有生锈或腐蚀的情况；运行设备，看其是否有异常的声响；保持引入管和其他的管道有一定的距离。

四、排水管道的安装施工

（一）排水立管的敷设

与给水立管相同，排水立管也大多敷设在建筑物的外墙上。但是由于立管设置在室外，不利于其检查工作的进行。所以在设计时需要在比屋面高的位置设置检查口，方便在立管发生堵塞时及时检查并清除管中的异物。这样设置立管同样具有好处，就是可以有效地减少排水噪声的污染。

若将排水立管设置于管井中，就需要在设计时注意设置好立管检查口的检修门位置，从而能够对其进行合理的检修。这种敷设方式的缺陷在于，管井会占用建筑物中几平方米的面积，比较适用于建筑标准比较高的建筑物。[3]

（二）排水横管的敷设

在高层建筑物中，往往将排水横管安装在建筑物的外墙上，在居民住宅室内的卫生间中，采用坐便器后出水、地漏侧墙式的排水形式。这样敷设排水横管可以使得所有的排水管都在室外，保持了室内的整洁。但是这样的敷设方式也要求卫生间的位置合适，并且内部设施位置也合理。

若将排水横管敷设于卫生间内部，就需要先在排水管上预留接通卫生器具的口。此时可以将排水横管铺设在房间角落，便于隐蔽。

（三）排水管道的安装施工质量控制

对排水管道安装过程的质量控制主要有以下几个方面：

其一，排水管需要按照图纸的设计装设伸缩节。

其二，对排水管的主干管，用直径大于等于2/3管径的小球做通球实验，保证所有小球顺利通过才算合格。

其三，对生活污水排出管的坡度要反复确认，确保其符合设计要求。

其四，需要在立管上设置多个检查口，尤其最底层和卫生器具的最高层都必须具有检查口，方便对管道进行检查。

其五，对于排水管道的通气管，需要注意不得让其与风道相通，使其符合设计要求和规范。

五、小结

总之，建筑中的给排水功能直接关系到人们的生活、工作质量，保证给排水安装施工的质量、提高对施工人员的技术要求是确保建筑给排水管道合理规范建设的前提。也只有保证建筑给排水的安装质量，才能够满足人们对高层建筑给排水的发展需要。

参考文献：

[1]汪长洪.给排水施工技术在高层建筑中的探讨[J].中国住宅设施,2010(1).

[2]袁长标.超高层建筑给排水设计中几个问题的思考[J].给水排水,2009(9).

[3]徐进强.高层建筑给排水设计实例分析[J].山西建筑,2010(3).

Analysis of Water Supply and Drainage Installation in High-rise Buildings

Ma Biao Wang Yintan

Abstract: Due to the increasing demand for high-rise buildings, there is specific demand for special design of water supply and drainage installations in high-rise buildings. This article discusses the existing issues of water supply and draining systems in high-rise buildings, aimed to find solutions to some key issues during construction.

Key words: high-rise buildings; water supply and drainage; construction

基于单片机的红外通信系统设计

□ 张绍颂

摘 要 <<< 红外线遥控技术是应用范围最广的通信和遥控方式。在红外线遥控技术的支持下，电器、仪表等设备让人们的生活充满便利。单片机在生产、生活领域发挥重要作用，对以单片机为基础的红外通信的系统设计进行研究十分必要。

关键词 <<< 单片机；红外通信；系统设计

红外通信在通信领域得到广泛应用，其具备无污染、信息安全度较高的特点，在家电、娱乐设施等方面发挥重要作用。在进行单片机通信系统设计时，系统要具备遥控能力，如此通信系统才能在高压、高毒、辐射等环境中发挥作用。

一、基于单片机的红外通信系统分析

对发射端而言，在数字信号发射出去后，通过合理手段进行编码调制，传输到电光变换电路中，在红外发射管的作用下，将信号转换为红外光脉冲，然后再发送到空中。对接收端而言，在接收到发射端发射的信号后，实现光电转换，通过解调和解码后将接收到的信号调整为原信号。发射端发送数据时对二进制编码进行调整，将其调整成各种脉冲信号传输出去。如果红外载波的频率是38 kHz，利用脉宽调制的PWM的方式进行发送。在接收端接收到此类信号后，传输出低电平，否则就会传输出高电平，此前的红外光信号有间断的特点，接收端能将其调整为连续性信号，通过单片机处理后就会获得原来的信号。[1]

二、基于单片机的红外通信系统结构设计

针对红外通信系统功能需求，设计基于单片机的红外通信系统功能结构，功能结构图如图1所示：

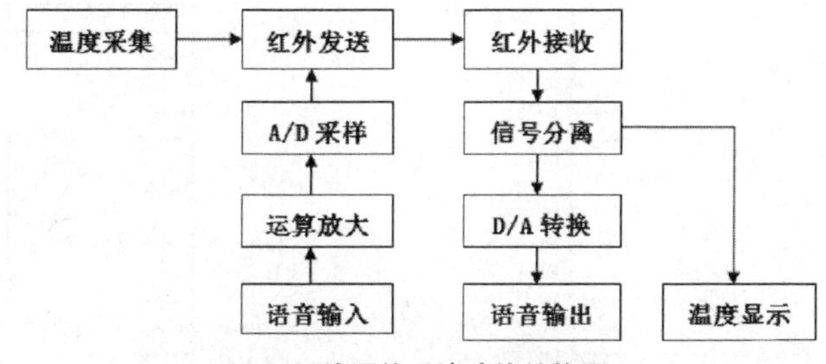

图1 红外通信系统功能结构图

设计中，通过利用红外发射管进行语音、温度信号的传送，达到红外通信的目的。语音信号被系统放大后实施采样，也就是经过A/D转换，单片机会对采样信号进行处理，依靠红外发射装置发射出去。在处理温度信号时，专门依靠温度采集芯片，信号在经过单片机处理后传送出去。接收端接收到信号后，对数字信号实施分离，温度信号就会被展示在液晶显示屏上，语音信号在通过A/D和放大处理后，就会以声音的形式被发送出去，达到红外通信的目的。

三、基于单片机的红外通信系统硬件电路设计

本次研究中基于单片机的红外通信系统硬件设计方面主要采用音频检测模块、编码调制模块、红外发射模块、红外接收模块。本节主要介绍几个模块的具体设计情况。

作者简介 <<< 张绍颂，男，副教授，黄冈康卓自动控制系统设备有限公司，湖北黄冈，438000。

（一）音频检测与编码调制模块电路设计

音频检测模块设计方面，对音频信号输入的检测比较简单，设计中在信号输入端口以串联的方式连接一个10 μf 的电容，随后将其传输到单片机和AD9851一起组成的模块，电路图如图2所示。音频输入信号检测模块与编码调制模块相连接，能够产生45 kHz、VPP至多为500 mV的正弦信号，可以视为载波信号，对音频信号实施调制，将其传输到发射电路。

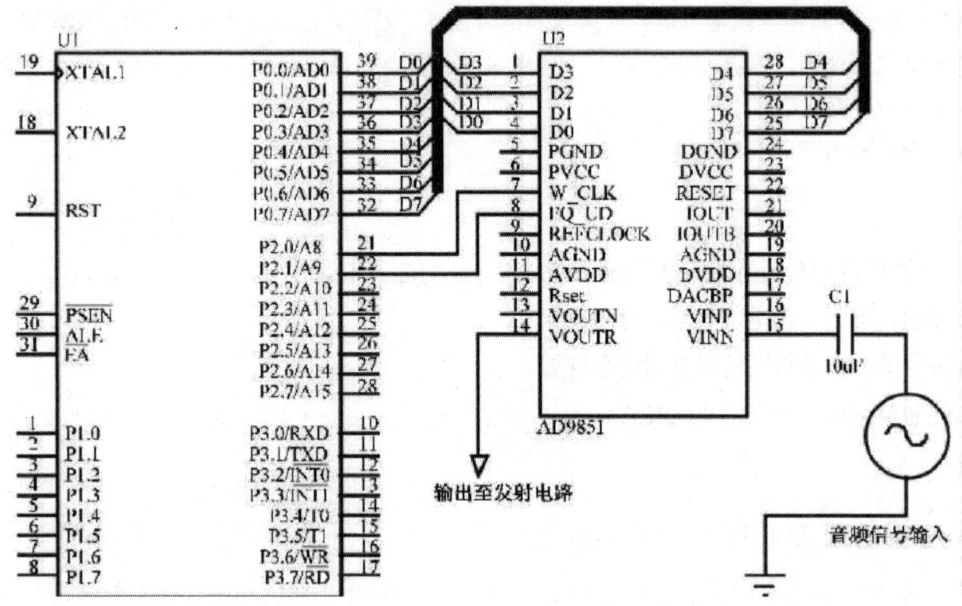

图2 音频信号检测及编码调制电路

（二）红外发射模块的电路设计

红外发射模块的设计上，主要通过红外发电力将信号进行电光转换，达到将红外脉冲向外发射的目的。在此设计中红外发射模块的设计中利用红外线发光二极管的特征，搭配利用8050三极管，依靠其放大的功能，将已经调整好的音频信号转换为红外线光信号。采用共发射极放大器，将电流放大，获得较强的输出能力，能发挥阻抗变换的作用，让信号在传输过程中不存在失真的情况，为让红外发射管的辐射范围变大，在相应的集电极中串联两个发光二极管。红外通信发射模块电路设计图如图3所示。

（三）红外通信接收模块电路设计

在系统中安置光敏二极管，利用其特征实现红外光信号的接收。在设计红外接收器时，通常使用型号为HS0038的一体化接头。[2]其属于直立侧面收光型，接收到的信号的频率是38 kHz，能实现红外信号的放大、检波等功能，在接收到TTL电平发射出的编码信号时，和单片机连接在一起。接收端单片机的型号是STC89C52。在系统中安置音频集成功放，其能耗较低，能实现电压增益的调节，外接的部件相对较少。红外通信接收模块设计电路图如图4所示。

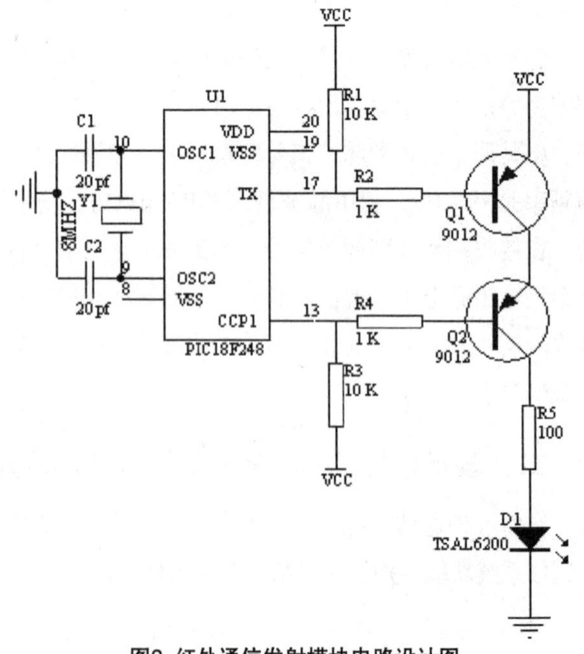

图3 红外通信发射模块电路设计图

四、基于单片机的红外通信系统软件设计过程

（一）载波软件功能设计

载波在系统数据传输中发挥重要作用，在系统设计

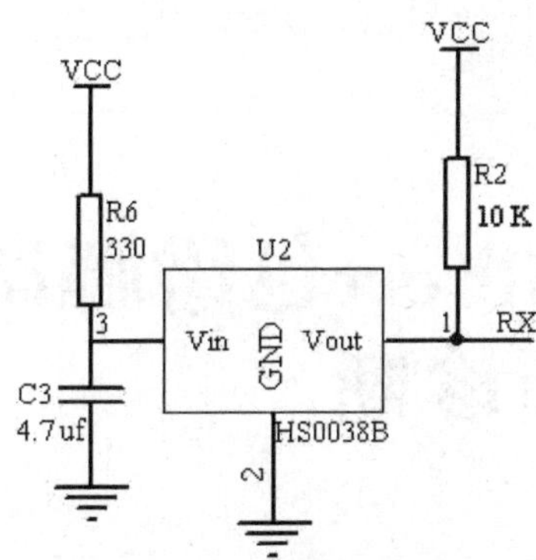

图4 红外通信接收模块电路设计图

过程中没有使用通用的震荡电路，主要利用AVR产生载波。其具备的定时器能在没有CPU参与操作的情况下生成能够调整频率的方波。

（二）主控装置软件功能设计

主控系统在系统中发挥重要作用，负责红外对抗系统的发送以及接受，此次系统设计是前后台系统。在运行过程中，后台可实现无限循环，前台终端服务自定义子程序能发挥相应作用，应用程序就是在两者的支持下实现运行。通常情况下，中断服务子程序通常只能对外来的事件进行简略处理，然后就会将经过处理的信息传输到后台。此次研究设计的系统并未对响应时间提出较高要求，如此设置就可满足实际要求。如果系统对响应时间有较高的要求，通常就会选择嵌入式操作方法。在主机完成通信后，UART模式得到调整，将波特率设定为2,500 bps。CCU模块能在对称类型、非反向PMW模式下工作，频率设定为38 kHz。

（三）信号发射、接收程序设计

发射端一共分成两个部分：一个部分能实现语音信号的模数转换，另一个则能在温度传感器的支持下收集温度数据。两个模块在接收到信号后均是在单片机的支持下，让红外发射管向外发射信号。负责接收信号的流程和发送部分相反，先对信号类型进行判断，确定是温度还是语音信号。如果是温度信号，在经过简略处理后就能在显示屏上显示出来。在接到音频信号后，就要在DAC数模转换的支持下对其进行处理，然后将信号发送到音频放大电路中，在通过放大电路处理后，扬声器还会对信号进行还原，让语音信号得到原音呈现。此部分通信过程为：完成初始化后，实现UART模式的调整，对波特率进行调整，再对PWM实施调整。在红外接口接收16字节的数据。系统设计中，为让系统性能得到提升，可在光源上使用光学准直系统，让信号实现光准直。可在设计图中标明在接收端使用此装置，对信号光实施光对焦。如此的设计能让系统的传输距离得到增加，也让误码率处于较低水平。薄透镜指的是将两个共轴折面组合在一起形成的光学系统，如果透镜上的两个球面位于光轴之上的间隔在与透镜两个球面半径进行对比后可以忽略，则可将此透镜成为薄透镜。此设备的应用范围很广，可以在不同的条件下使用存在差异的材料，选择的薄透镜也可在尺寸上存在差异，也要在设计中应用，让系统的光学性能得到增强。

五、总结

红外通信就是将红外线作为通信的载体，利用红外光在空气中的传播实现数据的传递，信号的发射和接收则需要依靠发射端和接收端实现。红外通信花费的资金较少、消耗的功率较低、尺寸较小，能实现跨平台的数据传输，在通信领域得到较广泛的应用。

参考文献：

[1]韩慧,曹帮琴,倪荣军.基于MSP430单片机的红外光通信装置的设计与实现[J].科技通报,2014(15).

[2]郑伟南,曲娜,程凤芹,等.基于步态识别技术的热释电红外安防预警系统研究[J].中国新通信,2014(24).

[3]闫皓,牛绪雷,郑宸.基于ZigBee的煤层气录井红外甲烷监测系统设计[J].电子质量,2015(18).

Design of Infrared Communication System Based on Single Chip

Zhang Shaosong

Abstract: The infrared remote control technology is the most widely applied means of communication and remote control. With the support of infrared remote control technology, electrical appliances, instruments and other equipment make people's life more convenient. SCM plays an important role in the fields of production and living. So it is necessary to conduct a research into the design of infrared communication system based on the single chip.

Key words: single chip microcomputer; infrared communication; system design

基于信号相关性和EEMD-Hilbert包络解调分析的滚动轴承故障诊断

□ 沈 建 胡以君

摘 要 <<< 非平稳、非线性条件下的滚动轴承故障诊断对于工程应用至关重要。针对非线性、非平稳特征导致的故障特征频率难以提取的问题，提出了一种滚动轴承故障诊断方法。该方法融合了信号相关性、总体平均经验模态分解(Ensemble Empirical Mode Decomposition，简称EEMD)和包络谱分析三种方法。首先利用EEMD对原始故障信号进行分解，得到一系列的IMF(Intrinsic Mode Function)分量；然后计算各个IMF分量与原始信号的相关系数；最后选择相关系数较大的IMF分量进行Hilbert包络解调分析，提取故障特征频率。实验结果表明：该方法非常适合用来分析轴承故障信号，能精确地提取滚动轴承外圈和内圈的故障特征频率，具有一定的实用价值。

关键词 <<< 滚动轴承；EEMD；包络谱；信号相关性；故障诊断

一、前言

在旋转机械故障中，近30 %的故障是由轴承故障引起的，而滚动轴承又是最易出现损伤的元件之一，它的运行状态直接影响到整机的性能，故对滚动轴承进行故障诊断研究具有一定的现实意义。由于工作面接触应力的长期交变作用，极易引起疲劳、裂纹和压痕等故障，会引起轴承断裂、产生剧烈振动和强烈噪声，甚至导致机械设备的破坏。[1]常见的滚动轴承故障有外圈故障、内圈故障和滚动体故障。但是当滚动轴承出现故障的时候，由于受到刚度、非线性等因素的影响，振动信号往往表现出非线性、非平稳性特征，因此如何从非线性、非平稳信号中有效提取出特征就显得十分重要了。[2]传统频谱分析只适合平稳信号，对于非平稳信号就显得束手无策了。2001年Peter[3]、2005年Peng[4]将小波变换和包络谱引入到了滚动轴承的故障诊断中，但是由于小波变换实际上就是窗口可调的傅氏变换，也就是说倘若小波基函数选定后，其特性就固定了，由基函数导出的小波函数难以在不同尺度上准确地逼近局部信号特征，因此重构信号会丢失原来的时域特征，故小波分析也不具有自适应性。因此，对于非平稳信号而言，自适应时频分析方法应该是首选。1998年N.E Huang[5]提出了EMD方法并将其用于非线性、非平稳信号的故障诊断中，他利用EMD的优点将信号分解成一系列的内禀模态函数（IMF）之和，分解得到的各个IMF分量正好又反映了数据的局部特征，故对IMF分量进行后续分析可以有效地提取出原数据中的特征信息。但是EMD在分解过程中存在模态混叠和端点效应现象。[6-7]为了消除模态混叠现象，近年来提出了总体经验模态分解（EEMD）方法，且迅速得到了很好的应用。[8-12]2010年Zhang[13]着重分析了影响EEMD性能的两个参数，即加入白噪声的幅值和总体试验平均次数。在此基础上，2009年Lei[14]、2013年佟雨燕[15]将分解出来的IMF分量和原始信号做相关分析，求出最敏感的IMF分量，然后重构IMF分量进行故障诊断。本文主要是基于信号相关性，将EEMD和Hilbert

作者简介 <<< 沈建，男，湖南岳阳人，长沙职业技术学院教师，博士，主要从事故障诊断研究，湖南长沙，410217；
胡以君，女，湖南长沙人，长沙职业技术学院教师，博士，主要从事故障诊断研究，湖南长沙，410217。

包络解调方法相结合，用来对滚动轴承进行故障诊断。

二、EEMD的基本原理

EMD已广泛用于非平稳、非线性信号分析过程中，然而分解结果常常出现模态混叠现象，也就是说要么某个内禀模态函数由多个不同尺度信号组成，要么一个信号分布到了不同的内禀模态函数成分中。为了解决模态混叠问题，提出了总体经验模态分解方法，实质上，它需要利用EMD重复地将信号分解为内禀模态函数。只不过需要在每次分解过程中加入有限幅值的白噪声到原始信号中，然后将对应的固有模态函数相加求平均值，再将总体均值作为EEMD的最终内禀模态函数。由于在整个信号分解过程中加入了白噪声，没有尺度缺失，因此通过EEMD就可以有效地消除模态混叠现象。EEMD算法分解的一般步骤如下[13]：

（1）多次在原信号 $y(t)$ 中加入等长度的、正态分布的白噪声 $n_i(t)$，即：

$$y_i(t)=y(t)+n_i(t) \tag{1}$$

其中 $y_i(t)$ 表示第 i 次加入白噪声后得到的信号。

（2）利用EMD算法对 $y_i(t)$ 进行分解，得到一系列的IMF分量 $c_j(t)$ 和余项 $r_i(t)$，其中 $c_j(t)$ 表示第 i 次加入白噪声后分解得到的第 j 个*IMF*分量。

（3）将每次分解得到的分量 $c_j(t)$ 进行集成平均值，目的是减少由于多次加入了白噪声而引起的对真实IMF的影响，EEMD算法分解的最终结果为：

$$c_j(t)=\frac{1}{N}\sum_{i=1}^{N}c_j(t) \tag{2}$$

其中N为加入白噪声的次数，为了提供一种系统的方法来选择合适的噪声幅值，引入了信噪比这个测度，p_1表示信号能量，p_2表示噪声能量，当分析信号的能量确定后，附加白噪声的能量也就确定了，那么附加噪声幅值也就确定了，公式如下：

$$SNR=10\log_{10}(p_1/p_2) \tag{3}$$

三、原信号与*IMF*分量的相关性

利用EEMD算法分解原始信号，得到一系列的*IMF*分量，其中有些是与故障紧密相关的高频*IMF*分量，有些则是与故障无关的干扰成分。因此，选择与故障密切相关的*IMF*分量就显得非常重要。

*IMF*分量是对信号的一种近似正交的表达，真正有效的*IMF*分量和原信号具有很好的相关性，端点振荡引发的伪*IMF*分量和原信号的相关性很小，因此可将两者的相关系数作为判断指标。

计算各个*IMF*分量和原信号的自相关函数，R_x，R_{IMF1}，…，R_{IMFj} 计算公式为：

$$R_x(m)=\frac{1}{N}\sum_{i=0}^{N-1}x(i)x(i+m) \tag{4}$$

将自相关函数归一化处理，求 R_{IMF1}，…，R_{IMFj} 与 R_x 的相关系数，相关系数的计算公式为：

$$d(j)=\frac{\sum_{i=1}^{2N-1}R_{IMFj}(i)R_x(i)}{\sqrt{\sum_{i=1}^{2N-1}R^2_{IMFj}(i)\sum_{i=1}^{2N-1}R_x^2(i)}} \tag{5}$$

其中，N表示信号的点数，IMF_j为第 j 个分量。

通常认为$d(j)>0.5$时，对应的*IMF*分量与原信号相关性较好。

四、Hilbert变换

Hilbert变换[5]是信号处理中的一种非常有用的工具。对（2）式中的固有模态函数 $c_j(t)$ 做Hilbert变换得到：

$$H[c_j(t)]=\frac{1}{\pi}\int_{-\infty}^{\infty}\frac{c_j(\tau)}{t-\tau}\mathrm{d}\tau \tag{6}$$

构造解析函数：

$$\begin{aligned}z_j(t)&=c_j(t)+iH[c_j(t)]\\&=\alpha_j(t)\exp(i\phi_j(t))\end{aligned} \tag{7}$$

于是得到幅值函数和相位函数：

$$\alpha_j(t)=\sqrt{c_j^2(t)+H^2[c_j(t)]} \tag{8}$$

$$\phi_j(t)=\arctan\frac{H[c_j(t)]}{c_j(t)} \tag{9}$$

式（8）即为每个固有模态函数 $c_j(t)$ 的包络谱。

进一步可以求得瞬时频率：

$$\omega_j(t)=\frac{\mathrm{d}\phi_j(t)}{\mathrm{d}t} \tag{10}$$

进而可以得到：

$$x(t)=\mathrm{Re}\sum_{j=1}^{n}\alpha_j(t)\exp[i\,\varphi_j(t)] \tag{11}$$

上式中省略了残量 $r_n(t)$，其中Re表示取实部。对（11）式进行展开，就得到了Hilbert谱：

$$H(\omega,t)=\mathrm{Re}\sum_{j=1}^{n}\alpha_j(t)\exp[i\int\omega_j(t)dt] \tag{12}$$

$H(\omega,t)$ 中既包含了时间的信息又包含了频率的信息，因此能够准确地描述信号幅值随时间和频率变化的规律。

五、基于信号相关性和EEMD包络解调分析的滚动轴承故障诊断

本文所采用的实验数据来自Case Western Reserve University电气工程实验室的滚动轴承故障模拟实验台所测得的振动数据，该数据来自SKF轴承制造商生产的驱动端轴承6205-2RS深沟球轴承，接触角 α =90°，采样率为12 K/s，轴承转速r=1,797 rpm，其中内圈直径$2r_1$=25 mm，外圈直径$2r_2$=52 mm，轴承厚度l=15 mm，滚珠直径d=8 mm，节圆直径D=40 mm，滚珠个数z=9 个，其扰动频率中过内圈频率为5.4152 Hz，过外圈频率3.5848 Hz，

图1 滚动轴承故障实验台

保持架频率0.39828 Hz，球的自旋频率4.7135 Hz。

滚动轴承旋转、外圈故障、内圈故障、滚珠故障等特征频率计算公式如下：

旋转频率：$f_r=r/60$ （13）

外圈故障：$f_o=\frac{1}{2}z(1-\frac{d}{D}\cos\alpha)f_r$ （14）

内圈故障：$f_i=\frac{1}{2}z(1+\frac{d}{D}\cos\alpha)f_r$ （15）

滚珠故障：$f_b=\frac{D}{2d}(1-(\frac{d}{D})^2\cos^2\alpha)f_r$ （16）

滚珠若出现故障，自转一周时其故障点只冲击内圈或外圈滚道一次，则其频率为式（16）所示，若同时冲击内圈和外圈，则频率为式（16）的两倍。

轴承参数如表1所示，由式（13）~（16）可得轴承外圈、内圈和滚动体的故障特征频率，如表2所示：

表1 滚动轴承相关参数

参数	滚珠直径 d	节圆直径 D	滚珠个数 z
数值	8 mm	40 mm	9 个

表2 滚动轴承故障特征频率

名称	外圈故障 f_o	内圈故障 f_i	滚珠故障 f_b
数值	107.36 Hz	162.18 Hz	141.17 Hz

（一）外圈故障轴承信号分析

由于滚动轴承的轴承外圈固定在电机驱动端壳体上，所以当外圈出现局部故障情况时，就会产生周期性冲击。又由于故障部位产生的振动信号到加速度传感器（安装在电机壳体上）之间的传递路径不变，故产生的周期性高频共振信号在频域上表现为以外圈故障特征频率为基频的且按指数规律衰减的振动信号。故障轴承的

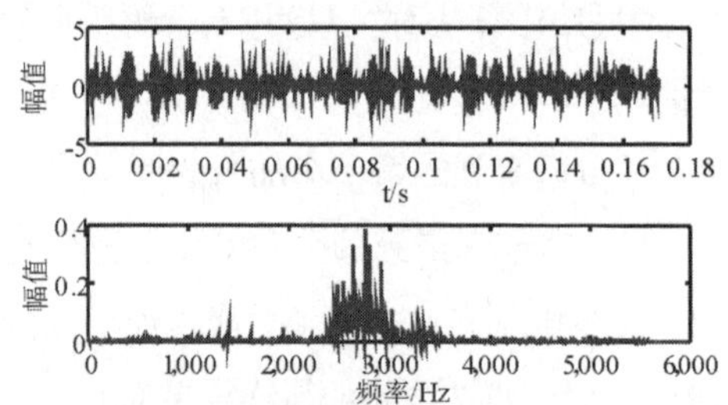

图2 外圈故障轴承时、频域信号

时域、频域波形图如图2所示。

由图2可以隐约地看到有周期性的冲击存在，说明该滚动轴承可能存在故障。但频域图中干扰频率比较多并且成团出现，因此不能准确地诊断出该轴承属于哪种故障类型。进而对原始故障振动信号进行Hilbert包络解

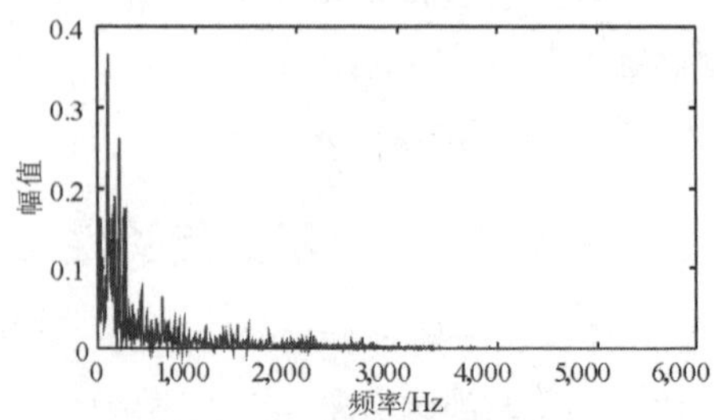

图3 外圈故障振动信号包络谱

调分析，得到包络谱，如图3所示。从图3中也不能清楚地看出故障特征。

基于此，首先利用EEMD算法对原始故障振动信号进行分解，得到7个内禀模态函数IMF_S分量和1个残余分量，各个内禀模态函数和残余分量如图4所示，分解时所加白噪声的幅值是原始信号标准差的0.4倍，分解次数为200次；然后计算内禀模态函数IMF与原信号之间的相关系数，结果如图5所示，由图可见IMF_1与原信号的相关性最大，说明其含有外圈故障激励的高频分量，其他分量对应低频噪声干扰；最后对IMF_1分量分别进行傅里叶变换和包络解调分析，频谱和包络谱如图6、7所示。

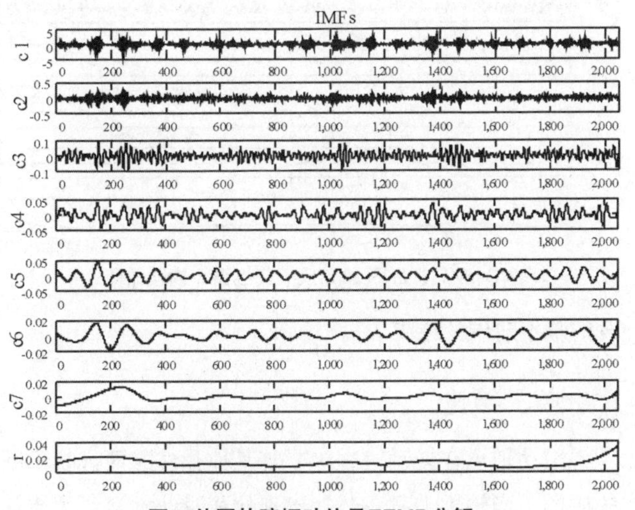

图4 外圈故障振动信号EEMD分解

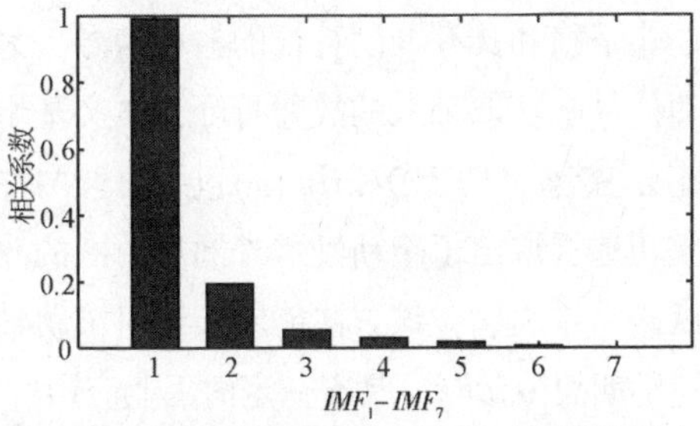

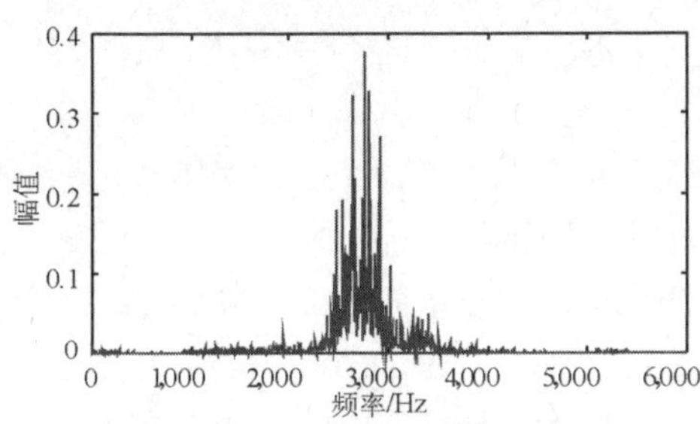

图5 原信号与IMF分量的相关系数（外圈故障）

图6 IMF_1频谱图（外圈故障）

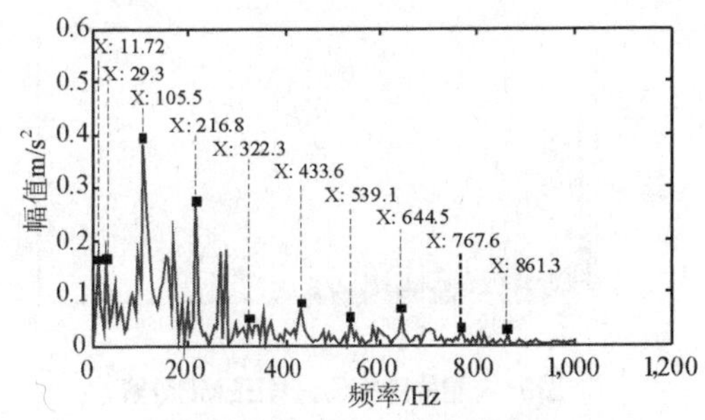

图7 IMF_1的包络谱(外圈故障)

可以看出，图7的结果明显优于图6，更易发现特征频率。图7中不但存在29.3 Hz和105.5 Hz的频率成分，而且还存在11.72 Hz、216.8 Hz、322.3 Hz、433.6 Hz、539.1 Hz、644.5 Hz、767.6 Hz、861.3 Hz的频率成分，并且非常明显。其中29.3 Hz对应轴承转频，105.5 Hz最接近107.36 Hz，对应外圈故障特征频率。而11.72 Hz可能与轴的不对中问题有关，322.3 Hz、433.6 Hz、539.1 Hz、644.5 Hz、767.6 Hz、861.3 Hz 正好对应外圈故障频率的倍频。因此可以确定轴承存在外圈故障，同时还可能存在轴不对中的问题。

（二）内圈故障轴承信号分析

对内圈故障振动信号进行分析，其时域图和频域图如图8所示，内圈故障信号包络谱如图9所示，其中，特征非常模糊。因此按照外圈故障振动信号的处理方法来对内圈故障振动信号进行处理，利用EEMD算法得到的内禀模态函数IMF_S和残余分量如图10所示，内圈故障振动信号经过EEMD算法分解所得的IMF分量与原信号间的相关系数如图11所示，可见IMF_1、IMF_2和IMF_3分量与原信号的相关性较大，说明其含有内圈故障激励的高频分量，其他分量对应低频噪声干扰。对IMF_1、IMF_2和IMF_3分量分别进行傅里叶变换和包络解调分析，频谱和包络谱如图12、13所示，可以看出图13的结果明显优于图12，更易提取特征。

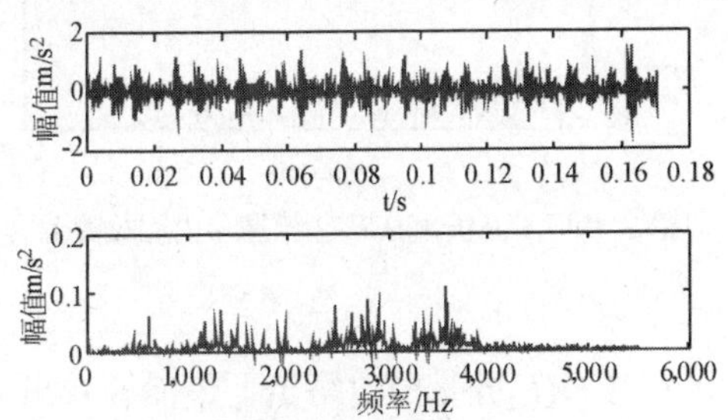

图8 内圈故障轴承时频域信号

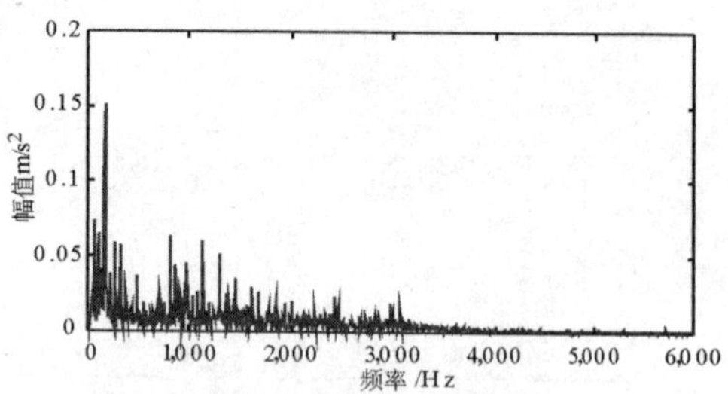
图9 内圈故障振动信号EEMD分解

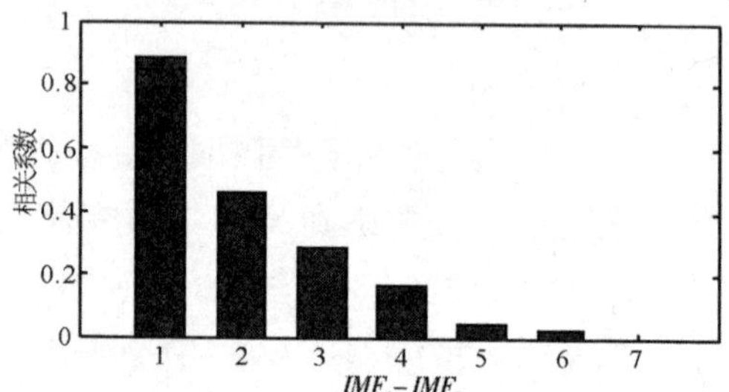
图10 内圈故障振动信号包络谱

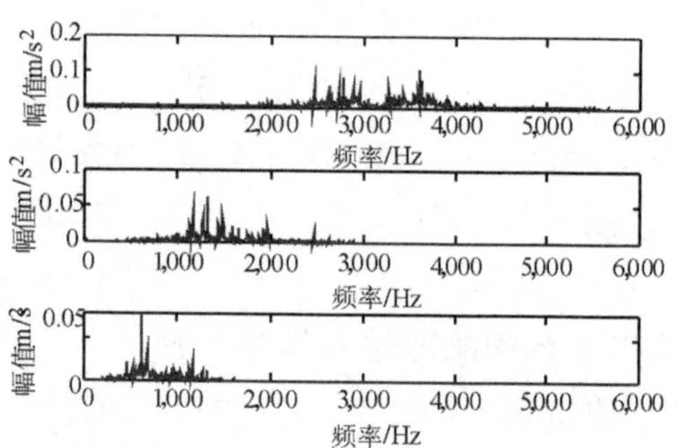
图11 原信号与IMF分量的相关系数（内圈故障）

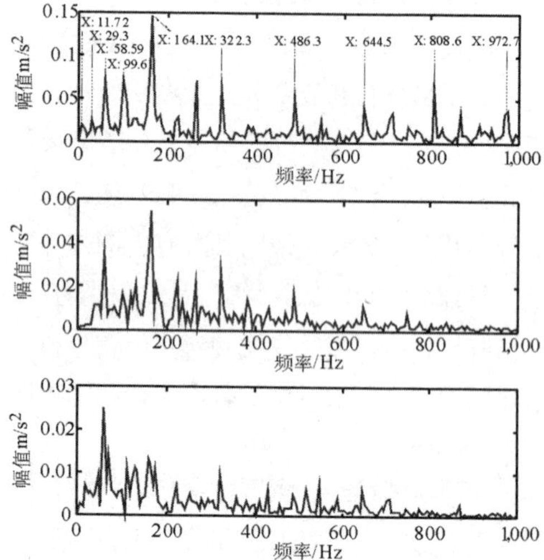

图12 IMF_1、IMF_2和IMF_3频谱图（内圈故障）

从图13中IMF_1分量的包络谱上最能够看出故障特征频率，因为IMF_1与原信号的相关性最好，IMF_2次之，IMF_3最小。

图13中29.3 Hz对应轴承转频，58.59 Hz和99.61 Hz为转频的倍频，164.1 Hz对应内圈故障特征频率，322.3 Hz、486.3 Hz、644.5 Hz、808.6 Hz 和972.7 Hz正好对应内圈故障频率的倍频。11.72 Hz反映出轴存在不对中的问题，因此可以确定轴承存在内圈故障，同时还可能存在轴不对中的问题，这也进一步验证了外圈故障分析中出现的轴不对中的结果。

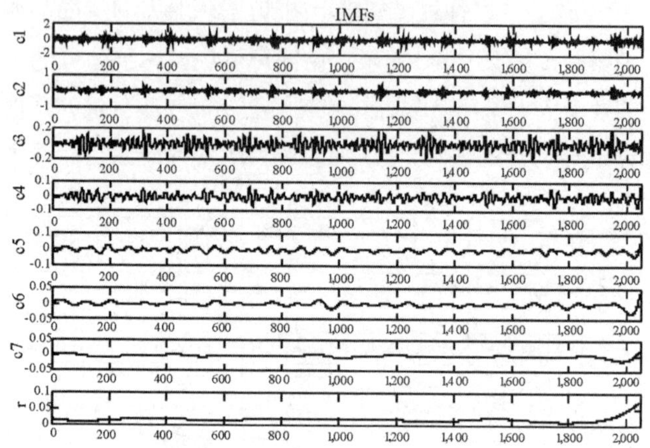
图13 IMF_1、IMF_2和IMF_3的包络谱（内圈故障）

六、结论

滚动轴承在转动过程中要与其他元件表面进行不断的撞击，当轴承上某一位置出现故障时，则会产生周期性的冲击，进而引起整个系统产生高频固有振动，得到非线性、非平稳和具有调制特征的振动信号。为了准确地从振动信号中获取轴承的故障特征，本文基于信号相关性，充分融合了 EEMD和Hilbert包络解调两种方法的优势，成功地提取出了滚动轴承外圈和内圈的故障特征频率。试验结果表明，该方法能够实现对滚动轴承外圈和内圈的早期故障诊断，具有一定的工业应用价值。

参考文献：

[1]钟秉林,黄仁.机械故障诊断学[M].北京:机械工业出版社,2006.

[2]张军,陆森林,等.滚动轴承振动诊断的BP神经网络方法[J].轻工机械,2007,25(2).

[3]Peter W T,Peng Y H,et al.Wavelet Analysis and Envelope Detection for Rolling Element Bearing Fault Diagnosis—Their Effectiveness and Flexibilities[J]. Vibration and acoustics, 2001,123(3).

[4]Peng Z K,Peter W T, et al. A Comparison Study of

Improved Hilbert-Huang Transform and Wavelet Transform: Application to Fault Diagnosis for Rolling Bearing[J]. Mechanical Systems and Signal Processing,2005,19(5).

[5]Huang N E.The Empirical Mode Decomposition And the Hilbert Spectrum for Non-linear and Non-stationary Time Series Analysis[C]//Proceedings of the Royal Society of London A:Mathematical,Physical and Engineering Sciences.The Royal Society,1998.

[6]Huang N E,et al.A Confidence Limit for the Empirical Mode Decomposition and Hilbert Spectral Analysis[C]//Proceedings of the Royal Society of London A: Mathematical, Physical and Engineering Sciences.The Royal Society,2003.

[7Huang N E,Shen Z,et al.A New View of Nonlinear Water Waves: The Hilbert Spectrum [J]. Annual Review of Fluid Mechanics,1999,31(1).

[8]Han L,et al.Rolling Bearing Fault Diagnosis Method Based on EEMD Permutation Entropy and Fuzzy Clustering[C]//2015 Fifth International Conference on Instrumentation and Measurement,Computer,Communication and Control (IMCCC).IEEE,2015.

[9]Caesarendra W,et al.Condition Monitoring of Naturally Damaged Slewing Bearing Based on EMD and EEMD Methods[C]//Proceedings of the 7th World Congress on Engineering Asset Management (WCEAM 2012).Springer International Publishing,2015.

[10]Žvokel j M,Zupan S,et al.EEMD-based Multi-scale ICA Method for Slewing Bearing Fault Detection and Diagnosis[J].Sound and Vibration,2016(370).

[11]Yang J,et al.Multi-Scale Fault Frequency Extraction Method Based on EEMD for Slewing Bearing Fault Diagnosis[C]// Proceedings of the Second International Conference on Mechatronics and Automatic Control. Springer International Publishing,2015.

[12]Yue X,Shao H.Fault Diagnosis of Rolling Element Bearing Based on Improved Ensemble Empirical Mode Decomposition[C]//Intelligent Human-Machine Systems and Cybernetics (IHMSC),2015 7th International Conference on.IEEE,2015.

[13]Zhang J,et al.Performance Enhancement of Ensemble Empirical Mode Decomposition[J].Mechanical Systems and Signal Processing,2010,24(7).

[14]佟雨燕,陆森林.信号相关性和EEMD-Hilbert包络在滚动轴承故障诊断中的应用[J].噪声与振动控制,2013(5).

[15]Lei Y,Zuo M J.Fault Diagnosis of Rotating Machinery Using an Improved HHT Based on EEMD and Sensitive IMFs[J]. Measurement Science and Technology, 2009,20(12).

Rolling Bearing Fault Diagnosis Based on Signal Correlation and EEMD-Hilbert Envelope

Shen Jian Hu Yijun

Abstract: Rolling bearing fault diagnosis under non-stationary & non-linear conditions is very important in many engineering applications. Aimed at the non-linear and non-stationary characteristics of roller bearing fault vibration signals, this paper puts forward a method of fault diagnosis based on a combination of signal correlation, Ensemble Empirical Mode Decomposition (EEMD) and Envelope Spectrum Analysis. First of all, the series of Intrinsic Mode Function (*IMF*) components are derived from the EEMD. Then the correlation coefficient of each *IMF* component and the original signal are calculated. Finally, the fault characteristic frequency has been extracted by Hilbert Envelope Demodulation Analysis on the optimal *IMF* component. The experimental results show that the fault patterns of the roller bearing outer and inner ring can be identified accurately and effectively in this method. Therefore, this method can be applied to machinery equipment fault processing systems.

Key words: rolling bearing; EEMD; envelope; signal correlation; fault diagnosis

浅析自动生产线控制系统的开发与应用

□ 谢 胡

摘 要 <<< 自动生产线在无人干预的情况下可以按照规定的程序或指令自动运行，能提高劳动生产率，提高产品质量，改善劳动条件，降低生产成本，具有显著的经济效益，已成为现代工业生产的发展趋势。本文以浙江亚龙教育装备股份有限公司的YL-335B型自动生产线为例，分析了自动生产线的生产过程和基本结构，简要介绍了自动生产线的传感器技术、伺服驱动技术、PLC技术等控制技术的特点，对自动生产线控制系统的开发与应用具有一定的借鉴作用。

关键词 <<< 自动生产线; 控制系统; 开发与应用

自动生产线由基本工艺设备及各种辅助装置、控制系统和工件的传输系统组成，根据产品或零件的具体情况、工艺要求、工艺过程、生产率要求和自动化程度等因素，自动线的结构及其复杂程度往往有很大的差别，本文以浙江亚龙教育装备股份有限公司的YL-335B型自动生产线为例，分析自动生产线控制系统的开发与应用情况。

一、自动生产线的生产过程

自动生产线的整个生产过程都是自动化的。它首先将料仓内的物件输送到加工单元的物料台上，在加工完成好后，把物件一件件地运到物料台上去，把料仓内的装置嵌入到物料台上的物件上去，完成这一系列的工作后把成品送往分拣装置分拣输出。

每一个工作装置都是一个独立的装置，但是每个装置又在进行着不一样的工作，每个装置有不同的分工却又要互相合作，就像一个团体一样。每个装置的执行装置都是以气动装置为主，只有输送装置中的机械手采取的是通用变频器驱动三相异步电动机交流传动。位置的控制技术和变频器的技术是现代自动化工业中应用得最多的技术。

在自动生产线上采用了各种类型的传感器，它们的作用就是对物体的各个类别进行判断从而进行分类。自动化生产线中，每一个工作的装置都有一台PLC控制各种操作。

二、自动生产线的组成

自动生产线是由供料单元、分拣单元、输送单元、加工单元、装配单元组成，它们之间相互是独立的，同时又由PLC相互通信进行连接，从而完成控制功能。

三、控制系统的硬件

自动生产线采用传感器、电机技术、气动技术、控制技术、伺服驱动技术、通信技术等协同完成所有的生产要求。[1]

1. 传感器

传感器也就是自动线的检测装置，它能将各种被测量的物体转化成电信号传送出去。

下面介绍自动线用到的磁性开关、光电开关和光纤传感器等。

（1）磁性开关

作者简介 <<< 谢胡，女，长沙职业技术学院机械工程系，博士，工程师，湖南长沙，410217。

磁性开关在自动生产线中的作用就是用来检测各种不同类型的气缸，它在分拣装置中使用，可以精确地感受到机械手所在的位置并作出反应。磁性开关是一种不需要直接接触就能检测被测物体的开关，所以在检测的时候不会对被检测的物体造成损害。

（2）光电开关

光电开关也是用来检测物体的，不过它检测物体的方式是通过光敏传感器，将二极管和光敏三极管分别作为投光器和受光器。它的优点就是结构简单、使用方便，对微小的物体也不会放过。在自动生产线中，光电开关主要用在供料单元和分拣单元。

（3）光纤传感器

光纤传感器的传感装置是光纤。光纤不仅起传光的作用，而且还能利用其光学特性来实现“传”和“感”的功能。在自动线上，光纤传感器主要运用在分拣单元。

（4）电容式接近开关

电容式接近开光的工作原理就是将电容器的回路和开关外面的外壳作为正负极，当有物体接近开关的时候，电容的介电常数就会改变，通过这种方式来控制开关的连接或中断。

2. 电气控制系统

在自动线中各装置在进行不断的机械运动，这些机械运动由不同的控制系统控制完成。例如，传送带的运动控制由交流电动机完成，机械手的控制由步进电动机完成。自动生产线的控制系统主要由交流异步电动机、通用变频器驱动装置、步进电机、步进电机驱动装置和伺服系统组成。[2]

3. 气动模块

气动系统顾名思义，就是由压缩的空气来连接能量和信号，通过空气的充分压缩，将机械能很快地转变为压力能，在各个装置的相互配合下将压力能又快速地转变为机械能，从而完成这一系列的作业。

4. PLC模块

PLC是在传统的控制器的基础上引入了计算机技术和通信技术而形成的工业生产控制装置，充分利用了计算机技术对生产的过程进行监视和控制，使用PLC对各个单元的控制十分灵活、方便。[3]

在自动线中，每一个站都安装了一个PLC进行控制，它是自动线中最重要的部分。PLC技术之所以能在自动化生产行业中大受欢迎，除了能够极大地对顾客的需求做出满足以外，还因为它具有其他生产装置所没有的特点和不可或缺的优点。PLC在最大限度下解决了在工业产业中最为重要的可靠性、安全性、灵活性、方便性、实用性和经济性等一系列问题和不足，它主要有下列的特点：

（1）可靠性很高，抗干扰的能力也十分强。

（2）编程比较简易，使用起来很方便，适合非专业的员工操作。

（3）功能十分齐全，通用性也很好。

（4）设计安装十分方便，维护也很容易。

（5）体积很小，重量较轻，能耗也低。

四、控制系统设备的特点

控制系统设备是一套半开放式的设备，各工作单元的特点是机械装置和电气控制部分的分离。每一个工作单元的机械装置整体安装在底板上，而控制不同工作单元操作的PLC装置则是安装在工作台两侧的抽屉板上。

五、控制系统的主要作用

（1）供料装置的作用：把物料自动送到放物料的台上。

（2）传送装置的作用：在自动线生产过程中，传送装置起到的作用非常大，它可以将工件传输到指定的料槽中。

（3）加工装置的作用：将物料台上的物件放到需要加工的装置上，自动完成加工过程。

（4）装配装置的基本作用：将圆柱形的零件放进已经加工好的物件中。

（5）分拣装置的基本作用：把从其他单元中输送过来的物件按照不同类别进行整理和分类，然后分别输送出去。

六、结语

自动生产线是现在工业化生产中不可缺少的装置，

所涉及的领域也十分广泛，可以在很大程度上减少人工的使用，保证工业生产中产品的质量，极大地提高工作效率，这是现代工业生产的趋势和特点。

参考文献：

[1]韩青.铜电解阳极自动化生产线的电气控制系统研究[D].昆明:西南林学院,2009.

[2]李忠猛.回转式预热器漏风原因分析及对策[D].北京:北京交通大学,2007.

[3]陈立定.电气控制与可编程序控制器的原理及应用[M].北京:机械工业出版社,2005.

Analysis of the Development and Application of Automatic Production Line Control System

Xie Hu

Abstract: The automatic production line can run automatically in accordance with specified procedures or instruction without manual intervention. It can improve labor productivity, stabilize and improve product quality, improve working conditions and reduce the production cost. With obvious economic benefit, it has become a development trend of modern industrial production. Taking YL–335B automatic production line produced by Zhejiang Yalong Educational Equipment Co., Ltd as an example, this paper analyzes the production process and basic structure of the automatic production line and briefly introduces the features of control technology such as sensor technology, servo drive technology, PLC technology, and so on. We hope this will provide a certain reference to the development and application of automatic production line control system.

Key words: automatic production line; control system; development and application

新常态下长沙招商引资工作面临的机遇与挑战

□ 赵本纲

摘 要 <<< 经济发展新常态的时代特征是“三期叠加”，主要表现为：增长速度的换挡期，结构调整的阵痛期，前期刺激政策的消化期。 面对“三期叠加”的新常态，长沙招商引资工作进一步深入，形势走向较好，具有自身的先天优势与后发优势，同时面临着良好的招商机遇与严峻的挑战。要做好招商引资工作，长沙必须充分把握新机遇，直面新挑战，遵循新规律，在更新招商理念、创新招商思路、改变招商方式、优化发展环境等方面破解压力，从而驾驭新常态下的招商引资工作。

关键词 <<< 新常态；长沙；招商引资；机遇；挑战

习近平总书记在全国经济工作会议上的重要讲话，首次从消费需求、投资需求、出口和国际收支、资源环境约束等九个角度全面阐述了新常态的主要特征。他指出：认识新常态，适应新常态，引领新常态，是当前和今后一个时期我国经济发展的大逻辑。[1]在新常态下，我国经济发展的时代特征依然是“三期叠加”，经济增长速度换挡期，产业结构调整阵痛期，前期刺激政策消化期。面对资源的“红灯”、投资的“黄线”、土地的“红线”和政策的“底线”，特别是消费、投资、出口“三驾马车”对经济增长的拉动作用发生了深刻变化，历来被各级政府视为“一号工程”的招商引资工作正面临着新的机遇与挑战。为进一步助推长沙地区招商引资工作，我们必须立足长沙实际，以新思维、新作为，把握新常态下的新机遇，应对挑战。

一、长沙招商引资工作的基本情况

自2014年起，在市委、市政府的坚强领导下，全市上下积极应对“三期叠加”经济新常态的挑战和经济下行的压力，聚焦率先建成“三市”、强力实施“三倍”、加快实现基本现代化的总目标，坚持稳中求进、新中求进、好中求进的总基调，着力稳增长、促发展、惠民生，强力推进招商引资工作，在转型升级中取得了新进展。外资的利用既弥补了建设资金的不足，又引进了先进的技术和管理经验，积极有力地推动了长沙经济的发展。在长沙投资环境不断改善和招商引资力度持续加强的背景下，一批有质量、有效益、惠民生、可持续的项目落地，世界500强与战略投资者落户长沙的步伐加快。截至2014年12月，全市累计批准在长沙直接投资的境外世界500强企业达到51家（不含分公司）。全年利用外资项目（企业）123个，实际使用外商直接投资39.69亿美元，比上年增长16.7 %。全年新增实际到位省外境内资金项目252个，实际到位省外境内资金达609.76亿元，增长14.2 %。[2]

随着产业结构优化升级的步伐加快，长沙实际利用外资来源地更加丰富，除了主投资香港地区以外，长沙实际利用外资来源地第二位到第五位的国家和地区分别为日本、英属维尔京群岛、毛里求斯、美国，利用外资结构趋于优化。当前，长沙市实际利用外资结构逐渐向“三二一”转变，新型工业化项目、服务业、房地产业分别占全市实际利用外资总量的54.29 %、42.78 %和21.93 %。[3]从新批企业投资区位来看，开发园区成为吸引外资的重要载体，尤其是2015年以来，长沙“五区九园”招商引资工作更是逆势而上，居省内之首。

二、新常态下长沙招商引资工作的形势走向及机遇

作者简介 <<< 赵本纲，男，安徽合肥人，长沙职业技术学院讲师，博士，湖南长沙，410217。

（一）新常态下长沙招商引资工作的形势走向

在新常态下，2014年长沙经济主动适应潜在增长率降低的环境和条件，转入中高速的稳定增长轨道，充分利用境内境外两种资源、两个市场，坚持基础先行、开放引领、产业支撑，不断优化投资环境，创新招商方式，广开招商门路，推动了招商引资工作健康快速发展，奠定了我市经济增速换挡、结构调整优化的运行总基调。2015年，长沙认真落实省委、省政府“六个走在前列”的要求，积极探索“五个怎么办”的路径，坚持“稳住、进好、调优”，围绕打造国家区域性中心城市、全国综合型交通枢纽城市、全国创新创意城市和“一带一部”核心增长极，推动招商引资、发展对外贸易已经列为政府的重点工作。[4]2015年长沙将着力推进商务商贸工作，创新招商引资方式。在支持现有企业升级改造壮大的同时，以更大力度招商引资，形成部门、区县(市)、园区、企业多元招商格局。瞄准世界500强企业和知名企业，强化产业链招商、专业招商、常态化招商，引进产业链前端、价值链高端的优质项目、龙头企业，以不断增强发展后劲。

（二）新常态下长沙招商引资工作的现有优势

新常态下，随着国家经济政策向中部省份的倾斜以及国家对国土资源的进一步规范，要素成本不断上升，湖南省各地区招商引资工作的传统比较优势正在逐渐减弱和消散。作为省会城市长沙，必须要科学分析本区域的比较优势来进行招商引资，为有效推动湖南经济转型发展助力。长沙招商引资的现有优势主要为五个方面：一是区位优势，湖南地处“中三角”、“长三角”、“珠三角”的结合部与过渡带，地理位置十分优越，作为全国重要高铁枢纽、全球百强航空枢纽，长沙已经成为南方最核心的纵横交错的铁路枢纽之一，长沙黄花国际机场年旅客吞吐量位列中部第一，高速公路网，居全国第四，长沙辐射力更强；二是资源优势，湖南历来物产丰饶，素有“有色金属之乡”、“鱼米之乡”、“非金属矿产之乡”、“旅游胜地”等美誉，这些资源优势既是长沙走出去发展的重要支撑力，也是长沙作为窗口吸引众多海内外企业投资的基础；三是产业优势，近年来，长沙注重产业结构调整与升级，形成了基础扎实且完备的产业体系，建设了一批产业聚集群的国家级省级产业园区（五区九园），在传统特色产业正在升级提质的基础上，涌现了一批年产值过千亿元的支柱产业，形成了轨道交通、工程机械、汽车制造、电子信息、新型材料、现代农业等一大批新兴优势产业，在对东盟、中亚地区招商引资过程中，长沙的产业优势十分明显；四是科技文化优势，长沙人文科技优势十分明显，伴随城市品质的显著提升，长沙招商引资吸引力更大，长沙不仅拥有中南大学等一批学科特色和优势明显的科技与教育资源，一批在世界领先、国内领先的创新创业的科技领军人才，同时拥有科技、信息、商贸等高职高专35所，每年培养近10万名高素质技术技能型人才，为长沙提升招商引资发展水平提供了智力支持；五是人缘优势[5]，得益于湖南省侨联，长沙利用其广泛的人脉资源与商务资源，有效地推动招商引资工作，侨港澳资占2/3以上，先后促成中意、中德、中俄等一批国际机构落户长沙，同时，异地及国外湖南商会活跃，中国香港、台湾及周边泰国等湖南商会的陆续成立，促进了湖南与周边地区实现优势互补和互利双赢，为长沙招商引资工作提供了重要载体。

（三）新常态下长沙招商引资工作面临的机遇

从湖南省来看，在一系列“稳增长”政策作用下，全省经济企稳回升态势较为明朗，工业生产基本平稳，投资略有回落，消费、进出口较快增长，民生不断改善。2014年全省完成固定资产投资19,629.2亿元，同比增长19.4 %。其中，第一、二、三产业投资分别增长27.8 %、18.4 %和19.8 %。民生、生态、基础设施、高新技术产业和战略性新兴产业投资分别增长39.3 %、24.1 %、19.1 %、16.6 %和17.4 %。民间投资增长21.6 %。按照中央经济工作会议的分析判断及要求，结合目前宏观调控政策出台的步调、特点初步判断，2015年我国宏观调控政策将继续保持松紧适度的状态，区别对待、分类施策，有针对性地发力，对提升长沙地区招商引资的规模与质量、扩大招商成果带来了新的机遇。一是国家和省大力支持的政策机遇。国家加快实施主体功能区规划，特别是促进产业和人口向重点开发区加速聚集，长沙属于国家重点开发区城之一，并作为“一带一部”布局中的首要城市，在2015年正式获批中国中部首个国家级新区湘江新区，未来在争取国家区域发展政策、重大项目布点、重大改革试点等方面有较大优势；同时省委、省政府赋予长沙更多的经济社会管理权限，有利于长沙更加积极主动地谋求新一轮的招商引资发展。二是新型工业化转型发展的机遇。在国家严控过剩产能、支持新兴产业发展的大背景下，我市电子信息、新材料、生物等优势产业的发展前景广阔。随着对外影响力的不断提升，长沙有望成为重大招商引资项目布局和终端消费品牌布点的首选城市。三是新型城镇化纵深推进的机遇。新型城镇化是国家今后较长时期持续推进的重大战略举措。新常态下，面对人口红利的刘易斯拐点，长沙已经发展到具备大规模聚集产业和人口的基础条件，能够有效吸纳省内外人口，优质资源加速聚集。四是扩大消费需求优势叠加机遇。长沙作为南中国高铁枢纽城市，以200公里为消费半径，拓展辐射的腹地空间十分广阔，依托良好的消费基础优势，外来消费有望迎来新的增长高峰。五是科教文化优势加速转化机遇。长沙历史文化悠久，底蕴深厚。随着改革的深入推进和市场体制机制的逐步完善，长沙将建设以文化产业搭台、综合旅游商业配套的新型综合文化产业园，打造长沙文化产业新名片，促进文化招商工作，增强经济发展的内生动力。

三、新常态下长沙招商引资工作面临的挑战

（一）世界投资贸易格局重构新规则的挑战

后国际金融危机时代，世界经济格局正在发生深刻变化，全球经济中心正逐步转向以亚太为中心的新兴经济体，区域经济一体化势头强劲，贸易保护趋势有所抬头。在此背景下，美国积极主导TPP（跨太平洋伙伴关系协议）、TTIP（跨大西洋贸易与投资伙伴协议）以及PSA（多边服务业协议）谈判，影响力日增。这些协议涵盖领域广泛，能推进高水平的自由贸易投资，对货物贸易、服务贸易自由化以及电子商务交易、竞争、关税手续、投资、贸易的技术障碍和知识产权保护等，都制订了具体的条款，是美国为绕开和替代WTO、RCEP（区域全面经济伙伴关系协定）以及FTAAP（亚太自由贸易区）而打造的新经济战略。目前，参加TPP贸易谈判的国家已由原来的4个增加到包括美国在内的12个，GDP总额预计超过27万亿美元。无论中国加入与否，其都具有“零关税、无例外和全面性”的特点。[6]不难看出，世界经济仍处在国际金融危机后的深度调整期，2015年世界经济增速可能会略有回升，但总体复苏疲弱态势难有明显改观，这将进一步影响湖南与中国周边国家和地区经贸合作，直接影响长沙向周边国家招商引资的进程。

（二）新常态下长沙招商引资要素供给的挑战

经济新常态的核心内涵是增长动力由要素驱动、投资驱动向创新驱动转换。过去由地方政府部门招商引资的高投入、高消耗、高污染、低产出的经济发展路径已不可重复，依靠要素驱动和投资驱动的经济高速增长模式已难以为继。2014年我省经济主动适应潜在增长率降低的环境和条件，逐渐转入创新驱动型的新常态经济发展模式，呈现出生产增速换挡企稳、产业结构调整优化、增长动力逐步转变、经营效益基本保障等运行特征，但经济运行总趋势仍面临着要素供应趋紧的现实。2015年长沙传统投资领域增速减缓，消费潜能有待激活释放，出口规模偏小，短期内难有根本转变，经济面临巨大下行压力，招商引资要素供给形成新的挑战。一是劳动力成本上升。当劳动供求关系发生变化，劳动力成本上升之后，就可能导致整个成本上升。根据全省工业企业生产经营形势及景气判断专项调查结果显示，被调查企业实际招聘人数与计划招聘人数比，缺口率一年来处在11 %左右，同时，有近四成的企业反映，用工成本上升是企业面临的突出困难之一，尤其在长沙地区，企业更加注重依靠人力资本质量和技术进步。这也是长沙未来招商引资面临的挑战，产业竞争力可能会下降，甚至有些产业可能会转移出去。二是土地资源制约因素日益凸显。目前，长沙的土地、资源等要素已然稀缺，要素供给正在减少，土地利用结构亟待调整，无地招商与少地招商成为新常态下的新挑战。

（三）新常态下长沙招商引资市场需求的挑战

在新宏观调控政策引导下，2014年，我国经济增长速度低于上年经济增速，市场总需求增长有所减缓，动力机制逐渐转化。面对要素驱动边际递减，能源资源和生态环境承载压力递增的现状，长沙招商引资同样面临市场投资需求整体下行的挑战。湖南经济经过10多年的快速增长，基础设施日趋完善，产业产能显著提升，投资快速增长空间不断收缩，对产业增长的贡献减弱。从湖南全省看，全年完成固定资产投资增长19.4 %，增幅同比降低6.7个百分点；其中，房地产开发投资增长9.7 %，工业投资增长14.9 %，增幅同比分别降低9.2个和13.2个百分点。受固定资产投资尤其是房地产、工业等投资增速减缓影响，关联密切的工程机械、钢铁、水泥等行业发展受到制约。2014年，湖南规模工业非金属矿物制品业、黑色金属冶炼和压延加工业加值分别增长11.1 %和4.4 %，增幅同比分别降低5.2个和1.1个百分点，专用设备制造业仅增长0.7 %，与上年持平。[7]同时，湖南对外贸易规模偏小，对经济增长的贡献作用有限，必然在一定程度上导致长沙招商引资工作驱动力不足。

（四）新常态下长沙招商引资投资环境的挑战

随着中央对地方优惠政策的清理以及地方债务风险的加大，影响投资的因素将是对地区软环境的考量，招商引资软环境的优劣也成为投资者决策时考虑的重要因素。[8]为适应这种“新常态”，长沙面临加强对招商工作以外的市场环境建设的挑战，合理定位招商引资角色，提高政府服务质量和效率，改善长沙的整体贸易投资环境。一是对外出口物流成本偏高。长沙出口物流费用一般要占到货物价值的10 %，且运费不稳定、不透明，港杂费较多，保税物流中心收费和检验收费标准偏高。同时受湖南口岸建设发展滞后的影响，长沙对外贸易通关通检不够方便快捷，降低了投资方热情。二是投资软环境存在硬伤。由于优惠政策在招商引资中的作用越来越小，新常态下长沙投资软环境的作用会越来越突出，主要体现在法律政策、行政效率、服务理念、文化氛围上；软环境在招商引资中的基础性地位更加突显，将成为投资者决定是否投资的先决条件。然而，在省内调研座谈中，“无论是主投资方的香港、台湾等企业家，还是异地湖南商会回湘投资企业家普遍反映投资环境差是湖南的‘硬伤’，主要是地方政府诚信不足，招商签约时，承诺各种优惠条款，但具体履约时，承诺兑现难”[9]。此外，根据多方企业家意见，异地来长沙投资的企业家期望政府更加重视且优化软环境，更希望看到一个环境好、服务优，效率高、成本低，客商有钱赚，安全有保障，具有投资环境软实力的现代化长沙大都市。

四、结语

招商引资是经济发展的“外来催化剂”，能增加地方经济总量，增加地方财政收入，带动地方就业，增加地方政府基础设施投入，是一个地区扩大开放、加快发展直接和关键的有效途径。在“工业4.0”与国内“三期叠加”经济新常态下，长沙要做好招商引资工作，必须要充分把握新机遇，直面新挑战，遵循新规律，更新招商理念、创新招商思路、改变招商方式、优化发展环境，方能驾驭新常态下的招商引资工作，才能进一步促进长沙实现更高质量、更好效益的发展。

参考文献：

[1]李佐军.引领经济新常态应解决十二大难题[J].中国中小企业,2015(2).

[2]2015年长沙市政府工作报告全文[EB/OL].长沙市政府门户网,[2015-03-16].http://www.changsha.gov.cn/xxgk/szfxxgkml/gzbg/201503/t201305351.html.

[3]长沙市发展与改革委员会.2014年长沙市国民经济与社会发展统计公报[Z].长新出准字〔2014〕13号.

[4]长沙市实际利用外资总量稳步增长[EB/OL].长沙统计信息网,[2014-01-28].http://www.cstj.gov.cn/static/zlndbg/20140128/25176.html.

[5]柳思维.经济新常态下加强湖南与中国周边国家和地区经贸合作的探讨[J].湖南商学院学报,2015(6).

[6]潘同人.新常态下的地方政府招商引资总体特征、工作思路与政策建议[J].党政干部论坛,2015(7).

[7]2014年湖南工业经济运行情况[EB/OL].长沙统计信息网,[2015-02-16].http://www.hntj.gov.cn/fxbg/2015fxbg/2015jczx/201502/t20150216_115055.htm.

[8]云进.经济新常态下招商引资工作如何开展[N].人民政协报,2015-08-31(6).

[9]柳思维.经济新常态下加强湖南与中国周边国家和地区经贸合作的探讨[J].湖南商学院学报,2015(6).

Opportunities and Challenges Faced by Investment Promotion Efforts of Changsha in the “New Normal” Economy

Zhao Bengang

Abstract: The economic development in the new normal displays the time feature of “ three major trends”, which is mainly demonstrated by the shift of growth speed, the growing pains of structural adjustment and the digestion of earlier stimulating policy. Faced with the new normal of “three major trends”, the investment promotion of Changsha has been deepening with positive signs. It has innate advantages and late-mover advantages, together with favorable chances and severe challenges. To make investment promotion a success, Changsha must take full advantage of new opportunities, face up to new challenges and abide by the new laws. It should also update investment promotion philosophy, innovate investment promotion ideas, change patterns of investment promotion and optimize the development environment so as to crack pressure and control the investment promotion in the new normal.

Key words: new normal; Changsha; investment promotion; opportunities; challenges

我国地方政府社会治理机制创新研究

□ 黄朝芳

摘　要 <<< 目前我国地方政府在社会治理方面最大的问题在于过于依赖公权，而忽视了其他治理方式，忽视了民意，忽视了公权和民权的平衡，导致社会治理效率非常低。所以地方政府需要通过放权、利用市场机制、建立协商机制、丰富社会治理工具等方式来对社会治理机制进行创新，从而提升社会治理的效率。

关键词 <<< 地方政府；社会治理；机制创新

一、地方政府社会治理机制创新的意义

（一）社会治理机制创新是实现“善治”的重要途径

对于我国社会而言，“善治”是一种非常理想的状态，政府的合法性、透明性、责任性和公众的参与性、社会的稳定性等都可以成为“善治”的衡量标准。在这样的状态之下，我国社会的公共利益就可以得到维护，那么我国社会就可以在低成本的前提下得到有效的治理。我们要实现社会的“善治”，就需要对治理的主体进行合理的培育，对治理的工具进行创新。所以对社会治理机制进行创新，包括两个方面的创新：其一是社会治理主体的创新，其二是社会治理工具的创新。只有社会治理机制得到创新，才能够使得政府更加具有合法性和透明性，使得社会参与度得到提高，并且使得政府的运作成本减少。

（二）社会治理机制创新有助于增强政府公共管理能力

我国曾经出现过很多思潮，但经过这些思潮的洗礼，人们逐渐认识到政府的公共管理能力足以影响一个国家的经济发展。如果政府能力弱化，政府的公共政策质量降低，那么我国经济的发展就会比较滞后于其他国家的经济，所以政府要提升自身的效能，就需要具有较强的公共管理能力，也正是在这样的基础之上，才能够使得社会进步。所以要取得经济的发展，就必须要提升政府的公共管理能力。而提升政府公共管理能力的必经之路就是要优化政府的公共管理工具，对社会治理的机制进行创新，对公共管理者的素质进行培养。[1]

（三）社会治理机制创新是降低社会治理成本的重要手段

影响社会治理成本高低的因素有很多，包括社会公共问题的本身和社会治理活动。如果社会公共问题本身结构良好，但是社会治理过程不理想，就可能会使得情况变得很复杂，那么管理成本就会相应地提高。反之，一个公共问题具有不良的结构，而社会治理过程非常科学，就可能会使得这个公共问题成为结构良好、可以进行控制的公共问题，相应地，其管理成本就会大幅度地减少。所以想要使得管理主体趋于多元化、主体之间的关系平等化，就需要对社会治理机制进行创新。在过去的时间里，我国社会治理活动中，政府往往是单向发力，而社会治理机制创新就可以使得社会中更多的主体参与到社会公共事务中。如果能够保持政府和社会主体的平等，那么社会主体就会更加积极地参与到社会公共事务中。那么此时，社会主体与政府就不再是被统领与统领的关系，而是合作的关系，可以使得社会治理的资源得到优化配置。

二、当前地方政府治理机制存在的问题及其原因

（一）社会治理机制形式单一

就目前而言，我国的地方政府在社会治理机制方面大多都存在形式单一的问题。在我国当前的局势下，地

作者简介 <<< 黄朝芳，女，三六五金典文化传播有限公司，高级实验师，湖北鄂州，436000。

方政府会将一些社会公共问题作为政府公共问题进行管理，使用公共的权力，由公权机构开展社会公共问题治理工作，但是这样就使得社会治理机制形式趋于单一，都是由政府作为单一主体进行主导的。而在这样的治理结构下，社会治理的主体就是政府，而市场、社会组织和个人都不能够参与到治理活动中。而政府作为单一的治理主体，却只有一种治理机制，就是“公权”。

社会治理机制形式单一将会导致很多现实问题：

其一，公共问题的可治性存在问题。政府使用公共权力开展工作，而公共权力又具有很强的强制性，那么实施权力的一方和被实施权力的一方就形成了很明显的不对等关系，然而针对公共问题，公共权力并不适合干预，反而一些社会中介机构或是公共问题所涉及的主体之间的一些组织可以将问题解决。而目前在单一的治理机制之下，地方政府就会将这些不适合公共权力干涉的问题归纳为公共治理的范畴，使用公共权力管理，那么反而会使得问题难以解决，使得问题变得更为复杂，加大了治理的难度。

其二，政府的治理合法性受到侵蚀。在社会公共问题中，公共权力具有强制性，解决一些问题也具有较高的效率，所以很多地方政府会非常愿意使用公共权力进行治理，这也是这一单一治理机制出现并持续使用的原因。但是在“公权”治理机制下，社会的治理往往会使得民主受到压制，公共问题涉及的主体无法进行全面和充分的表达，再加上一些政府人员希望能够快速解决问题，可能会不注重公共问题所涉及人员的申诉，那么这些公共问题主体的利益就会受到损害。长此以往，公众对于这一治理机制也会存在不满情绪，当不满情绪逐渐累积并爆发，将会使得公众对政府的公权治理存在质疑且不认同。[2]

其三，保持单一的治理机制还会使得财政吃紧。由于政府将各种公共事务都作为政府公共事务处理，那么政府就必定会管理很多本不该其管理的事务，再加上管理效果不佳，政府就会逐渐失去公众的信任。同时，管理这些事务的同时，政府还需要投入大量的人力、物力、财力，再加上流失了民意资源，使得政府的损失非常大。

（二）社会治理机制僵化

地方政府面对公共问题时，往往会使用同样的治理机制。然而不同的问题具有不同的情境，如果不能够及时转变思维情境，就难以选择和构建合适的方式进行治理，导致治理机制的僵化。就目前而言，我国地方政府社会治理机制僵化主要表现在以下几个方面：

其一，社会治理主体之间的关系僵化。在治理公共问题尤其是解决跨地区的公共问题时，政府之间缺乏合作，但权力化的现象非常严重。所以在解决公共问题时也必须要借助权力合作才能够开启治理工作，使得公共问题解决的效率非常低。这主要是由于我国政府没有积极对待社会化管理主体。

其二，社会治理手段僵化。我国地方政府习惯于使用公权手段对公共问题进行治理，具有较强的强制性。但是在现实管理过程中，公权手段成为了统一的治理标准，其他的治理手段都会被忽视。但公权手段本身就是一种具有很强的不平等性的治理工具，使得民主得到压制，所以治理手段非常僵化，缺乏灵活性。

（三）社会治理机制运作后续乏力

要进行社会治理，社会治理的机制就是核心，所以需要具有长效的动力结构。但是我国大部分地方政府都使用单一化的治理方式和手段，使得目前社会治理机制过于依赖公共权力，依赖于公共权力的强制性。上文也提到，公权治理很容易压制民意，所以公权治理的“度”很难把握，一旦处理不好公权手段的“度”，就会使得一些矛盾被放大，反而影响了社会治理的效果。很多地方政府在进行社会治理时似乎具有很强的程序化特点，再加上单一的政策工具，就会使得社会治理机制的后续动力不足。

三、地方政府社会治理机制创新政策建议

（一）政府要适度放权

要对我国地方政府的社会机制进行创新，首先就需要政府适当地放权，这是政府改革的一部分，可以作为一项非常重要的行政原则。上文中提到，我国政府习惯于把所有的公共问题归结为政府公共问题进行管理，使得政府管理了很多本不该管理的问题，不仅付出了很多人力、物力、财力，而且还在一定程度上失去了民心，所以必须吸取这个教训，进行适度的放权。所谓的放权，不仅仅是指体制内的分权，还有体制外的分权。这也是对社会治理格局的建设，需要政府将一些无法承担的或是成本太高的公共问题转移，通过社会和市场进行管理。

（二）充分利用市场机制

到目前为止，我国已经确立了社会主义市场经济体制。目前的市场体制已经完全取代了计划方式，可以满足公民对于私人物品的需求。此时，很多公共问题也可以通过市场来解决，比如政府公共服务的购买等。尽管这个发

展趋势是正确的，但是还面临着很大的阻力。这些阻力主要就来自于政府本身。我国的大部分地方政府还对市场存在偏见，并且习惯于使用公共权力来解决社会问题，依赖于公共权力的强制性，希望能够独享公共权力，不愿意下放权力。在这样的情况下，就使得社会治理机制的创新受到阻碍。所以我国需要对市场机制进行完善，并且通过立法等方式来使得政府和市场之间的关系变得更加平衡，使得政府和市场之间可以进行资源的流动。

（三）建立社会治理的协商机制

在社会治理机制创新之前，在面对公共问题时，政府往往会选择公权驱动机制。而在协商机制下，政府就可以具有更多的选择。所以在提出治理机制创新之后，政府不仅仅是一个管理者，而是需要承担多种角色。

其一，政府可以承担裁判者的角色。在面对一些没有涉及政府的公共问题时，政府可以不进行直接管理，而是作为一个居间裁判，根据相关的规定，以公平公正为原则建立谈判的机制，使得问题的各个主体都能够以谈判和协商的方式进行讨论，然后由政府提出解决问题的措施。[3]

其二，政府可以承担谈判者的角色。在面对一些涉及政府的公共问题时，政府可以将之前强制性的公权手段放下，使得权力思维弱化，将自己视为一个普通的利益主体，与其他利益主体进行谈判，提出意见和建议，进行平等的谈判和协商，从而选取合适的方式解决问题。

其三，政府可以担任诉求者的角色。在涉及政府的公共问题时，政府作为一个利益主体，可以与其他利益主体一起找到另外的主体作为裁判者，让其作为居间裁判，在这个裁判的主持下，双方提出诉求，再由这个第三方进行裁决，提出解决问题的办法。

（四）收缩地方政府的权力范围

在目前我国地方政府社会治理机制存在的问题中，我们提到目前政府所持有的公共权力较大，习惯于使用公权手段解决问题，那么对其权力进行弱化将成为社会治理机制创新的突破口。将政府的公权作用范围减小，使得政府能够重新审视自己的位置，能够正视自己的位置。同时，还需要利用市场和社会机制，使得政府的相关职能受到缩减，限制政府的活动和管理范围，从而使得政府的公权和民权达到一个平衡的状态，将非常有利于社会的治理。

（五）丰富社会治理工具

要对社会治理机制进行创新，还需要对社会治理的工具进行扩充。以前，地方政府治理社会问题的工具就是“公权”，也引发了很多不必要的问题，所以此时应该借助一些其他的社会治理工具。地方政府往往会忽视民主化程度比较高的和比较市场化的工具，但这两种工具往往是处理社会问题最有效的工具。我们基本可以认为，社会治理工具可以分为政府工具、社会化工具以及市场化工具，地方政府需要根据社会问题的不同而选择合适的工具进行治理，将会使得社会治理效果得到提升。

参考文献:

[1]杨述明.现代社会治理:地方政府职能转变的历史使命[J].江汉论坛,2014(2).

[2]靳永翥.治理转型中我国地方政府社会治理能力的培育[J].贵州社会科学,2004(6).

[3]刘国军.网络舆情发展与地方政府社会治理考量[J].石河子大学学报,2010(5).

Innovation Research on Mechanism of Social Governance by Local Government in Our Country

Huang Chaofang

Abstract: The existing serious problem with social governance by local government of our country is that we are too reliant on public rights but neglect other governance, public opinion and balance between public power and civil rights, leading to low social governance efficiency. So local governments need to innovate the mechanism of social governance by decentralizing rights, making use of market mechanisms, establishing a consultation mechanism, and enriching social governance tools in order to improve the efficiency of social governance.

Key words: local government; the social governance; mechanism innovation

我国跨区域物流在当前电子商务环境下的发展分析

□ 墨亚兰

摘　要 <<< 近年来科技创新和计算机技术的蓬勃发展为电子商务的兴起和物流水平的提升提供了技术条件。目前我国在发展电子商务环境下跨区域物流方面还存在发展不够充分、地域发展不均衡等问题，需要发掘我国电子商务的巨大潜力、国家出台相关扶持政策，充分利用我国经济的快速崛起、国家的政策扶持、良好的发展环境和竞争优势等，实现我国跨区域物流在当前电子商务环境下的快速发展，并根据现代经济形式对物流业发展的需求预见未来电子商务环境下跨区域物流的发展具有物流业系统化、物流业信息化、物流业社会化的趋势。

关键词 <<< 电子商务；跨区域物流；发展

一、我国电子商务环境下跨区域物流的发展概述

上世纪八十年代，电子商务开始应用于商业数据的传输领域，现如今已经广泛应用于市场经济的各个领域，其中包括物流业。为了繁荣物流行业，必须将电子商务和物流结合起来，这是前人经过不断探索得出的结论。电子商务物流区域化能够满足现代居民崇尚的个性消费需求，促进了我国经济水平的快速增长，长期以来我国非常重视对电子商务物流业的开发。电子商务作为一种新兴的商业运作手段，以其高效省时的特点被广大用户青睐。

（一）我国发展电子商务物流业的背景

我国是一个拥有13亿人口的经济发展大国，经济水平不断提高，尤其是一直以来作为国民经济基础产业的农业和工业快速发展。最近两年由于世界金融危机的影响，国际总体经济水平不断下滑。面临巨大的挑战，全国人民上下一心，借助于国家财政拨款，在国家相关政策的扶持下发展经济，使我国经济在经历了短时间的萧条之后逐渐显露回升之势。但另一方面我国经济的快速发展已经对其他国家构成了威胁，为了保护本国经济，许多西方国家对中国实行贸易壁垒政策，限制中国商品的进口和劳务人员的输入。例如，美国对从中国进口的商品实行“反倾销、反补贴”政策，一些欧洲国家严格限制中国公民的入境签证发放数量，这些做法严重阻碍了中国经济的发展。[1]为了能够保持我国经济长期稳定的增长态势，就必须尽快建立电子商务平台，同时大力发展物流业以应对当前环境下各经济区域间的商品流通。

（二）我国电子商务物流业的发展现状

我国电子商务物流业的发展具有显著的地域特性。东南沿海地区经济发展水平较高，各类自然资源和劳动力资源丰富，电子商务物流的起步较早，加之科学技术先进，交通便利，互联网的使用率高，电子商务物流技术已经趋向成熟，各种基础设施都能满足消费者网上购物的需求，同时网络购物的快捷方便受到广大用户青睐，网上购物已经逐渐成为一种趋势，

作者简介 <<< 墨亚兰，女，长沙职业技术学院经济贸易管理系教师，讲师，湖南长沙，410217。

极大地促进了电子商务物流的发展；而内陆地区不仅经济发展落后、资源匮乏，而且网络的普及程度不高，人们不了解网络，更倾向于传统的贸易方式，自然就对电子商务物流没有信心，因此很难在这些地区实现电子商务物流真正意义的发展。

此外，物流业的发展受经济发展水平的影响很大，一个国家的经济实力是电子商务物流发展的重要基础，经济发展水平越高，电子商务物流业就越成熟，雄厚的经济基础可以为构建电商平台提供资金保障，为电子商务物流区域化建设解决资金问题，从而加快区域化进程；而在经济落后地区开展电子商务物流的建设工作还有很大难度，面临的主要问题就是资金不足，电商平台的建设起步较晚，发展也相对落后。虽然我国物流业的发展很不均衡，但是我国经济的快速发展带动了贸易的发展，而作为贸易重要环节的电子商务物流业也适应了全球经济的发展要求，逐步实现区域化。尽管目前我国电子商务物流区域化程度较低，尚在起步阶段，但随着经济的发展和科学技术的进步，我国的物流区域化程度也将逐渐提高。

（三）我国在电子商务物流领域存在的问题

首先，我国电子商务物流的发展不够充分。我国是发展中国家，与发达国家相比，经济发展和科学技术水平比较低，电子商务物流的起步较晚，技术不够成熟，积累的经验也很少，同时很多地区人们的受教育程度不高，观念比较保守，习惯于传统单一的消费方式，很难接受新兴事物，在这些地区电子商务物流的发展只是表面现象，无法深度发展。这一系列原因导致了我国电子商务物流发展很不充分。其次，我国电子商务物流的地域发展不均衡。我国东南沿海地区经济发达，人们的受教育水平较高，接受新事物的速度快，电子商务物流可以迅速融入到人们的生活中去；然而，在内陆一些贫困地区，经济发展缓慢，交通条件差，这对物流运输的发展极为不利，此外人们受教育程度低，思想落后，很难理解新兴事物，甚至由于信息闭塞，可能完全不知道电子商务物流的存在，因此在这些地区电子商务物流的发展很难实现。与此同时，随着经济的发展，我国国内居民贫富之间的差距越来越大，经济发达地区拥有先进的技术和足够的资金，完备的基础设施和高素质的专业人才，力量雄厚，电子商务物流的发展快速高效，普及程度高；而经济欠发达地区不具有完备的基础设施和先进的技术，缺乏人才力量的支持，虽然有国家财政资金拨款资助，但是对于发展所需要的费用仍是杯水车薪。[2]巨大的贫富差距和落后的经济使发展电子商务物流陷入重重困境。

（四）我国电子商务物流领域存在问题的解决办法

1. 发掘电子商务的巨大潜力

目前全球已经进入电子商务时代，而电子商务对于世界区域物流行业的发展起着不可忽视的作用。在电子商务领域我国的发展起步较晚，技术还不是很成熟，但是具有相当大的发展空间。为了解决我国在电子商务领域存在的问题，必须继续坚定不移地发展电子商务。原因在于：首先，电子商务的发展大大提高了物流业的服务水平，在此之前物流业基本都是实物化工作，然而物流工作繁琐复杂，依靠人工力量不仅效率差而且容易出错，而电子商务的出现将物流业也带上了信息化轨道，极大地提高了物流业的服务水平，为消费者提供更加便捷细致的服务；其次，电子商务更新了传统物流企业的运作体系，电子商务的出现使得物流中信息流和资金流的传递都可以通过网络实现，并且客户可以直接在网上选择供应商提供的各种服务，减少了不必要的流通环节；最后，电子商务提升了物流企业管理的水平，现在在线销售的商品种类越来越多，为了提高消费者的满意度，必须相应地提高对物流行业的要求，在货物配送时更加注重服务质量，增强企业的市场竞争力。[3]

2. 国家出台相关扶持政策

新兴经济形式的出现，往往需要国家政策做保障才会被民众所接受，所以电子商务物流的发展离不开国家政策的支持。第一，国家必须从宏观上利用政治和经济手段支持电子商务物流区域化的发展，一方面出台相关条例调整企业内部结构，优化企业改革；另一方面国家财政提供资金支持，银行提供低息贷款，以保证物流企业可以迅速筹集资金进行管理和运作。第二，国家需要适时发布相关政策平衡地区发展水平，大力发展贫困地区的经济，鼓励富裕地区带动贫困地区共同发展，缩小贫富差距；与此同时，提高贫困地区的教育水平，加大对电子商务等新兴事物的宣传力度，使人们尽快了解并接受电子商务；加强全国各地交通线路的建设，促进物流业在全国各地的区域化发展。第三，要加强国内交通网络建设，使交通网可以覆盖全国各地，解决商品运输线路的问题，加强网络建设，利用互联网提供货物的供求信息和运输信息，在网上可以查询到物流企业的信用信息，网络以其方便快捷的优势必将成为连接企业和客户的纽带。

3. 企业管理模式的调整

成功的企业需要优秀的领导人，优化企业管理也必须从领导者开始做起。管理者需要选拔和培训企业所需要的人才，尽可能地使用公司已有的资源并且为企业储备人才力量。除此之外，企业管理者还必须制定合理的经营战略，包括市场营销管理、生产作业管理、产品开发和财务管理，从各个层次入手，使电子商务物流业迅速发展起来。[4]

二、我国发展电子商务物流的优势

（一）我国经济的快速崛起

改革开放以来，我国的经济快速复苏并且蓬勃发展。到目前为止，中国已经超过德国成为世界第三大经济强国，预计将在十年后赶超日本，五十年后超越美国成为世界第一，国内已经形成了一些具有一定规模的经济开发区和工业园区。专业人士认为，与中国建立贸易联系是极为明智的选择，因为中国经济在全球经济体系中占据相当大的份额。美国能战胜网络泡沫的危机得益于中国经济的快速发展，因为中国购买了价值7,000亿美元的美国国债来帮助美国度过经济危机，而且美国对中国的贸易逆差达到1,620亿美元。由此可见，中国的经济发展对于世界经济的稳定具有相当大的意义，同时也为中国大力发展电子商务物流奠定了坚实的基础。

（二）国家的政策扶持

从2009年1月1日到目前为止，我国已经降低了包括新鲜草莓在内的五种商品的进口关税，履行了我国2001年加入WTO时做出的降低关税的承诺，这些利好政策都有利于国际间贸易的开展。但是由于降低的税率很小以及涉及的商品范围有限，对于整体关税水平的影响不大，2009年和2008年的关税总水平都是9.8 %。其中，农产品平均税率仍为15.2 %，工业品平均税率仍为8.9 %。此后，我国对于其他商品的进口关税也做出了相应调整，关税总水平已经由2001年的15.3 %降至目前的9.8 %。我国政府不断出台相关政策促进与其他国家的贸易往来。例如，经国务院关税委员会审查和批准，自2010年1月1日起，我国逐步调整进出口关税，主要涉及最惠国税率、年度暂定税率、协定税率、特惠税率及税则税目等方面。除此之外，政府促进市场准入制度的推广、简化行政管理、规范物流市场秩序、促进信息标准化建设、简化通关程序等，向技术创新的物流企业提供财政补贴，鼓励国内物流业的发展，全方位的支持跨区域经济的交流。

（三）良好的发展环境和竞争优势

一方面世界上大多数国家都相继出台相关政策大力发展电子商务物流行业，打破贸易壁垒，加大对外开放力度；另一方面，我国国内加速基础设施建设，兴建电商平台，出台税收政策，鼓励出口贸易，保险公司为物流企业提供完善的保险服务，金融业对物流业提供资金保障。良好的国际和国内环境对我国电子商务物流业的发展极为有利。我国经济的发展起步较晚，所以未来的发展空间很大，对于电子商务物流的发展，我们有大量的国外先进的管理经验可以借鉴。除此之外，我国发展电子商务物流行业的可观条件已经相当成熟：完善的基础设施、发达的交通运输网、先进的科学技术以及高素质的人才团队。随着我国国际地位的提高，与世界各国的联系更加紧密，进出口贸易往来日益频繁。综合以上因素可知，在我国电子商务物流发展具有明显的竞争优势和广阔的发展前景。

三、未来我国电子商务物流区域化的前景分析

进入21世纪以来，全球范围内的电子商务时代

拉开帷幕，电子商务作为一种新的贸易平台逐渐走进人们的生活。近年来我国在经济发展领域取得了卓越的成就，巨大的经济总量决定了我国物流市场具有相当大的发展潜力，我国经济的迅速发展和人民生活水平的提高刺激了物流业的发展。不仅如此，电子商务物流也满足了我国对外发展的需求。我国是经济发展大国，经济快速增长，在加入世界贸易组织以后，与世界的联系变得更加紧密，对外贸易额不断增加，对物流业的需求也越来越多，因此经济集中区域发展电子商务物流已是大势所趋。我国为了尽快提高经济水平，需要尽快发展各经济区域的电子商务物流，将本土品牌推向全国并逐渐打进国际市场，使我国在世界经济贸易中占据主动权。信息技术和电子商务技术的成熟降低了区域间物流的成本，因此，电子商务物流区域化发展是时代前行的结果，也是满足当今经济发展和人民消费需求的必然产物，未来的发展前景非常广阔。虽然当前我国电子商务物流区域化水平还不是很高，但是随着我国经济的快速发展和居民生活水平的不断提高，物流业未来的发展前景非常广阔，即将走向新的发展轨道。

（一）物流业系统化

在崭新的电子商务时代，物流不仅仅指产品包装、运输、装卸和存储的过程，还要将企业物流和社会物流连接起来，组建从原材料产地采集到成品销售全套完整的生产线，采购、生产和销售统一，并且在此基础上逐步实现物流业的区域化管理，将之前分散的运作步骤整合起来，一体化集约配送中心不仅仅提供运输、配货和存储服务，还应负责以商品增值为目的的简单加工、商品包装和成品销售。[5]系统化的物流管理便于统筹管理和统一规划，避免了物流公司在交接过程中产生的不必要的麻烦。各区域间统一的物流还有利于满足客户的多种需求，以便提供业内一流的服务。在电子商务框架下，物流是供应商和购买方之外的第三方，也就是同时为买方和卖方服务，那么服务质量就是物流业的立足之本。从物流业现在的发展趋势来看，客户需求的服务种类越来越多，对于远距离的运输来说，物流业需要考虑到的因素更多。怎样才能更好地为顾客服务成为我国跨区域物流业追求的第一目标。目前，我国物流行业逐渐趋近系统化，并且非常重视客户服务，争取以一流的服务组建长期稳定的客户群。

（二）物流业信息化

全球经济在进入新世纪以后飞速发展，但是各个国家地域分布不同，这为各国进行贸易往来带来了诸多不便，电子商务时代的到来解决了这一问题，不仅加速了全球经济的一体化建设进程，而且也促进了我国内地各经济区域物流行业与国外物流行业的合作与发展，加速了国内物流业的国际化进程。物流业全球化战略将全世界的经济生产紧密联系在一起，形成了世界经济市场的大分工。以前物流信息化普及程度不高，基本都是依靠人工来完成，不仅效率低，而且准确率不高，浪费了大量人力、物力和财力，物流业的发展还很缓慢。然而时代在发展，随着电子商务时代的到来，互联网逐渐深入到国民经济的各个领域，使跨区域的物流行业的发展形势发生了变化，信息化是未来物流业发展的必然趋势。物流公司通过网络维持生产者和消费者之间的联系，逐渐实现物流网络的全面覆盖。信息化物流系统具备完善的信息发布系统和货物跟踪系统，实施范围广，并且能够实时更新，配送中心可以通过ECR系统了解客户需要，制订生产计划，维持供需平衡。信息化的物流运作系统提高了物流行业的服务水平，增强了市场竞争力。

（三）物流业社会化

物流业的产生和发展体现了社会化的概念，以服务消费者为宗旨，将物流、商流和信息流统一整合，为消费者提供人性化服务。通常意义下，商流是指实现商品价值、改变商品所有权的过程；物流指商品位置的移动，即商品的流通过程，改变的是商品的生产时间和销售时间，不涉及所有权问题；信息流是指信息在流通主体之间传递。通常情况下，物流、商流和信息流是分开的，但是随着时代的发展，消费者的需求也发生了变化，这就要求物流业也要相应调整运作模式，根据产品类型选择相应的运输方式和营销方式，统一商流、物流和信息流，这也是我国物流业发展的必然趋势，这种整合有利于物流业的统筹管理，并且能够提高客户的满意度。除此以外，市场经济不断发展，专业化分工越来越细，大多数企业生产的只是产品的主要部件，而其他零部件以及包装都是在外购买，在这中间，物流起到非常重要的作用。物流业周到细致的服务满足了客户复杂的需求，同时为自己带来了巨大的经济效益，促进了国民经济的发展。

21世纪全球已经进入电子信息时代，互联网正逐渐深入国民经济的各个领域，物流行业也不例外。电子商务的兴起为不同地域的国家之间进行信息交流创造了有利的条件，为经济全球化提供了技术支持。我国电子商务发展起步较晚，技术不够成熟，但是我国的经济正在飞速发展，未来的发展前景非常广阔，我们要坚定不移地利用科技的力量，大力发展物流行业，将电子商务广泛应用于物流领域，势必会加强我国与其他国家的贸易往来，加快经济增长速度，提高人民生活水平。

参考文献：

[1]陈萱.我国电子商务物流配送模式探讨[J].南都学坛,2004(5).

[2]明小波.电子商务与现代物流对区域经济结构和范围的影响[J].企业经济,2006(3).

[3]陈文汉.电子商务物流[M].北京:北京理工大学出版社,2013.

[4]徐鑫.中小企业电子商务物流配送方式的选择[J].中国科技信息,2005(19).

[5]傅为忠,陈浩,高品,等.电子商务物流配送体系考核指标的建立与应用[J].合肥工业大学学报(自然科学版),2006(3).

Cross-regional Logistics Development Analysis in the Current E-commerce Environment in China

Mo Yalan

Abstract: In recent years, innovation in computer science and upgrading of computer hardware and software develops extremely rapidly, which has provided technical guarantee for the rise of e–commerce and cross–regional logistics. At present there still exist problems with the e–commerce environment, especially in the aspect of insufficient and unbalanced regional development. We should make full use of the advantages of economy, national policy support and good competitive situation. We need to explore the potential of e–commerce and related policies for the rapid development of cross–regional logistics in the e–commerce environment. According to the predicted demand for the development of logistics from modern economy, in the future, the cross–regional logistics in the e–commerce environment will tend to develop with the characteristics of systematization, informatization and socialization.

Key words: e–commerce; cross–regional logistics; development

新媒体下的微信营销研究

□ 梅雪莲

摘 要 <<< 在新媒体时代，微信营销具有营销精度强、效率高的特点，企业需要根据实际情况，注重营销平台的运作、营销模式的设计和客户服务，使得微信营销的优势最大化，促进企业线上、线下共同发展。

关键词 <<< 新媒体；微信营销；平台

一、新媒体概述

新媒体是一种基于传统媒体的创新媒体模式。传统的媒体，都是使用广播、报纸等形式来传播信息，而新媒体就充分利用了现代科技，融合互联网，形成覆盖面更广的信息传播模式。与新媒体相比，传统媒体具有较大的局限性，而新媒体就可以在传统媒体的基础上，将其信息传播形式数字化，使得信息的传播速度加快，传播范围也更广。新媒体不仅仅可以用来传播信息，还可以与经济相结合，促进经济的发展。在新媒体时代，出现了很多个人和企业的网站。近几年，腾讯不仅仅维持着QQ的运行，还将微信这一新的形式发展起来，微信营销的范围也越来越广泛。

新媒体营销的优势主要表现为以下几点：

其一，新媒体营销会受到更高的关注。传统营销使用的是报纸、广播等方式，这样的营销方式的传播范围非常有限，而新媒体的传播范围非常广泛，可以传播至世界各地，影响力更大，并且信息传播速度非常快。同时，互联网传播的方式也很容易被人们所接受，吸引广大群众的关注，新型的营销方式也可以吸引很多消费者的注意，扩大市场影响力。其二，会获得较大的信任。有相关的调查显示，在互联网环境下，很多商品都不受消费者的信任，但是使用新媒体进行传播的产品就比较容易受到消费者信赖。其三，消费者对新媒体传播的产品的认同度比较高。

二、微信营销的特点及优势

所谓微信营销，就是使用微信进行营销。微信这种软件可以有文字、语音、图片等多种信息传播形式，受到广大用户的喜爱，使用微信营销，可以使得用户在很短的时间之内就获得想要得到的信息，并且商家也可以使用微信有针对性地对自己的产品进行推广。

微信营销的优势主要有三点：

（一）营销目标比较明确

在新媒体背景下，微信营销是所有网络营销中最具有精确目标的一种营销模式。在营销活动中，目标的精确性是非常重要的，商家在使用微信进行营销时，就可以建立一个微信公众号，专门发布某一种产品或某一类产品，那么希望关注这一类产品的用户就会关注这一公众号，从而在手机上就可以看到该公众号推送的信息，非常方便快捷，并且还能够有针对性地获取感兴趣的信息，那么微信营销就具有很高的精确性，避免了营销资源的浪费。

（二）具有很强的便利性

使用微信进行营销，商家只需要建立一个微信号，定期或不定期推送信息，那么用户使用手机，关注这个公众号就可以获取信息，然后从中获取自己感兴趣的信息。这种即时的交流可以使得商家和用户之间的交流更加及时，商家可以用最短的时间了解用户的需求，而用户即时获取信息也使得信息的实时性更强，使得消费者可以在很短的时间内完成消费，不受时间和空间的限

作者简介 <<< 梅雪莲，女，鄂州三六五金典文化传播有限公司，湖北鄂州，436000。

制，并且微信也具有微信支付功能，可以直接使用微信钱包或是绑定银行卡进行支付，非常便捷。[1]

（三）营销效率更高

使用微信进行营销，商家和用户之间是使用微信进行信息传递的，信息大多非常简短，并且往往是用户看到产品，向商家咨询，那么这种咨询就更加具有针对性，而不是由商家发送大量冗长的信息给消费者，让消费者逐字阅读寻找自己想要看到的信息，所以这样的方式更加容易被消费者接受，也可以使得消费者用更短的时间了解自己想要了解的产品信息，使得营销效率得到提高。

微信营销之所以能够比较成功，就是由于其在新媒体背景下具有很强大的优势。虽然微信营销起步不久，但其发展速度很快，在这个过程中，微信营销还面临着一些问题，使得微信营销受到制约，对微信营销的长远发展不利。

三、制约新媒体时代微信营销的因素

（一）新媒体时代微信营销平台运作存在的问题

在新媒体背景下，使用微信进行网络营销，虽然具有很多优势，但是其缺点也比较明显。目前，在微信营销平台的运作方面，还存在以下几个问题：

其一，企业微信营销平台建设缺乏有效的盈利型营销模式。在我国，微信营销，除了微店之外，很多都是使用传统网页的营销方式，即使用微信发送链接，点击进入链接之后，就转到另外的展示产品的网页。目前，我国微信平台还是免费的，这样可以使得很多用户都非常青睐于使用微信，但是商家需要借助微信平台，将这些用户转化为自己的消费者，就需要非常强大的营销运作能力。此时，微信营销不能照搬传统的网络营销方式，但目前微信的营销模式还有待于创新。[2]

其二，微信营销市场存在障碍。企业要对自己的产品进行微信营销，就需要将线上和线下相结合，才能够促进企业微信营销的发展。使用微信营销，可以在线上积攒人气，吸引越来越多的人关注某一品牌或是某些产品，在线下将企业的细节做好，发展实体实力，那么线上和线下的结合就可以扩大企业的影响力，将微信营销转化为企业的盈利。目前在很多实体店内存在二维码，顾客只需要扫描二维码即可获取企业的主页，关注公众号就可以获取企业推送的信息，然而在消费者关注公众号之后，企业却缺乏将这些潜在消费者转化为实际消费者的行动。

（二）新媒体时代微信营销模式的设计问题

在新媒体背景下，微信营销模式的设计还存在以下问题：

微信营销平台渠道建设和传统的营销渠道之间存在一定的矛盾。现在很多企业都既坚持传统营销，又使用微信营销，这两者共存就会使得企业的营销目标不一致，同时目标顾客群体也存在冲突。要使用微信营销，就会使得很多传统的营销业务人员的业务量受到影响，那么企业内部就会存在冲突，不利于企业的发展。

同时，企业还缺乏一些微信营销平台的营销网络设计能力。一些企业还停留在传统的营销思维中，只注重网络节点的数量，那么一旦在微信营销中获得了市场的信任，就会拥有很多关注者，如果在设计方面不求创新和实时性，企图一劳永逸，就会在微信营销中难以长久。

（三）新媒体时代微信营销的客户服务问题

在新媒体背景下的微信营销中，很多企业对客户的信息不注重保护，那么客户的隐私信息就可能会被泄露。而这些被泄露的信息就可能会被不法分子利用，对消费者造成威胁。从这个角度来讲，使用微信营销的用户就可能会对微信产生不信任感。还有很多企业只是使用微信平台进行营销，不注重客户的反映和感受，缺乏与消费者的互动，那么就难以了解消费者对产品的需求。微信的优势在于可以与消费者进行互动，但如果企业不利用这一优势，就会影响营销的效果。[3]

四、新媒体时代的微信营销研究

（一）新媒体时代微信营销平台的运作策略

在企业使用微信营销的初期，应该注重和客户之间的互动性，并且保证回复信息的及时性，使得这些潜在的用户可以感受到微信信息的即时性，并且客户能够感受到企业微信公众号的诚意，就会更多地关注这个公众号。使用这样的方式，可以使得企业微信公众号受到广大客户的欢迎，其影响力也会迅速扩大，那么企业在微信上的号召力就会更强。同时，企业在微信公众号推送信息时，也需要注意不要过度频繁，适度地对企业的产品进行宣传，可以使得用户关注企业的产品，然而过度地宣传就会引起客户的反感，反而不利于企业微信营销。所以企业应该具有一定的道德操守，在推送信息时需要保证重质而不重量。企业在进行线下营销时，也可以在店内张贴微信二维码，到店的顾客扫描二维码即可搜索到企业的微信公众号，并且企业还可以通过扫码有优惠的方式吸引顾客，使得企业的线上营销力度加大。

当关注微信公众号的目标客户群体已经对企业具有一定的了解时，企业就需要改变微信营销的策略。此时，企业进行微信营销，就应该将需要推送的微信信息进行甄别之后再推送给用户，那么客户就可以获得高含金量的、有针对性的信息。这样对于用户而言，就可以感受到企业微信账号的诚意，从而对企业微信公众号的好感度上升，有助于企业巩固老顾客。在传统的营销方式中，企业和顾客之间的联系过少，企业无法获知顾客的需求，而顾客也无法及时地知道企业的活动、新的产品等信息，所以传统的营销模式并不利于企业的发展。而使用微信营销，就需要利用其优势，保证精准性和实时性，加强与顾客之间的互动，了解顾客的需求，并且有针对性地进行信息的推送，使得潜在的客户成为消费者。

（二）新媒体时代微信营销模式的设计策略

企业可以使用事件营销模式，注重当前的热点，并且将产品信息与热点结合起来，进行方案的策划，然后推送给用户，使得这些潜在的顾客可以对企业的产品具有一定的认知，并且对企业的微信公众号有一定的好感，那么企业就在这些客户面前树立了比较良好的企业形象。

其次，还可以采取生活化营销的策略。如果微信公众号一直都采用打广告的方式，而缺乏生活化的内容，将会使得客户对这个公众号缺乏兴趣，所以微信营销企业需要结合生活，使得推送的内容能够符合客户的审美取向，使得客户能够对这个微信平台充满兴趣。比如推广旅游景点和攻略的微信公众号就可以开拓留言平台，让客户能够对自己曾经去过的景点进行介绍，并且总结攻略，公众号平台将这些留言总结后，以信息推送的方式推送给大家，那么这些客户就会非常有成就感，而其他的客户如果想要旅行，对此也会非常感兴趣。这样可以使得企业的微信营销更加有效。[4]

（三）新媒体时代的微信营销客户服务策略

要做好微信营销工作，还是需要巩固客户源，所以需要做好客户服务工作。负责微信公众号的工作人员应该注重与客户的互动，及时收集客户的想法和建议，然后发布一些能够吸引客户注意力的信息，从而使得目标客户群能够更加关注公司的公众号。同时，在公众号的主页，还可以设置关键词，让客户可以不用翻阅往期推送内容，只输入关键词就可以获取相关内容，方便用户的使用。一旦用户对微信公众平台具有普遍的不良反映，管理者就需要根据实际情况进行调整，在体现特色的同时满足客户的需求。

五、结语

在新媒体时代下，微信营销已经成为了一个比较普遍的营销方式，具有营销精度强、效率高的特点，这些都是微信营销的优势所在。如果企业没有利用这些优势，没有注重营销平台的运作、营销模式的设计和客户服务，将会使得微信营销陷入困境。因此，企业都需要根据实际情况，做好营销模式的设计和客户的服务工作，使得微信营销的优势最大化，促进企业线上、线下共同发展。

参考文献：

[1]张丽丽.促进企业发展微信营销模式的研究[J].现代商业,2016(15).

[2]牛文博.大数据下关于微信营销的思考[J].现代经济信息,2016(9).

[3]李江.微信营销的应用研究[J].内蒙古科技与经济,2015(22).

[4]吴敦琪.浅谈企业的微信营销管理[J].航天工业管理,2015(12).

Research on WeChat Marketing Under New Media Environment

Mei Xuelian

Abstract: In the era of new media, WeChat marketing is characterized by its high accuracy and efficiency. The enterprise should, based on its actual situation, pay attention to the operation of marketing platform, the marketing pattern design and customer service in order to maximize the WeChat marketing advantages and promote its online and offline development.

Key words: New media; WeChat marketing; platform

雷锋精神融入城市精神的内容和路径探析

□ 罗慧玲

摘 要 <<< 城市精神是城市的立市之魂、前进之源、发展之本，培育城市精神是创建现代文明城市和提升城市文化软实力的核心内容。将雷锋精神融入城市精神，给城市注入的是无限生机和活力，有利于全面推动城市和谐发展。长沙、抚顺、深圳等一些城市在雷锋精神与城市精神融合的内容和路径上积累了一定的实践经验，可以成为其他城市精神文明建设的重要借鉴。

关键词 <<< 雷锋精神；城市精神；融合

当前，城市建设飞速发展，城市面貌日新月异。但一面是高楼林立、车流不息的都市繁华，社会物质生活极大丰富；一面是邻里情疏、形同陌路的冷漠气息，见利忘义、损公肥私时有发生，浮躁之风、享乐主义有所滋长，人们精神空虚导致各种问题变得日渐突出。凡此种种，都在呼唤着社会主义核心价值的回归，呼唤着雷锋精神的回归。习近平总书记说："雷锋精神是永恒的，是社会主义核心价值观的生动体现。你们要做雷锋精神的种子，把雷锋精神广播在祖国大地上。"[1]将雷锋精神融入城市精神，就是要让城市精神因注入雷锋精神的"营养元素"而充满生机与活力，使城市变得更加富强、民主、文明，人民生活更加美好、和谐、幸福。

一、雷锋精神融入城市精神的重要意义

党的十八大报告指出要加强社会主义核心价值体系建设，雷锋精神正是社会主义核心价值观的生动体现。将雷锋精神深度融入城市精神内涵建设之中，是雷锋精神自身不断丰富发展，彰显其时代价值的必然要求，也是培育与践行社会主义核心价值观，增强城市活动，促进社会和谐发展的迫切需要。

（一）彰显其时代价值的必然要求

雷锋精神诞生于激情燃烧的特定时代，显然带有时代的烙印，但其全心全意为人民服务的精神内核激励着一代代中国人，显示出巨大的精神能量，已成为时代精神文明的同义语、先进文化的表征。然而，随着时代变迁，社会转型，传统淡化，信念模糊，一部分人逐渐难以理解雷锋的所作所为，出现"雷锋叔叔没户口，三月来了四月走"的形式主义现象。新时期该如何传承和弘扬雷锋精神呢？这是一个具有挑战性的课题。笔者认为，唯有把握时代脉搏，对接时代需求才能使雷锋精神真正落地生根。学雷锋活动必须紧密结合社会发展实际，必须与时俱进更新内容，必须开辟途径创新方法，才能有效传承和弘扬雷锋精神。将雷锋精神融入城市精神，既是城市文明发展的需要，也是雷锋精神与时代精神融合，历久弥新，发挥时代价值的需要，是雷锋精神自身发展与创新的必然要求。

（二）培育和践行社会主义核心价值观的需要

由于城市的异质性、匿名性、密集性带来的矛盾

作者简介 <<< 罗慧玲，女，湖南浏阳人，长沙职业技术学院思政理论课部主任、副教授，法学硕士，湖南师范大学访问学者，湖南省大学生思想政治教育示范建设项目主持人，湖南省高职德育教学研究会常务理事，湖南长沙，410217。

基金项目 <<< 湖南省社科基金重点项目《雷锋精神与城市精神融合研究》（课题编号：13ZDB42）的阶段性研究成果。

增多、关系疏远、摩擦加剧等负面效应，城市建设中应更加注重道德文明建设和价值体系构建。而公民层面的社会主义核心价值观（“爱国、敬业、诚信、友善”）无一不与雷锋精神深度契合。雷锋热爱党和人民、忠于祖国、回报社会的感恩品质为当代公民提供了“报国爱党”真实情感的动力来源；雷锋坚守岗位、高效工作、勤奋钻研的行动品质为当代公民提供了“爱岗敬业”职业精神的行为标准；雷锋信念坚定、忠诚执着、艰苦奋斗的意志品质为当代公民提供了“忠诚守信”高尚人格的践行样板；雷锋乐于助人、团结协作、谦虚豁达的合作品质为当代公民提供了“团结友善”人文理念的典型示范。雷锋精神升华于一名普通战士雷锋的真实事迹，它贴近生活，真实亲切，让大家感到雷锋“时时能学，人人能成”。因此，雷锋精神就具有强大的感召力，通过与城市精神的融合，在弘扬道德风尚，培育社会主义核心价值观方面具有不可替代的重要作用。

（三）增强城市活力，促进社会和谐发展的需要

辩证唯物主义认为，物质决定意识，意识对客观世界具有反作用。强大的精神力量势必化为强大的物质力量，促进生产力的发展，对社会政治、经济、文化的进步产生强大的助推作用。城市精神是城市的立市之魂、前进之源、发展之本，我们提出将雷锋精神融入城市精神，就是要给城市注入精神动力，通过改变“人”的精神风貌和道德素质提升整个城市的文明程度和文化软实力，进而有效地影响城市硬件建设，提升城市的整体综合实力。城市是由“人”组成的，城市精神的本质是人的精神，城市中的职业人是城市建设和发展的主力军，职业人的职业道德与职业精神直接决定着城市的文明程度和发展前景，是一个城市的活力和魅力所在。雷锋虽然只有短短的六年职业生涯，但是他乐于奉献、服务人民、爱岗敬业、精益求精、团结协作、艰苦创业等职业精神成就了自己的价值人生。用雷锋精神武装起来的城市职业人也必然成为推动城市经济社会和谐发展的巨大动力。

二、雷锋精神融入城市精神的主要内容

2012年2月27日中宣部常务副部长雒树刚将当今雷锋精神的丰富内涵解析为五个方面的内容，即“热爱党、热爱祖国、热爱社会主义的崇高理想和坚定信念；服务人民、助人为乐的奉献精神；干一行爱一行、专一行精一行的敬业精神；锐意进取、自强不息的创新精神；艰苦奋斗、勤俭节约的创业精神”。[2]课题组依据新时期雷锋精神的时代内涵，结合社会主义核心价值观、现代城市的主流人文精神，三者有机融合，从其本质契合点出发，为增强市民的认同感，提炼出以贯穿城市精神文明建设全过程，以提升城市文化软实力为目的的雷锋精神与城市精神融合的五大核心内容。

（一）心忧天下、忠诚报国的担当精神

纵观近代中国革命史，无数仁人志士以国家命运为己任，心忧天下、敢为人先，勇于担当，有谭嗣同的“流血从我开始”、周恩来的“为中华崛起而读书”、毛泽东的“改造中国与世界”的言论。现如今，北京的城市精神是“爱国、创新、包容、厚德”，已将“爱国”作为北京精神的核心；沐浴着改革春风而发展起来的深圳，饮水思源，响亮地提出了“感恩改革开放，回报全国人民”的口号，让“关爱·感恩·回报”的仁爱理念成为了深圳的城市精神坐标。这些与雷锋“长着一个心眼，一心向着党，向着社会主义”的感恩之情是一致的。当前，在激烈的价值冲突中一部分人日渐失去理想信念和历史责任意识，奢靡享乐之风极易抬头。因此，增强忧国忧民的责任意识，强化忠诚报国的担当精神显得非常重要。将雷锋“忠党爱国”的报国情怀和城市历史中“先忧后乐”的担当精神、社会主义核心价值观中的“爱国”理念紧密结合，提炼出“心忧天下、忠诚报国”的担当精神，有助于爱国主义情怀和复兴民族的伟大梦想根植于每一位现代市民心中，产生强大的城市凝聚力。

（二）互助友善、服务人民的奉献精神

现代通信工具迅猛发展，人与人之间联系越来越方便，但心的距离却越来越远。传统的“好亲不如近邻”的邻里守望情景渐渐被司空见惯的“比邻素不相识”的现象所取代，甚至还陷入了“老人跌倒扶不扶”的道德困境。可见，重塑城市道德价值体系显得尤为迫切，我们需要用雷锋感恩社会、服务人民的奉献精神对各种见义不为、恩将仇报的反道德行为进行矫正，引导人们知恩感恩，互助友善。同时，也要传承“邻里守望，出入相助”的传统情怀，去关爱身边人，面对违反道德的

社会乱象挺身而出，勇于制止，引导人们在享受城市便利的同时，也在交通拥挤、环境恶化、资源紧张等城市特有的“发展病”的治疗上真诚奉献自身力量，用行动回馈社会。因此，我们将雷锋乐于助人的奉献精神与城市“邻里守望”的优良传统、社会主义核心价值观中的“友善”观念充分融合，提炼出“互助友善、服务人民”的奉献精神，有助于帮助城市营造和谐温馨的人文环境。

（三）忠于职守、精益求精的敬业精神

城市的发展依靠城市职业人，改革开放以来正是一批批坚守岗位、刻苦钻研、默默奉献的雷锋式职业人为我国各大城市创造出闻名于世的民族品牌，如长沙的“中联重科”和“山河智能”、深圳的“华为科技”和“中兴通讯”、青岛的“海尔家电”和“海信电器”，还有传承特色工艺、精心打造的瑰宝级的民族特色品牌，如丝绸、瓷器、烟花、苏绣、粤菜等。我国的民族产业培育了一批业务精良的管理人员，技艺精湛的王牌技师，坚守岗位的普通职员，他们身上无一不洋溢着雷锋“干一行爱一行、专一行精一行”的“螺丝钉”精神，这也正是社会主义核心价值观所弘扬的“敬业”精神的核心内涵，三者有机结合所提炼出的“忠于职守、精益求精”的敬业精神正是雷锋精神在公民职业活动过程中的常态化体现，是社会主义核心价值观的生动体现，是雷锋精神与城市精神融合的核心契合点。大力弘扬“忠于职守、精益求精”敬业精神可以为城市建设和发展培育一大批职业道德好、敬业精神强、技能水平高、业绩贡献大的各行各业的优秀人才，推动社会经济文化健康发展。

（四）锐意进取、勇于开拓的创新精神

我们要始终把握未来发展的主动权，很重要的一点就是要唱响创新这一时代发展的主旋律。[3]现代城市，尤其是处于“经济成长三角”和“都市圈”等城市群中的核心城市，如长沙、武汉、南昌等，要想进行准确定位，促进自身发展、带动周边进步，就更需要有博大胸怀和大局意识，站在历史的高度兼收并蓄、包容开放、大胆创新，谋求长远发展。邓中亮的“羲和”系统导航定位技术、国防科大天河高性能计算机、李兰娟的人工肝系统等技术无一不显示出城市职业人开拓创新的精神。这种锲而不舍、刻苦钻研、锐意进取、勇于开拓的创新精神正是中国城市达到国际水平的内在动力，是社会主义核心价值观弘扬的“敬业”精神更高层次的生动体现。同时，它和雷锋善于“钻”和“挤”的“钉子精神”高度契合。雷锋当初总是把困难当作动力，想办法、钻进去、战胜它，在那个科技水平不发达的时代他硬是通过自己的刻苦钻研将“耗油车”改造成了“节能车”。三者高度融合所提炼出来的“锐意进取、勇于开拓”的创新精神有助于帮助我们克服困难，创造财富，推动发展，为城市注入了鲜活动力。

（五）艰苦奋斗、务实图强的创业精神

“历览前贤国与家，成由勤俭败由奢。”勤俭节约、艰苦奋斗的作风永远不会过时。雷锋在祖国发展的最困难的时期敢于战胜各种困难，勇敢坚强，不服输，能打硬仗，体现出艰苦奋斗、顽强拼搏的创业精神，这种吃苦耐劳的创业精神也是社会主义核心价值观中“敬业”精神的重要内涵，已经充分体现在今天的各大城市建设中，表现为“艰苦奋斗、务实图强”的精神。长沙是雷锋的故乡，长沙人“吃得苦、霸得蛮、耐得烦”，“敢喝辣椒汤，不怕困与难”的性格，表现出了湖湘人勇于攻坚克难的人格特征和敢于涉险滩、啃硬骨头的执拗品性。这种顽强性格在改革开放时期全国各地城市均有普遍表现，那就是“咬定青山不放松，不达目的不罢休”的创业精神，正是这种精神造就了像深圳、汕头、厦门这样的经济特区和像上海、天津一样的开放城市。今天，在“东部率先、中部崛起、西部开发、东北振兴”的区域发展规划中，每一个城市的发展对我国实现“两个一百年”的奋斗目标均具有重要意义。目前我国仍然面临着资源紧缺、资金不足、人才不足等困难，发展遇到了前所未有的新问题、新困难，唯有继续坚持“艰苦奋斗、务实图强”的创业精神，以永不懈怠的钻劲和韧劲去发展我们的社会主义事业，才能早日实现民族复兴的伟大梦想。

三、雷锋精神融入城市精神的基本路径

雷锋精神融入城市精神，要充分发挥政府、社区、学校、企业等多方力量，充分运用城市精神文明建设的体制机制、平台载体让雷锋精神在城市各个领域落地生根、开花结果。其具体路径可以从“人”和“物”两个方面来规划运作。

（一）充分调动"人"的作用，构建政府、社区、学校、企业多方联动的运行机制

"人"是传承和弘扬文化的唯一载体，也是文化的凝聚体，正是由于"人"的推动才有了城市文明的发展。一个城市经过长期的发展，其历史文化沉淀而成的凝聚点与闪光点就是"城市精神"。没有精神的城市就像没有灵魂的人和没有主题的文章。"以精神论输赢，以文化比高下"是现代城市竞争和发展的必然选择。政府、社区、企业、学校作为精神文明建设的重要主体，有责任形成合力共同肩负城市精神文明建设和形象塑造的重任。

第一，政府顶层设计与榜样示范。在雷锋精神融入城市精神过程中，政府既是主导者又是实践者，既是设计者又是示范者。一方面，政府要做好雷锋精神融入城市精神的顶层设计，健全道德运行机制和评判机制，形成体制机制，提供具体项目的实施方案和具象化的操作流程。如：长沙市的"邻里守望"学雷锋志愿服务制度，既提供了学雷锋志愿服务制度化、常态化指导意见，又细致设计了可行的主题活动方案；湖南长沙市、浙江余姚市等一些城市设立的"道德银行"为形成"约束性"的考评管理机制和"人人为我，我为人人"的社会环境提供了可行的载体；深圳市"党委政府主导，社会组织推动，群众广泛参与"的模式开创了公益慈善事业的新思路。另一方面，政府也是雷锋精神融入的对象，全体行政机关工作人员应成为学雷锋的标杆，充分发挥践行雷锋精神的示范榜样作用。以全心全意为人民服务的宗旨为民务实、清廉作为；以心忧天下、忠诚报国的精神为城市发展尽心设计、谋篇布局；以感恩奉献、互助友善的精神与民方便、为民解忧；以爱岗敬业、精益求精的精神提升政府服务能力和办事能力；以开拓进取、创新求变的精神找准地方优势、打造城市特色；以艰苦奋斗、务实图强的精神攻克难关、创造实绩。

第二，社区邻里关爱与互相守望。雷锋精神进社区，能改变"比邻如陌路"的人居现状，提高城市人的幸福感。目前，全国不少城市都在结合自身实际，在社区开展丰富多彩、形式多样的"邻里守望"学雷锋志愿服务活动，培育社区居民友爱互助、乐于奉献的精神理念，以"小社区"带动"大社会"文明程度提升。一是以"日常服务"为主渠道。免费提供家电维修、健康检查、垃圾分类、政策咨询等服务，如哈尔滨市以"践行核心价值观 邻里守望暖冰城"为主题组织社区医疗上门服务、免费体检活动。二是以"邻里守望"为主题。通过社区人口排查，加强对失独家庭、空巢老人、留守儿童、伤残病人的关爱，让社区居民"熟起来"，彼此成为"救得近火、解得燃眉之急"的亲密睦邻。如山东临沂通过综合包户、结对帮扶、亲情陪伴等多种形式对社区弱势群体进行关爱服务；江苏如皋市创建的"爱心邮路"、"爱心超市"、"爱心团队"、"慈善基金会"等数百个民间团体将爱的篝火熊熊燃烧。三是以"服务评比"为主平台。依托文明创建、志愿服务评比等竞赛平台，激发居民家园共建意识，合力打造文明温馨社区。如芜湖社区星级志愿者服务广场将社区居民需求网格化，以便根据需求提供服务，同时建立道德档案，为评选"社区好市民"、"五好家庭"、"星级志愿者"提供依据。

第三，校园培育雷锋式学生。校园是文化传播的重要场所，学生是祖国的未来。青年的价值观决定着未来整个社会的价值取向。教育部公布了《教育系统深入开展学雷锋活动实施方案》，要求将学雷锋活动纳入学生综合素质评价体系，许多学校正在探索具有时代特色的学雷锋实践活动。长沙和抚顺是雷锋精神的发祥地，对传承雷锋精神有着得天独厚的地域资源优势，主要实践项目有：一是利用雷锋纪念馆资源开展学习，组织学生学习雷锋的真实文献和鲜活事迹，将新生带到"雷锋班"和"雷锋连"进行军训，提升素质；二是有条件的高校成立"雷锋精神研究所"，目的是促进雷锋精神与校园文化相融合，打造成学校特色文化品牌，形成"人人学雷锋，处处做雷锋"的校园文化氛围，实现"进校来学雷锋，毕业后做雷锋"的人才培养目标；三是将雷锋精神融入教材，如辽宁石油化工大学把雷锋日记和事迹列入语文、政治课的教学内容，长沙职业技术学院编写了《做雷锋式职业人行动手册》素质教育读本，供学生学习训练；四是通过素质训练的方式实现雷锋精神的培育，如长沙职业技术学院在全体学生中推行"雷锋式职业人素质训练工程"，对优秀班级、寝室、实训室授予"雷锋号"的称誉，对优秀学生授予"学雷锋标兵"的称誉。以上实践经验值得各校结合实际推广借鉴。

第四，企业培育雷锋式员工。雷锋是一个优秀的职业人，雷锋精神进企业，可以提升员工素质和企业文化品质，从而有效地提高民族产业的竞争力。课题组通过对长沙17家企业调查发现现代企业高度认可雷锋精神，其中，认可并接受雷锋式员工的企业占97.22 %，认为雷锋式员工将获得更大晋升空间的占94.44 %，认为雷锋式员工将对企业将做出更大贡献的占 84.72 %，访谈中超过90 %的企业表明已将雷锋职业精神纳入企业文化，以培育德技双馨的优秀职业人。目前一些企业培育雷锋式员工的具体做法有：一是将雷锋职业精神融入技能大师培养之中，长沙首届技能大师竞赛评选出15名技能过硬、功底扎实的高技能人才，“扬州市技能状元”竞赛展现出餐饮、理发等服务项目的精细标准，郑州首届全国城镇排水行业技能“比武”，为城市排污聚集了治理能手，通过这些活动树立了一批爱岗敬业、忠于职守、精益求精的雷锋式的标杆人物；二是将雷锋精神融入企业文化建设之中，在企业生产、营销、管理等方面融入雷锋精神，形成“精神引领文化，文化带动品质”的发展思路，如抚顺供电公司通过推进“雷锋工程”，取得了社会效益和经济效益的双丰收，青岛海尔集团通过推进“24小时服务到位”工程，最终靠服务取胜、走向世界；三是将雷锋精神融入关爱社会行动之中，当今，我国不少企业在成长成功之后，对社会充满感恩之情，对内关心爱护员工，对外慈善救助他人，树起了行业道德标杆，如南昌铁路局的“雷锋号”列车，让“出差一千里，好事做了一火车”的雷锋式关怀在千里京九线上飘扬。

（二）积极发挥“物”的效应，形成媒体宣传、平台载体、项目组织多元共促的路径体系

媒体宣传是城市居民了解、认同、弘扬雷锋精神的基本介质；平台搭建是雷锋精神融入的着力点和突破口；项目组织是增强精神传播实效的有效途径。三者共同影响着物质载体对城市精神面貌的展现。

第一，强化媒体宣传，发挥传播功能。雷锋短暂的一生给我们留下了丰厚的精神财富，我们应充分利用媒体加强传播的深度和广度，提高宣传教育的实效性，为此应做到两点：一是宣传理念应“物化”。要让雷锋精神看得见、摸得着，通过物化彰显城市文化特色，营造学雷锋的浓厚氛围。如“雷锋城”抚顺市处处可见雷锋的影子，雷锋公园、雷锋学校、雷锋储蓄所、雷锋岗、雷锋亭等遍布整个城市；长沙也有雷锋大道和正兴路（雷锋原名雷正兴）穿过长沙城区，有雷锋雕塑矗立于城市中心，有雷锋巨幅画像在墙面上展现，有融入雷锋精神的校训、口号和企业文化，有守望组、互助队、关爱团等志愿服务团体。二是宣讲内容应“实化”。雷锋是真实的，宣讲的雷锋事迹也必须是真实的。[4]在宣讲过程中，要以“真实的雷锋”为根本，立足“草根”，用正在发生的“身边事”、“活典型”来现身说法，与时俱进，促进雷锋精神的不断丰富和发展，同时又要发挥微平台、微媒体的重要作用，以影响更多的受众。

第二，活化平台运作，催生载体能量。践行善德需要平台支撑，城市应把握自身特色、搭建平台，激发群体正能量，确保做到“三到位”：一是基础设施到位。如搭建以雷锋精神与城市特色为主题的雷锋广场或雷锋公园，充分发挥文化广场和公益公园的人群集聚作用，让市民在休闲中感知精神正能量并催化个体行动。二是基地建设到位。如长沙市的湖南省党史陈列馆与雷锋纪念馆相依而建，形成了爱国主义教育的“大本营”。抚顺开通了网上雷锋纪念馆，与毛泽东、邓小平、李大钊、鲁迅等系列纪念馆站点构成了“民族魂”的探寻感悟基地。同时要加强全国各类爱国主义教育基地之间的交流与联系，分享经验、提炼特色、创新模式，扩大整体示范效应。三是主题实践到位。结合城市实际开展形式多样的主题活动，如“湘江除污”助力环境保护、“文明交通”维护道路安全、“捐资助学”点亮求学希望、“敬老助残”温暖孤苦心灵等。

第三，优化组织设计，增强项目实效。雷锋精神与城市精神无缝对接，必须紧紧抓住项目组织，形成“1+1>2”的精神合力。一方面，要把握时间节点，确保活动接续。每年3月应该变成上一年度总结和下一年度部署的时间节点，以高屋建瓴的顶层设计将学雷锋实践活动贯穿全年，使雷锋精神月月不断、年年相传。另一方面，要把握项目内容，扩大集聚效应。在长期探索实践中，全国各城市已形成了系列学雷锋常态化项目，在此基础上，我们还要不断扩展新内容，探索新思路，增强项目实效性与内在驱动力，使雷锋精神与时俱进、历久弥新。深圳就在集中开展的“义工节”和“巾帼志愿服务月”等志愿服务行动的基础上，又以建设“志愿者之城”为目标，提出“助人者最乐，行善者最美”的口号，建立起完善的指标评价体系，促使雷锋精神进机

关、进企业、进校园、进社区，这些实践项目促使雷锋精神不断展现出时代魅力和蓬勃生机。

雷锋精神是无价之宝，它超越时代、超越国界，为全世界人民所接受、所弘扬，是推动人类社会和谐发展的精神瑰宝[5]。城市精神是城市的立市之魂、前进之源、发展之本。时代呼唤雷锋，城市的健康发展需要雷锋精神。释放雷锋精神“能量”，这既是城市健康可持续发展的迫切需要，也是雷锋精神充分展示其时代价值和精神魅力的必然要求。雷锋精神一旦武装了广大市民，就必然能转化为巨大的物质力量，将每一座城市建设成为和谐、美好的幸福家园。

参考文献：

[1]习近平.决不牺牲国家核心利益[N].新京报,2014-03-12(A05).

[2]雒树刚.重点五个方面理解把握雷锋精神[EB/OL].中国文明网,[2012-02-27].http://www.wenming.cn/ft_pd/zb/xwzb120127/zy/201202/t20120227_522322.shtml.

[3]张湘涛.向雷锋学习[M].长沙：湖南人民出版社,2013.

[4]陶克.告诉你一个真实的雷锋[M].长沙:国防科技大学出版社,2013.

[5]罗慧玲.做雷锋式职业人行动手册[M].长沙:国防科技大学出版社,2014.

Content and Path Analysis of Integrating Lei Feng Spirit into City Spirit

Luo Huiling

Abstract: City spirit is the soul of a city, the impetus for the city to move forward and the source of the city development. Cultivating city spirit is the core content of establishing a modern civilized city and promoting the city's cultural soft power. Integrating Lei Feng spirit into city spirit will bring the city infinite vitality and vigor and be helpful to promote comprehensively the harmonious development of the city. Changsha, Fushun, Shenzhen and some other cities have accumulated some experience in integrating Lei Feng spirit into city spirit and can provide guidance for other cities' spiritual civilization construction.

Key words: Lei Feng spirit; city spirit; fusing

文化视域下中西方传统节日对比研究

□ 武保勤 李嘉相

摘 要 <<< 传统节日是一个国家历史文化的重要组成部分，反映了不同的民族特色。通过对中西方传统节日的起源、庆祝方式、饮食习俗等方面的对比，可以看出中西文化主要存在以下三大差异：中国传统节日的饮食主要强调长寿，而西方的饮食文化则以健康为主；中国的传统节日具有泛神性和世俗性，而西方的传统节日具有极强的宗教色彩；中国的传统节日集体主义色彩浓厚，而西方的传统节日则强调个体主义价值取向。随着中国加入世贸组织，中西方交流越来越紧密、频繁，了解中西方在传统节日上的异同有助于中西方之间更好地交流。

关键词 <<< 传统节日；集体主义；个体主义；文化差异

一、引言

节日属于精神层面上的文化，是指一年中被赋予特殊社会文化意义并穿插于日常生活之间的日子，是人们丰富多彩生活的集中展现，是各地区、民族、国家的政治、经济、文化、宗教等的总结和延伸。[1]传统节日如同一面镜子更是反映了一个国家悠久的历史文化习俗。中西方在地理环境、生产方式、民族性格等方面的差异，在传统节日的起源、饮食、着装、习俗等方面都有所体现。了解这些异同有助于中西方之间的跨文化交流。

二、中西方传统节日庆祝方式的异同

（一）圣诞节与春节

圣诞节和春节是中西方世界两个最重要的节日。圣诞节是基督教世界最大的节日，与宗教有着很深的历史渊源。在这一天，教徒们到教堂去举行崇拜仪式庆祝耶稣基督的诞生。平安夜这天，每家按传统都要摆放一棵圣诞树。当晚，全家人团聚在客厅中，围在圣诞树旁唱圣诞歌曲，互相交换礼物，分享彼此的生活乐趣，向家人表达祝福和爱，并共同祈求来年的幸福。与西方的圣诞节相比，中国最热闹最隆重的节日要数春节了。春节是一年中放假最长的节日，春节期间，人们会举行各种各样盛大的庆祝活动，挂大红灯笼，打扫卫生，除旧布新，一家人坐在一起包饺子，贴“福”字而且还要倒贴，寓意福到（倒）了。除夕夜，离乡在外的人们不管路途多远多艰辛都要赶回家吃上团圆饭，和家人一起观看春节联欢晚会。此外，春节期间当然少不了烟花爆竹，各种形式的庆祝在除夕夜和大年三十达到高潮，迎接新年的到来。

（二）情人节与七夕节

每年的2月14日，是西方国家的情人节。在情人节的习俗中，鲜花和巧克力是必不可少的。玫瑰代表爱情是众所周知的，但不同颜色、朵数的玫瑰还另有吉意。传说在希腊神话中，玫瑰就是美神的化身，是用来表达爱情的通用语言。情人节这天，空气中都弥漫着巧克力的香甜味道，很多男性也会选择在这一天向女友求婚。七夕，也称中国的“情人节”，七夕节这一天是年轻女孩子畅想爱情的节日，古时的姑娘们会坐看牵牛织女星，遥想侄女与牛郎在鹊桥相会的传说，祈求智慧和

作者简介 <<< 武保勤，女，桂林理工大学外国语学院，硕士，广西桂林，541000；
李嘉相，男，桂林理工大学外国语学院，广西桂林，541000。

巧艺，求赐美好姻缘。唐代白居易的《长恨歌》中有："七月七日长生殿，夜半无人私语时；在天愿作比翼鸟，在地愿为连理枝。"记述唐玄宗与杨玉环，以牛郎织女为例，共誓白头之约。时代在变化，随着生活节奏的加快和生活理念的转变，现在社会每遇七夕节，越来越现代化的情侣们大多选择一起吃饭、逛街、看电影，送巧克力和玫瑰给对方，七夕节也变得越来越像西方的情人节。

（三）感恩节与端午节

感恩节是美国的节日，在每年11月份的第四个星期四，在美国人心目中，感恩节是仅次于圣诞节的节日，像中国的春节一样，这一天，成千上万的人不管多忙，都要和自己的家人共进晚餐、享受美味的火鸡。此外，很多人会去教堂做感恩祈祷，市镇街道当然少不了各种游行、化装舞会等，还有自杜鲁门当政时期起的每年一度的总统放生火鸡仪式，以显示西方人对食物的感恩。随着中西方频繁的交流，在中国也有部分人过感恩节，但中国人更多是对父母、亲人、老师等的感恩。端午日在农历五月初五，传说是为了纪念楚国诗人屈原，每到这一日，大人们会包粽子，采集艾草驱瘟避邪，各种赛龙舟比赛也在端午日进行。当地妇女小孩子，莫不穿了新衣，额角上用雄黄蘸酒画了个王字。任何人家到了这天必吃鱼吃肉。[2]

三、中西传统节日折射出的文化差异

（一）中西传统节日体现了不同的饮食文化

中西方国家诸多方面的差异造就了中西方饮食文化的差异。在中国，民以食为天，思想家孔夫子十分重视民食，把它作为立国的三个基本条件（即兵、粮、信）之一，主张统治者应该"节用而爱人"。[3]历来统治者都信奉民以食为天，从这句民间习语中可以看出中国人自古就很重视吃，把吃看得与天一样重要。中国人讲究长寿，传统节日饮食以谷物为主，端午节的粽子、元宵节的汤圆和元宵、中秋节的月饼、腊八节的腊八粥等也都是以五谷杂粮为主，这与中国自古以来就是农业大国有很大关系。由于价值观的不同，中国人注重"天人合一"，西方人注重"以人为本"。西方饮食则以动物肉类和奶制品为主，感恩节的火鸡、圣诞节的烤鹅，体现了西方人对食物营养均衡的讲究，对健康快乐的追求。"亚伯拉罕又取了奶油和奶，并把预备好的牛肉拿来摆在他们面前，自己在树下站在旁边，他们就吃了。"[4]这充分反映了奶制品在游牧民族特有的饮食结构中所占的重要比重。[5]此外，在中国，餐桌上可以做生意，可以谈判，也可以交朋友，请客吃饭成了人们处理事情的手段。中国的饮食文化非常复杂，往往不仅仅是吃饭这么简单。中国人喜欢围坐在一起，边吃边聊天，有说有笑，非常热闹。而西方流行的自助餐则体现了西方人对个性的尊重，对自由的向往。此外，饮食方面的社会分化依然存在，它们主要跟食物消费的数量有关，上层社会的消费明显高于普通民众的消费。[6]上层社会的饮食更加讲究精致、美味、营养。

（二）中西传统节日体现了不同的宗教文化

宗教是一种奇特的文化形态。就它的本质而言，它是人对客观环境（包括自然界和社会生活）错误地感觉、认识乃至荒谬解释的结果。它反映的是人与自然以及人与社会的两种关系，是对这两种关系的评价、态度和处理方式。[7]西方的文化观念认为人生来有原罪，必须通过信仰上帝，参加宗教仪式和不断忏悔等才能赎罪，从而得到心灵的净化和快乐，因此西方的节日习俗不仅有浓重的宗教色彩，而且注重宗教仪式后的一种身心解脱式的愉悦和快乐。[8]基督教认为宇宙间只有一个神，即耶和华神。我国的民族节日，特别是汉民族的传统节日，大多与宗教无关。它的产生与演变，跟远古农业生产、祖先崇拜和原始禁忌有密切关系。在中国，除了儒、佛、道三教之外，中国的民间宗教较多，多神崇拜的现象极为普遍。对现实生活的落差感为迷信活动和邪教滋生了温床，使人们盲目地信奉神灵，宗教祭祀，驱瘟辟邪，形成了恶性循环。西方宗教倡导的爱有较强的平等意识，男女老少都是上帝的子民，通过自己的努力都可以成为上帝拯救的选民。中国的宗教与此相反，儒家倡导的"仁""礼"均有等级之分，君臣、父母子女、夫妻、男女之间是处于不平等的宗教文化中。这种封建等级秩序虽维护了帝王的统治，但也阻碍了社会的进步。

（三）中西传统节日体现了不同的价值取向

中国传统儒家文化讲究的是一个"和"字。家和万事兴，极力推崇家庭和社会的和谐以及个人对家庭和社会国家的责任感。中国人比较重视血缘关系，集体观念比较强，每到春节临近，不管路途多遥远艰辛，在外工作、上学的人们总会在这个万家团圆的日子赶回家与家人相聚，只为全家围在一起能吃个团圆饭。春节的传统习俗拜年体现了中国集体主义的价值观，首先是家族之间的拜年，然后是邻居好友之间的相互道贺。大年初二开始亲戚之间的拜年，大人带着孩子拿着礼物到亲戚家拜年。中国人对礼品通常比较讲究，礼物一般都是精心挑选的，价格越高显得人越有面子。在西方，个人是社会的基本单位，社会是个人的集合体。[9]而西方人走邻访友，通常带一点小礼物表示心意即可。由于中世纪以来宗教的桎梏，西方人一直在倡导个性解放，西方的一些传统节日的习俗体现了西方人的个性主义色彩。他们通常以自我为中心，张扬个性，追求独立和自由。例如狂欢节这一天，上到政府官员下到平民百姓都尽情享受节日的狂欢、自由，展现个人的独特魅力。

四、中西传统节日产生差异的原因及其启示研究

传统文化是中国文化的重要组成部分，传统节日最能够反映中国传统文化。长期以来，农耕文明与儒家文化对中国传统节日的形成产生了深远的影响，中国的传统节日大都与农业生产有关，中国以农为本，在生产力和科学技术不发达的情况下，农作物的耕种与收获有着强烈的季节特征，于是十分重视季节气候对农作物的影响。[10]“冬天麦盖三层被，来年枕着馒头睡”，“瑞雪兆丰年”，“腊里暖，六月旱；腊里寒，六月水”，“大雪半融加一冰，明年虫害一扫空”等就很形象地显示了农业的耕种与季节气候之间的密切关系。此外，中国传统节日的典型饮食也大都属于五谷杂粮类，小农经济的生产方式给中国传统节日刻上了深深的烙印。西方属于典型的蓝色海洋文明，得天独厚的地理环境使得海运非常便利，长期有一定风险性的海上生活磨砺了西方人的性格，使他们慢慢养成了较为独立的性格。此外，由于气候和地形等原因，为了满足草的供应，从事游牧业的人要不停地迁徙以满足牲畜的需要，这样一来，就逐渐形成了个人主义观念较为浓厚的民族性格。根据武保勤（2016）的研究，在一定的历史时期，重商主义和游牧业在某种程度上促成了西方人独立性较强，个人主义观念浓厚的特点[11]，由此可见地理环境和生产方式对西方传统节日的影响之深。此外，西方的节日与宗教有着千丝万缕的关系，西方传统节日是宗教的附属品，节日期间会举行许多宗教活动，这些宗教活动和仪式旨在洗涤人们的灵魂从而得到耶和华神的救赎。这些传统节日在每个民族发展的历史进程中形成了各自不同的风俗习惯，显示了西方国家、民族的不同历史及文化渊源。透过西方的节日文化及其习俗，可以更充分地认识西方各民族的历史与文化，因此有助于我们与西方各国各民族加强沟通与了解，为更好地开展国际交流提供一个窗口。

文化虽不是经济发展的附属物，却是政治和经济的反映。一个国家的文化软实力显示了这个国家的综合国力，文化软实力的增强有助于改善一个国家的精神风貌。虽然经济与文化产业的发展并不总是亦步亦趋，但是文化发展的好坏直接显示了一个国家的精神层面是否富裕，国民的精神状态是否饱满。随着经济全球化的发展，一些大国开始转变对外策略，从经济渗透逐渐过渡到文化渗透。由于中国传统节日单一的形式对青少年的吸引力甚微，在中西方文化碰撞下，对新事物容易好奇的青少年产生盲目崇拜心理。接触西方文化较多的外文专业学生对西方节日的间接宣传也起到了推波助澜的作用。认识和了解中西方传统节日下的中西方文化差异有助于促进中西方之间更好地交流，让青少年对中国的传统节日文化有一个新的认识。

五、结论

由于地理环境、生产方式等因素的不同，各国的传统节日习俗存在着很大的差异。传统节日是民族文化的载体，我们应尊重各国文化习俗和民族文化。面对外来节日进入中国这种现象，我们要提高保护中国传统节日的意识，理性地看待外来文化。近年来，由于保护传统文化意识不强，中国传统节日（中秋节、端午节）被别的国家申报为世界非物质文化遗产的现象出现。为此政府媒体应加大传统节日宣传力度，高校应加强普及传统节日文化教育。传统节日是一个国家的根，对于中国传统节日，我们要取其精华，去其糟粕。在感受节日的浓烈气氛之余，要注意到中西方文化习俗的不同，从而认识、理解并尊重各国的文化习俗，有效地进行跨文化交流，避免不必要的误会。

参考文献：

[1]杜莉.中西节日习俗与饮食[J].扬州大学学报,2001(3).

[2]沈从文.边城[M].太原:北岳文艺出版社,2014.

[3]王学泰.中国饮食文化史[M].桂林:广西师范大学出版社,2006.

[4]圣经[M].南京:中国基督教两会出版部,2012.

[5]叶舒宪.圣经比喻[M].桂林:广西师范大学出版社,2003.

[6]贡特尔.欧洲饮食文化史[M].吴裕康,译.桂林:广西师范大学出版社,2006.

[7]程裕祯.中国文化要略[M].北京:外语教学与研究出版社,1998.

[8]周增文.现代礼仪[M].济南:济南出版社,2004.

[9]明恩溥.文明与陋习——典型的中国人[M].舒扬,舒宁,穆婡,译.太原:书海出版社,2004.

[10]高丙中.圣诞节与中国的节日框架[J].民俗研究,1997(3).

[11]武保勤.从小费看中西方价值观差异[J].怀化学院学报,2016(2).

[12]侯根香.从传统节日看中西文化差异[J].无锡商业职业技术学院学报,2008(2).

[13]冯建民,许丽红.从传统节日看中西文化差异与交融[J].唐山职业技术学院学报,2009(1).

Comparative Study of Chinese and Western Traditional Festivals in the Perspective of Culture

Wu Baoqin Li Jiaxiang

Abstract: Traditional festivals are an important part of a nation's history and culture, and they reflect different ethnic characteristics. Through the comparison between Chinese and Western countries in terms of traditional festival origins, ways of celebration and diet habits, we can find three major differences: Chinese diet culture focuses on longevity while the Western diet culture gives priority to health; Chinese traditional festivals are pantheistic and secular while Western's with a strong religious color. Chinese traditional festivals emphasize collectivism while Western's pay more attention to individualism. With China's access to WTO, communication between China and Western countries becomes more and more frequent, and better understanding of the differences between Chinese and Western countries will contribute to the communication between China and the Western countries.

Key words: traditional festivals; collectivism; individualism; cultural differences

也谈信仰与信任
——兼与成其圣同志商榷

□ 王锡军

摘　要 <<< 信仰与信任两者的缘起、反映的关系、公共域边界、功用、哲学基础、维系的手段等方面都有本质的区别，两者没有内在联系。信仰是唯心主义的东西，与辩证唯物主义格格不入。通过强化或者树立某信仰就可得到他者的信任是荒谬的。信任是人际良性互动的基础，也是良序社会的基础。依靠信仰维系是传统社会政治的普遍特征。高度信息化、高度智识化的现代化开放社会，政治信任才是政权合法性的唯一来源。

关键词 <<< 信仰；信任；异质性；政权合法性

信仰与信任具有本质区别，两者并无必然联系。近日阅读成其圣同志文章《信仰与信任》，对文中诸如“信仰因信任而愈加执着，信任因信仰而愈发坚固”[1]之类观点实不敢苟同，故写此文以厘清信仰与信任的边界与根本区别。在广泛而频繁的人际互动、个人与组织互动、组织间互动、公民与政府互动的现代社会，信仰无关主体间良性互动，信任才是主体间良性互动的前提和基础，因此信任才是任何主体都应当追求的核心价值。

一、信仰与信任没有必然的内在逻辑关系

“信仰”是指人们虔诚地相信某一超然对象的存在，并以之作为自己行为的准则。[2]“信任”则是建立在对他人的意向和行为的积极预期基础上而敢于托付的一种心理状态。[3]两者缘起不同、反映的关系不同、公共域边界不同、功用不同、哲学基础不同、维系的手段不同，两者没有必然的内在逻辑关系。

（一）缘起不同

信仰产生于人们对自然力的敬畏、对宝贵生命的怜惜、对人世残酷现实的抗争。人对周围自然的畏惧心理和对自身生命的思虑是一切信仰产生的根源和存在的基石。[4]一如唐代柳宗元所言：“力足者取乎人，力不足者取乎神。”自然崇拜、迷信是自然状态下的民间信仰，具有地域性、多元性，甚至混乱而不确定。信仰的高度组织化和统一性缘起于宗教和传统政治。

信任来源于重复性博弈的群体生活，是实然事实符合预期影响的乐观预期，同时又是一种具有风险性的心理和行为。信任大致可分为人际信任和社会信任两类。人际信任是人们在交往互动过程中逐渐形成的，以交际圈为边界、以情感为纽带而构筑的信任。社会信任又可分为制度信任和工具信任。制度信任是人们对组织（包括政府）为规范行为而制定的制度体系所产生的稳定的心理预期，制度信任是规范社会行为的基础。工具信任是指人们对商品、货币、真理等物态品质或者精神成果的信任，工具信任是人际信任和制度信任的媒介。现代化程度越高，社会信任越依靠制度信任和工具信任。

（二）反映的关系不同

信仰是支配着人们日常生活的外部力量在人们头脑中的幻相的反映。信仰反映的是信徒与信仰对象的关系以及信徒与教主的关系，是信徒对信仰对象虔诚的、单向的、精神上的忠诚与托付。“信仰的对象既不能用科学证明，也不能用经验证明”（易中天先生语），然而，信徒还是盲目地痴迷、相信，所以，越是虔诚的信徒精神上越是被宗教教条所束缚，越是不自由。19世纪英国的贵族说：“信奉上帝的话由我们来说；执行上帝

作者简介 <<< 王锡军，男，长沙职业技术学院基础课与思政课教学部，副教授，湖南长沙，410217。

意志的事让人民去做。”[5]虔诚的信徒往往容易被宗教首领、政治首领利用。强化信仰便使精神依附于信仰对象，失去自我。

信任是需要通过实证来强化的，是人们的心理预期得到确证的真实反映。信任的对象可以是人、组织、制度、商品、货币等等，但归根结底反映的是人与人、人与组织的互动关系。每个人和组织都具有双重身份，既是信任的主体又是信任的客体，每个人和组织的可信任度依靠自己树立。牢固的信任需要不断使心理预期得到确证的正强化，一次使心理预期落空的负强化都可能动摇主体对客体的信任。信任的主体在精神上是自由的。树立信任（使成为值得信任的对象）是一种高尚的道德塑造，是实现自我的过程；确证信任（客体值不值得信任）是任何人都不可也没法剥夺的权利，是彰显自我的过程。

（三）公共域边界不同

信仰以同类信仰群体划分公共域，因而具有明确边界。有的信仰彼此排斥，信仰越是固化越可能造成彼此排斥的信仰群体之间的冲突，如基督教与伊斯兰教的冲突、伊斯兰教不同派系间的冲突。淡化信仰、彼此包容可以避免冲突。

信任是人们在生活中博弈互动形成的，是可以突破信仰、种族、血缘、组织和国家边界的。尤其是在经济全球化的现代社会，通过货币、商品、制度、真理等媒介构筑全球化的社会信任，促进了生产要素的全球性流动、跨越国界和区域的贸易往来、全球不同文明的交流互动，实现了人类合作共赢、和平共处。信任越是巩固越能促进人际和组织间的良性互动。信任缺失不利于人际和谐互动，严重缺失可能爆发危机甚至冲突。

（四）功用不同

信仰的功用具有两面性。从积极面看，信仰具有文化整合、心理调适、稳定秩序等功用，因为信仰往往也包含一定的正向价值观，所以信仰也具有一定的道德教化功能。①从消极面看，信仰可以使民众的心智麻痹，制约甚至扼杀民众为争取自身利益的抗争，制约甚至扼杀民众追求科学的精神。

信任具有极其重要的正面价值，主要有简化复杂、道德塑造、良序互动等功能。简化复杂功能：信任往往来自于口碑、声誉、商标、制度、档案、货币等等，省略了确信的过程，从而降低交往交易成本，因而，信任在人的心理活动中具有简化复杂的功能。[6]道德塑造功能：树立信任的过程就是道德修养和道德塑造的过程。道德塑造不同于道德教化，道德塑造是主体主动的自我修养；道德教化把人当成教化的对象，是教化对象的被动接受。良序互动功能：主体间有互信才会有合作，秩序良好的社会一定是互信度高的社会。对于个人来说，信任是口碑，口碑越好、美誉度越高的人越有广泛的人脉；对于组织来说，信任是品牌，品牌知名度高的商品和服务越有广阔的市场；对于政府来说，信任是公民与政府关系的核心，信任是执政合法性的基石，信任度高的政府更加具有领导力、动员力和向心力。当然，盲目的信任可能造成灾难性后果。正因为如此，我们很有必要理性地不断在信任与不信任间进行动态确证；很有必要建立一整套制度化的信任与不信任的确证机制，如信息公开、权力制约和民主监督等。

（五）哲学基础不同

信仰的对象是不能通过科学和实践证明的，因而其哲学基础是唯心主义和形而上学。信仰无关科学与逻辑。科学可以重复确证，信仰的对象无法确证；科学从质疑开始，信仰因质疑崩溃；科学主张理性的批判，信仰宣扬顺从与虔诚；科学可以自由辩论，信仰束缚思想自由；科学需要逻辑证实，信仰害怕逻辑证伪。信仰排斥科学与逻辑，但又常常用科学与逻辑进行伪装，借用科学与逻辑装点门面。如美国人玛丽·贝可·艾迪于1879年创立基督教科学派，就主观上将信仰贴上科学的标签。

信任的哲学基础是唯物辩证法。信任来源于确证，靠确证强化，因证伪而消解，即存在决定意识。这便是典型的唯物主义特征。信任的存在以不信任为基础，信任只有在与不信任的对立统一关系中才能获得自身的本质规定[7]，由于信任度不断发展变化，信任总是呈现否定之否定的辩证规律形态——这便是辩证法的特征。科学与逻辑是信任的“亲密朋友”，它们是确证信任的工具、方法和手段。

从欧洲文艺复兴开始的现代化进程中，正是由于辩证唯物主义哲学、自然科学与逻辑学的发展，动摇了信

① 笔者所提道德不是宗教道德，而是具有正向价值观的道德，见笔者发表于中北大学学报社会科学版2015年第2期《论道德的本质——基于正向价值取向视角》（第9～16页）。

仰的根基，促进了传统的信仰维系型政治意识形态的解体和政教合一政权的瓦解。与此同时，人的精神摆脱了宗教的束缚而获得了广泛的自由，而思想自由又进一步促进了科学、哲学和产业的发展。现代化程度越高的社会越是倡导信仰自由，即信仰什么、不信仰什么是公民私事，与政治无关。如美国宪法就明确不得设立任何宗教为国教；在我国，公民有宗教信仰自由也早已写入宪法。

（六）维系手段不同

信仰的维系手段是通过教条的单向灌输，如诵读经文和宗教仪式，对教徒进行精神控制，同时不惜采用暴力手段取缔或消灭异教。一直到现在，还有一些宗教国家不同派系之间经常出现宗教暴力冲突事件。不存在的东西也有一些信徒或宗教利益集团的代言人总是想方设法证明其存在，像何奎拉、奥古斯丁、佩利等人，他们致力于寻找上帝存在的有效证明[8]，然而，他们的所谓证据不过是没有任何说服力的空洞说教。在论证苍白无力的情况下，美国加尔文学院教授克拉克先生干脆辩说：上帝的存在“无需证据、不必论证”。②

信任在动态确证中维系。信任与不信任是对立统一的，信任是对不信任的否定，不信任是对信任的否定，怀疑则是在信任与不信任之间的权衡。信任是有风险的，所以不信任和怀疑都是正当而合理的。信任、不信任、怀疑是动态辩证的。信任是具有“反脆弱”③的体系，这种反脆弱性正是信任体系健康发展和维系的基石。

此外，信仰可以自我标榜，信任则是他者评价。信仰可以被政治和宗教利益集团利用，用以维护统治阶级利益；信任则是给社会的每一个主体都施加压力，从而促进互利互惠，合作共赢。信仰造成信息不对称，信任则追求信息共享。信仰不能损害他人和社会公共利益，因而需要法律规制（如公民有宗教信仰自由，但不能信反人类反社会、损害他人和社会公共利益的邪教）；信任则是社会良知的基础，任何对象包括法律都要接受它的审视……

从上文对信仰与信任的诸多不同进行分析，所得结论是：两者没有内在联系。可见“信仰因信任而愈加执着，信任因信仰而愈发坚固”，即“乙信任甲，甲便更加执着地坚定某种信仰”（这倒是甲的私事，与乙无关）与“甲愈是执着地坚定了某种信仰就愈可以得到乙的信任”（这就太荒唐了）是毫无逻辑联系的荒谬命题。恰恰相反，民间有的信仰往往是由于对信任缺失的无可奈何而引起的，如对因果报应的信仰，是为排除“君子吃亏”的困惑，舒缓受到伤害的心灵，以消除愤懑和怨气。

二、用词不准确会造成“信仰”与“信任”的异质性被忽视

在阅读中，我们经常可以发现“信仰”、“信任”用词不准确的情况，这或许正是造成对信仰与信任边界认识含混模糊和异质性研究重视不够的根源。

这里略举几例。巴金在《小人、大人、长官》一文中写道：“对长官的信仰由来已久。多少人把希望寄托在包青天的身上，创造出种种离奇的传说。”此处的“信仰”应为“盲目的痴迷的信任”。周恩来在《抗战军队的政治工作》一文中说：“要以耐心说服诱导的精神，争取官兵和人民的信仰，团结他们在革命主义与政纲的领导下而坚决奋斗。”此处的“信仰”应为“高度的信任”。美国法学家伯尔曼说：“法律必须被信仰，否则它将形同虚设。”[9]我国学者姜起民、解维升就专门撰文质疑法律信仰这一命题，指出应修改为“法律必须被信任”[10]。从上述三例不难看出，他们都把“信仰”与“信任”看成同质性的，“信仰”被理解为只是信任程度的加深，从而忽视了“信仰”与“信任”的异质性。正因为如此，我们在理解这类语言的时候就要琢磨出他们所说的“信仰”表达的只不过是“痴迷的信任”、“高度的信任”这样的含义。但在专门论述信仰与信任的关系时，我们显然不能用“痴迷的信任”、“高度的信任”去置换“信仰”。

三、坚持唯物辩证法、追求理想无关信仰

（一）唯物论、辩证法是信仰的天敌，与信仰水火不容

唯物主义的世界观、辩证法的方法论是马克思主义精髓。马克思主义的唯物论、辩证法是宗教神学的天敌，是反唯心主义、反信仰的。唯物辩证法在自然科学领域的运用是非常自然的、自觉的，之所以成为政治哲学的根本

② 克拉克教授在1998年10月北京大学“中美哲学与宗教学研讨会”上，作了题为《无需证据、不必论证》的演讲。

③ 观点来源于〔美〕纳西姆·尼古拉斯·塔勒布（Nassim Nicholas Taleb）著作《反脆弱》。

原因就在于，它彻底否定了传统的依靠宗教信仰来维系的政治意识形态。我们坚持唯物论、辩证法，还使用一个具有宗教神学色彩的专用词语——“信仰”，就可被理解为用唯心主义来捍卫唯物主义，这岂不是滑天下之大稽?

关于如何对待马克思主义的问题按理说早已定性，就是绝对不能把马克思主义当成教条。早在1930年，毛泽东就写有《反对本本主义》一文，批评了红军中一部分人迷信“本本”、不愿作实际调查的保守思想，揭露了教条主义的错误及其对革命事业的危害。1978年春夏之交，开启了一场为十一届三中全会召开奠定了坚实的思想基础的关于真理标准的大讨论，讨论的思想武器就是唯物辩证法，实质上就是反对教条主义，得出的结论是：“两个凡是”是对马克思主义、毛泽东思想的亵渎。后来，邓小平在谈到真理标准讨论的意义时指出：“一个党、一个国家、一个民族，如果一切从本本出发，思想僵化，迷信盛行，那它就不能前进，它的生机就要停止了，就要亡党亡国。”[11]中国共产党领导的革命和建设的实践已经证明，什么时候把马克思主义进行教条主义的理解、进行教条式的运用，什么时候就会犯颠覆性错误。2015年10月，习近平在伦敦金融城演讲时指出：“中国社会主义不是教科书里的教条，不是刻板僵化的戒律，而是在实践中不断发展变化的生命体。”[12]“教条主义与马克思主义哲学根本对立、与马克思主义哲学中国化事业也绝不相容。”[13]之所以理论界到现在还一直在探讨争论这个问题，实际上反映了一个基本事实，就是在思想领域，一些人把马克思主义当教条的现象仍然根深蒂固地存在并有顽固影响。要从根本上驱散教条主义阴霾，首先就要在如何对待马克思主义的问题上摒弃“信仰”这个带有浓烈宗教神学色彩的专用词语，因为，坚持科学立场的无神论的中国共产党，根本就同“信仰”沾不上边。笔者很认同徐麟同志的观点：“马克思主义不是信仰，而是科学……它不是教条（信条），不是凝固不变的，不是像宗教教义那样不能够批评修正的。”[14]的确，马克思是人不是神，他个人和追随者的思想也受历史背景以及个人知识和阅历的局限，有的思想是具体的历史的，在当时特定的历史背景下起过非常重要的作用，我们当然应该肯定，但更要解放思想、因时而变、与时俱进。一些被实践早已证伪的东西，该摒弃的就应该毫不迟疑地摒弃。其次要提炼出马克思主义最核心的东西，如人民立场、唯物主义、辩证法等，作为马克思主义的本质，即坚持马克思主义就是要坚持永远和人民站在一起，坚持唯物主义世界观，坚持辩证法这个方法论。这样可以避免思想体系繁杂而产生歧义和混沌，避免陷入教条主义深渊。

唯物论、辩证法与信仰无关，但它却是信任的哲学基础，是确证信任的最为重要的手段。

（二）追求理想无关信仰

理想不同于空想和幻想，它是主体希望能够达到、通过努力完全可以实现或者基本可以实现的预期状态。而信仰就是空想和幻想，它不是要激发人的主观能动性去实现它、确证它，而是要让人们意识麻痹，使人们成为信仰的精神俘虏。

理想的重要特征就是理性，它具有两重属性：一是高于现实，二是缘于现实。理想的目的是更好地改变现实。理想一旦确立，即成为行动的指针。有的理想比较容易实现，一旦实现了，人们又会追求更高更远大的理想，但是，高远理想的实现会受到社会现实的复杂性、对社会认识的肤浅性、主体能力的有限性等诸多因素影响与制约。为避免盲目性，理想往往需要在追求过程中、在反复的实践检验的过程中不断修正、不断调整。

“共产主义信仰”、“共产主义理想信念”是比较常见的词语，人们往往很随意地使用。但是，两者的内涵完全不一样。把共产主义当成信仰看，不是把它抬高到一种神圣的境地，恰恰相反是贬低它——因为信仰的东西就是虚无缥缈、不可能成为现实的东西。如果把共产主义当成信仰去对待，那就会翻出马恩的《共产党宣言》，对照“本本”，依葫芦画瓢，无视以前我们共产主义实践的经验教训，从来不去与实践联系，不断地从文本到文本地反复引证，制造出各样各样陈词滥调的教条，然后进行空洞说教。把共产主义当成理想信念来经营、来实践，那就要不断地在实践中总结教训、在实践中修正错误、在实践中更新观念。比如：我们的公共基础设施就是“共产”；资源不是哪个人带到这个世界上来的，是天赋的生产要素，确保每一个公民能够平等地分享自然资源的权益，这正是共产主义的本质要求；摒弃二元对立的公私观，例如，资本是现代化的物质动力，它可以聚合生产要素使潜在生产力转化为现实生产力，从而创造出更多的社会财富，尽管很多资本属于私人，但它也具有公和公共的属性，财富一旦转变成资本就具有了公共的属性，所以，我们不能消灭资本，而要鼓励民众把财富转变为资本，同时，建立健全一整套体制机制来规约劳资关系，化解劳资矛盾；通过税收手段也可以使私人财富在消费、在流转过程中部分地转变为公共财富；通过财政支持民生工程的建设和社会保障事业的发展使民众能够分享公共财富……这些不是共产主义理念是什么？坚守理念、贴近现实、转变观念，共产主义就不会是虚无缥缈的东西。

四、结语

依靠信仰维系是传统的专制社会政治意识形态的普遍特征。国王、皇帝无一例外地鼓吹君权神授，如中国皇帝自称为天神的儿子——天子，西方的皇帝自称为上帝的儿子，连太平天国运动首领洪秀全也自称上帝的次子等等。依靠信仰维系本质上是为了让民众以敬畏天神的心理对国王、皇帝敬畏、臣服、追随。在信息高度开放、民众科学素养普遍提高的现代社会，一些深受传统观念制约的学者还试图建立全民信仰体系来作为政治意识形态的维系手段，是与马克思主义的世界观方法论格格不入的。也有作者专门撰文，论述政治信仰的重要性，如孟迎辉就认为政治信仰危机是苏联巨变的深层次原因[15]。笔者认为，作者在避实就虚，张冠李戴——苏联解体的真正原因是政治信任崩溃，而绝不是人民的信仰出了问题（人民无罪！）。同样的道理，改革开放以来，中国共产党领导团结全国人民取得举世瞩目的辉煌成就，一步步向富强、民主、文明、和谐的现代化国家迈进，执政根基牢固，根本原因是得到了广大人民的信任，而不是强化了人民的信仰。面临“四大危险”、“四大考验”的新形势，新的政府重拳反腐、把权力关进制度的笼子、全面深化改革、全面依法治国、全面从严治党，更加赢得了人民的信任，而非建构了一种什么信仰体系。在外交上，我国坚持与邻为善、以邻为伴，坚持睦邻、安邻、富邻，突出体现亲、诚、惠、容的理念，倡导互利互惠、合作共赢的理念，倡导“各美其美，美美与共”理念等等，其目的都是为了在国际社会树立值得信任的负责任大国形象，而绝对不是在宣示一种什么信仰。通过强化某种信仰就可以得到他者的信任，那是缘木求鱼、痴人说梦。一言以蔽之，政治与宗教分离是现代社会的突出特征，政治抛弃信仰之后，只能单纯依靠信任与公民互动，政治信任便成为政权合法性的唯一来源。

参考文献：

[1]成其圣.信仰与信任[J].求是,2013(12).

[2]张荣明,代国玺.中国传统信仰与社会[J].湖南大学学报(社会科学版),2009(4).

[3]张宁,张雨青,吴坎坎.信任的心理和神经生理机制[J].心理科学,2011,34(5).

[4]吴忠海.信仰起源的心理因素探析[J].江苏社会科学,1997(3).

[5]马克思恩格斯全集(第Ⅱ卷)[M].北京:人民出版社,2008.

[6]郑也夫.信任的简化功能[J].北京社会科学,2000(3).

[7]尹保红,秦燕.辩证法视域中的信任机制与制度变迁[J].求实,2011(2).

[8]陈立胜.“信任”、“信念”与“信仰”——与克拉克先生商榷[J].东方论坛,2001(2).

[9]哈罗德·伯尔曼.法律与宗教[M].梁志平,译.上海:三联书店,1991.

[10]姜起民,解维升.法律信仰命题质疑与法律信任生成的路径选择[J].中国海洋大学学报(社会科学版),2012(5).

[11]邓小平.邓小平文选(第二卷)[M].北京:人民出版社,1994.

[12]习近平.共倡开放包容 共促和平发展——在伦敦金融城市长晚宴上的演讲[N].人民日报,2015-10-02(1).

[13]汪信砚.反对教条主义与中国马克思主义哲学的发展[J].马克思主义研究,2006(6).

[14]徐麟."无神论"与"信仰"[J].科学与无神论,2009(4).

[15]孟迎辉.政治信仰危机在苏联巨变中的作用[J].社会主义研究,2006(5).

Reanalysis on Faith and Trust

— Discussion with Cheng Qisheng

Wang Xijun

Abstract: Faith and trust have essential differences in origins, relationships reflected, borders of public domain, philosophical foundation, maintaining methods and other aspects, and they don't have internal relations. Faith is something of idealism, which is incompatible with dialectical materialism. It's ridiculous that one could get trust of others only by strengthening or setting a faith. Trust is the basis of benign interpersonal interaction and well-ordered society. Maintaining by faith is a common character of traditional social politics. But in a modern and open society with high degree of information and intelligence, political trust is the only source of regime legitimacy.

Key words: faith; trust; heterogeneity; regime legitimacy

浅谈高职校园环境标识系统的文化性及其设计构想

——以长沙职业技术学院为例

□ 赵 毅 彭树栋

摘 要 <<< 环境标识系统是人与环境进行交流的桥梁，环境标识系统设计需要将标识与人、环境进行整体结合的系统化设计。职业院校环境中的导视系统设计，除了要满足基本的功能外，还应根据学校性质的不同、培养目标定位的不同，在导向系统中显示一定的文化性，才能满足现代职业院校环境的需求。本文以长沙职业技术学院的环境标识系统为例加以阐述分析。

关键词 <<< 校园环境标识系统；文化性；设计构想

高职院校的形象是通过各种不同的视觉符号，表现出的具有独特文化内涵、专业特色、历史传承等多样的校园文化。当下的高职院校校园不仅仅是人才培养、知识创新的大本营，同时也具有院校文化交流和社会服务等多样化的展示空间并兼具服务功能。高等职业类院校人才培养与普通本科院校相比，专业的针对性和社会实用性更强，校园文化中的专业性建设更为突出。因此，高职院校的校园环境导向系统，需要认真梳理学校的性质、培养目标、服务对象等信息，创建具有特色文化的校园环境。本文将以长沙职业技术学院为例，对高职校园环境与导向系统的文化性及设计构想进行初步的探索和思考。

一、我院校园环境与导视系统的现状

长沙职业技术学院是一所办学历史悠久的学校，现有雷锋（主）校区、浏阳（东）校区和天心（南）校区三大校区，占地面积600余亩；学院有6系3部，开设26个专业，在校学生7,300余人，目前占地500亩，并投资8.1亿元，以雷锋校区为依托的长沙职院新校区正在建设中。

通过对在校生最多、校舍最大的雷锋（主）校区的实地考察，笔者发现目前使用的导视系统还存在一些问题。第一，标识牌分类十分混乱，色彩单一，导视系统没有体现学校的任何特色。第二，导视指向不明确，容易引起误导。第三，导视牌年久失修，安置不规范，个别导视牌有安全隐患。第四，地域性体现不够，同时标志牌中也缺少英文。

二、 校园环境特征及文化定位

高职校园环境是一个浓缩的小社会，虽然校园面积有限，但是在这小小的空间里也安置下了相对完整的各种工作及生活设施（各种教学楼、办公楼、实验实训楼、食堂、图书馆、体育馆等），是学生走向社会之前的实验、实践场。许多高职校园由于地理环境或是历史发展等原因，校园内道路交通复杂多变，混乱不堪。没有合理的导视系统，将会把校园变成一个大迷宫。因此，校园内合理的信息导向系统是指引师生在校园内工作、学习、休息、活动的重要组成部分，对于学校的外

作者简介 <<< 赵毅，男，长沙职业技术学院建筑与艺术设计系，讲师，硕士，湖南长沙，410217；
彭树栋，男，长沙职业技术学院建筑与艺术设计系，讲师，硕士，湖南长沙，410217。

基金项目 <<< 2015年长沙职业技术学院校级一般课题(课题编号：CSZY15C09）。

来者来说，也是随身的指路人。高校校园导视系统通过运用各种视觉传达的形式，再结合学校的各种自然风光、历史积淀，以多样化的形式展现出学校的别样风采。同时校园导视系统还是一个开放式的平台，将人与各种设施设备融汇在一起，相互依存、相互影响、相互包容。集中体现了高职校园的校园文艺特色、人文与自然环境之间的和谐。

长沙职业技术学院是由长沙市人民政府主办的一所全日制普通高等学校，其前身是由谭嗣同夫人李闰等人于1902年创办的浏阳官立师范学堂。百年名校，人才辈出，胡耀邦、杨勇等同志都曾在我校就读。坚持“以人为本、以工为主、以质为重、特色发展、服务社会”的办学思想，坚持“立足产业园，服务长沙市，面向湖南省，辐射中东部，为地方经济建设和社会发展服务”的办学定位，对接长沙市先进制造业、现代服务业等重点产业集群，开设机械制造与自动化、工程机械运用与维护、汽车运用技术、市场营销、会计电算化等26个专业。其中，机械制造与自动化专业为省级特色专业建设项目，特殊教育专业为省级示范特色专业建设项目。学院是湖南省唯一的特殊教育师资培训基地，2013年3月，被国家发改委、教育部、中残联立项为“特殊学校二期建设”重点单位。在对长沙职业技术学院的历史发展和对专业建设进行详细了解后，在之后进行的环境标识系统的设计中，学校领导围绕学校特点进行提炼，充分考虑校园文化的历史性和独特性。通过多次调研和讨论，最后确定环境标识系统着重体现“百年名校”及“长沙本地特色”两个方面特点。在整个环境标识系统中植入这两方面特点，并在设计中不断强化和升华，力求做到设计中呈现历史的积淀，在积淀中提炼出符合现代设计的元素。目前各高等职业院校的校园环境正成为学院形象新的亮点，各高职院校都在不断地改进或者重新设计制作新的校园环境标识系统，力求在众多同等高职学院中脱颖而出，形成自己独特的校园文化。随着我校的不断发展壮大，特别是主校区的扩建，一个崭新的长沙职业技术学院将会拔地而起，新的校园建设有效地改善了各项环境硬件设施，同时也需要新的文化环境来保障。我们通过前期对新校区的实地考察及调研走访，依托学校示范校建设的大背景，着力于把我们的办学理念以及“立德精技，尚学笃行”的校训这一理念一起融入视觉传达的各项设计和建设中，力求把长沙职业技术学院打造成环境优雅舒适、景色美轮美奂、体现自身独特历史和文化的新高职校园。在新校园的环境导视系统建成后，必将形成一种新的人文力量，更好地团结师生、凝聚全员力量，提升学校的品牌力和竞争力，对未来的发展起到推波助澜的作用。

三、设计构想

（一）设计原则

（1）要遵循长沙职业技术学院环境及导向系统原有的设计原则，要与学院的固有风格保持一致，在原有风格上推陈出新，把握好新设计变化的度。

（2）对整体设计风格进行统一的同时，对人、车导视标志进行独立的再设计。时间和空间上的设计，需要有明确的个性和区别。

（3）校园内环境标识系统需要分级进行设计，在分级导视中又十分强调体系结构。在结构上需要进行层级化的设计，要做到层级主次的呼应并体现各层级之间的差异。

（4）对校园内的不同标志牌的放置要进行合理化分布，要做到疏密得宜，方便来访者获取信息。

（5）校园导视系统的设计采用国际上通行的标准，对视觉传达的各种要素，如文字、图案、色彩等要严格要求，避免出现差错；同时要配以英语进行说明，让设计与国际相接轨。

（二）设计特征

1. 设计元素的简洁性

现代的校园导视系统要符合简单明了的设计原则，简化繁杂的无用信息，凸显重点信息，让查询与导向简单、清晰、明了。

2. 设计层次的连续性

层级化的设计是保持设计连续性的重要保证，同时层级化的划分也容易导致信息过多而出现混乱和偏差的状况，因此，需要在设计时进行目的化设计，加强引导，做到简而不少，多而不乱。

3. 设计目标的规律性

指示性标识要符合设计的规律，比如由大到小、由多到少、由远及近、由表及里等，要做到目标精准，主次明确。

4．设计规划的整体性

校园导视系统需要进行整体的统一规划，具体体现在图形、颜色、位置、字体、规格等方面。统一化的设计，使人们在校园中感觉到校园导视系统的整体与和谐。

（三）设计中考虑的因素

在高等职业院校导视系统的规划过程中，要对校园环境进行多层次的、多方面的调查，深入研讨本地特色文化与校园文化的关联，有计划、有系统地从校园人文、地理环境、历史沿革等着手，提炼相应的视觉传达元素，设计合理化的标识系统。因此，在设计中需要通过两层设计来设计校园的导视标识：第一层要考虑校园的建筑风格，分析了解我校的建筑风格的来源，校园布局，标识与周围建筑环境之间的体量关系，建筑物的色彩、外形和朝向等；第二层是要满足标识的各种使用功能，做到分层级进行区别标示，同级别的有一定的统一。

（四）设计内容

长沙职业技术学院环境及导向系统的设计目标是将学校建设成有文化、有历史、有特色的现代化新型高职院校。从以下的四个方面进行设计：

（1）以导视系统为中心，在主体色和设计元素上进行突破：环境导示系统的设计以户外指示牌为主要切入点，通过之前的实地调研与研讨，确定本次长沙职业技术学院校园导视系统设计的外形及颜色。主体颜色不超过三种，以枫叶红与高级灰作为基本色，水墨黑为底色，并将学校的校训、校徽融入导视系统中，全力打造长沙职业技术学院独特的校园文艺气息。为配合“百年名校”和“长沙特色”的定位，在校园导向牌的色彩设计上将红色作为主体色，代表了以谭嗣同、胡耀邦、杨勇为代表的为革命抛头颅洒热血的革命先驱。同时红色也是中国的吉祥色，代表着吉祥、喜气、热烈、奔放、激情、斗志、革命。设计元素上选择了长沙具有代表性的元素——爱晚亭的红枫叶，灵感来自于长沙享誉海内外的知名5A景点——岳麓山爱晚亭。枫叶作为设计的重要元素，象征坚毅，也象征着对往事的回忆、人生的沉淀、情感的永恒及岁月的轮回，寄托相思之意。将爱晚亭的红枫叶作为导视系统的主要辅助图形，枫叶的形式既与学院的文化定位一致，又具有浓浓的“长沙味道”，不出校园，也能在校园内感受到地域的独特文化与人文风貌。其次，作为底纹的“树叶”的造型与学校的性质相匹配，所谓“十年树木，百年树人”，期待学生能像树叶一样，吸收学校的各种正能量，不断提升自己，长成社会需要的可用之才、栋梁之才。

（2）导视系统的材质选择：材质是最终产品的承载体，设计的语意绝大多数都是通过不同材质来进行表达的，不同材质具有不同的特点，也有不同的优势和劣势。因此，在材料的选择上需要非常的谨慎和慎重。这次导视系统设计中，我们选用的是亚克力和铝塑板两种材料。

亚克力又称特殊处理的有机玻璃，系有机玻璃换代产品，用亚克力板制作的户外广告牌具有颜色纯正、色彩丰富、美观平整、使用寿命长、不影响使用等特点。此外，亚克力板材与铝塑板等型材可以完美结合，造型变化大，加工成型容易，耐候及耐酸碱方面的性能好，不会因长年累月的日晒雨淋而产生泛黄及水解的现象。亚克力板材可回收率高，是一种比较环保的材料，维护方便，易清洁，雨水可自然清洁，或用肥皂和软布擦洗即可。

铝塑板是以经过化学处理的涂装铝板为表层材料，用聚乙烯塑料为芯材，在专用铝塑板生产设备上加工而成的复合材料。其特点主要有：超强剥离度：铝塑复合板的平整度、耐候性方面的性能好；材质易加工：每平方米的重量仅在3.5～5.5公斤之间，故可减轻震灾所造成的危害，且易于搬运；防火性能卓越：铝塑板中间是阻燃的PE塑料芯材，两面是极难燃烧的铝层，因此，是一种安全防火材料，符合建筑法规的耐火需要；自洁性好，只需用中性的清洗剂和清水清洗即可，清洗后的板材永久如新。因此，将亚克力和铝塑板作为户外和室内的导视系统的材料是很合适的。

（3）导视系统的字体选择：字体是传达信息的重要符号，合理的字体将会把信息准确而清晰地传递出去，并且还会带给人们心情舒畅的愉悦感和文化感。在校园交通导向中的字体选择上，充分考虑了瞬间识别和准确判断因素，字体不宜太大、太粗。同时，我们也考虑以下问题：这种字体是否适合校园的特性；是否体现学校的风格；是否利于识别。为此，我们进行了大量的字体挑选，字体既不能太夸张、过于装饰，也不能过分拘泥、含蓄。在众多的字体中，通过对比和制作实物，我们选择了方正的中等线简体，将之作为我们的标准字体，这种字体，比较纤细、笔画很严谨，字体本身在设计时完全抛弃了字脚，只剩下字母的骨骼，所以显得朴素端正，十分清晰。字体作为标准字体，在导视系统中放大使用的时候依然很稳固、有力量感；在导视系统中缩小使用的时候字体仍然很清晰，容易被辨识，是非常合适在环境及导向系统中使用的字体。

（4）导视系统的安装位置选择和布局：校园标识系统中的各种指示牌的安装位置必须具有相对固定性，这样可以在一定程度上达到识别的统一和一致。校园环境导视系统的标识的布局安排，既要充分考虑到与自然环境的和谐，又要让其具有明确的区别，便于人们识别。因此在色彩、材质、布局上要做好安排。同时，一个优秀的环境视觉识别标识设计符合人体工程学的设计，不但能达到明确的指示效果，还能成为校园中固定的“风景”。

四、结语

高等职业院校环境导视系统是高职校园文化建设不可或缺的一部分，在原有的基本导视功能外，需要将学校历史、校园文化及专业特色等多方面的新元素进行融合。同时，也是学校的一张与外界交流的名片。但是，从目前的情况来看，还是有许多的高职院校的环境导视系统出现指示混乱、分布不合理、对学校特色理解不够等多方面的不足。因此，如何把握学校的文化特色、历史积淀，并将其合理转化、和谐融合到设计中去，是高等职业院校环境导视系统中一项需要长期研究和不断实践的工程。优秀的校园环境导视系统，必将成为高等职业院校校园内一道亮丽的风景，为来到学校的所有人带来方便的导视与美的享受。

参考文献：

[1]唐珊,刘星辰.高校校园导视系统的服务准则与文化定位——以徐州工程学院为例[J].时代教育,2014(19).

[2]雍佳.职业院校环境导视系统的文化性语言研究——以柳州职业技术学院为例[J].柳州职业技术学院学报,2014(6).

[3]解俊,杨林.学校导视系统的设计现状及改进方向[J].现代装饰(理论),2014(6).

[4]谢寒.高校环境标识导向系统设计的研究[D].长沙:湖南农业大学,2012.

[5]百度百科:亚克力[EB/OL]. http://baike.baidu.com/link?url=s3EKdoEvTF8Toq6GKwYtVGss1Uj7F-9tHSzfp0yN6ey-KLyrf407Mwd1wtB5bEmQiNHjTitX_LMtaeFeoiOossEsu4vKlme66RLWmJrpPVofSnilVVgFxnrUjxT8xehr.

[6]百度百科:铝塑板[EB/OL].http://baike.baidu.com/link?url=y8LF7pFfW_XqA5D8F53voQcDuSpDvwugIRE8Soik9WdxYXH6upKu3wp0ZyRbYd3qfrPhTZNj0xy1iZA-knVIdlmfpzJH1hT5_VNAHIzoMwHxFEiWNv6le9iq6HF8XITu.

A Brief Introduction to Culture and Design Concepts of Higher Vocational Campus Environmental Marking System

— Taking Changsha Vocational and Technical College as an Example

Zhao Yi　Peng Shudong

Abstract: The environmental marking system is the communication bridge between people and environment and its design should be a systematic design which integrates the marks, human and environment. While in the vocational campus environment, in addition to the basic functions, the design of the visual guiding system should take the campus characters and cultivation targets into consideration and embody the campus culture so that it can meet the demand for the campus environment from the modern vocational colleges. This article mainly elaborates and analyses the environmental marking system in Changsha Vocational and Technical College.

Key words: campus environmental marking system; culture; design concept